# LES CODES

## DE LA

# LÉGISLATION FORESTIÈRE

# LES CODES

## DE LA

# LÉGISLATION FORESTIÈRE

## CODE FORESTIER

### (LOI DU 21 MAI 1827, PROMULGUÉE LE 31 JUILLET SUIVANT.)

### TITRE I<sup>er</sup>.

#### DU RÉGIME FORESTIER.

Art. 1. Sont soumis au régime forestier, et seront administrés conformément aux dispositions de la présente loi :

1° Les bois et forêts qui font partie du domaine de l'Etat ; (F. 8 s.)

2° Ceux qui font partie du domaine de la Couronne ; (F. 86 s.)

3° Ceux qui sont possédés à titre d'apanage et de majorats réversibles à l'Etat ; (F. 89.)

4° Les bois et forêts des communes et des sections de communes ; (F. 90 s.)

5° Ceux des établissements publics ; (F. 90 s.)

6° Les bois et forêts dans lesquels l'Etat, la Couronne, les communes ou les établissements publics ont des droits de propriété indivis avec des particuliers. (F. 113 s. ; O. 147 s.; C. N. 815.)

**2.** Les particuliers exercent sur leurs bois tous les droits résultant de la propriété, sauf les restrictions qui seront spécifiées dans la présente loi. (F. 117 s., 124, 136, 219 s.)

## TITRE II.

### DE L'ADMINISTRATION FORESTIÈRE.

**3.** Nul ne peut exercer un emploi forestier, s'il n'est âgé de vingt-cinq ans accomplis; néanmoins les élèves sortant de l'École forestière pourront obtenir des dispenses d'âge. (F. 4, 5; O. 11 s., 50; Ord. 15 nov. 1832, art. 1; P. F. 3.)

**4.** Les emplois de l'Administration forestière sont incompatibles avec toutes autres fonctions, soit administratives, soit judiciaires (*a*). (O. 31 à 33.)

(*a*) 1° Loi du 22 juin 1833. — Art. 5. Ne pourront être nommés membres des Conseils généraux,... 4° les agents forestiers en fonctions dans le département.

2° Décret organique du 2 février 1852. — Art. 29. Toute fonction publique rétribuée est incompatible avec le mandat de député au Corps législatif.

3° Loi du 4 juin 1853. — Art. 3. Les fonctions de juré sont incompatibles avec celles de... fonctionnaire ou préposé du service actif des douanes, des contributions indirectes, des forêts de l'État et de la Couronne.

4° Loi du 5 mai 1855. — Art. 5. Ne peuvent être ni maires, ni adjoints,... 6° les agents et employés des administrations financières et des forêts, ainsi que les gardes des établissements publics et des particuliers.

**5.** Les agents et préposés de l'Administration forestière ne pourront entrer en fonctions qu'après avoir prêté serment devant le tribunal de première instance de leur résidence, et avoir fait enregistrer leur commission et l'acte de prestation de leur serment au greffe des tribunaux dans le ressort desquels ils devront exercer leurs fonctions. (C. P. 196.)

Dans le cas d'un changement de résidence qui les placerait dans un autre ressort en la même qualité, il n'y aura pas lieu à une autre prestation de serment (a). (F. 3, 87, 99, 117, 160 ; O. 24 ; I. Cr. 16 s., 190 ; P. F. 7.)

(a) LOI DU 22 FRIMAIRE AN VII. — Art. 68. Les actes compris sous cet article seront enregistrés et les droits payés ainsi qu'il suit : ... § 5. *Actes sujets au droit fixe de trois francs*;... 3º Les prestations de serment des... gardes forestiers et gardes champêtres pour entrer en fonctions ;... § 6. *Actes sujets au droit fixe de quinze francs*: ... 4º Les prestations de serment... de tous employés salariés par la République autres que ceux compris dans le paragraphe 3, nº 5, pour entrer en fonctions.

[ Aux termes de l'article 14 de la loi du 27 ventôse an IX, « les actes de prestation de serment sont soumis à l'enregistrement sur les minutes, dans les vingt jours de leur date, sous les obligations et peines portées aux articles 55 et 57 de la loi du 22 frimaire an VII. » ]

**6.** Les gardes sont responsables des délits, dégâts, abus et abroutissements qui ont lieu dans leur triage, et passibles des amendes et indemnités encourues par les délinquants, lorsqu'ils n'ont pas dûment constaté les délits. (F. 31, 134, 143, 160, 165 à 167, 170, 175 à 178, 186, 191 ; O. 39 ; C. N. 1383 s.; I. Cr. 182 ; P. F. 8.)

**7.** L'empreinte de tous les marteaux dont les agents et les gardes forestiers font usage tant pour la marque des bois de délit et des chablis que pour les opérations de balivage et de martelage, est déposée au greffe des tribunaux, savoir :

Celle des marteaux particuliers dont les agents et gardes sont pourvus, au greffe des tribunaux de première instance dans le ressort desquels ils exercent leurs fonctions ;

Celle du marteau royal uniforme, aux greffes des tribunaux de première instance et des cours royales. (O. 36, 37, 79 ; C. P. 140 ; P. F. 9.)

# TITRE III.

## DES BOIS ET FORÊTS QUI FONT PARTIE DU DOMAINE DE L'ÉTAT.

—

**Section I<sup>re</sup>.** — *De la délimitation et du bornage.*

**8.** La séparation entre les bois et forêts de l'Etat et les propriétés riveraines pourra être requise, soit par l'Administration forestière, soit par les propriétaires riverains (*a*). F. 1, 9 s., 113, 115 ; O. 57, 129 ; C. N. 646.)

(*a*) ORDONNANCE DE 1669. — Titre XXVII.
Art. 4. Tous les riverains possédant bois joignants nos forêts et buissons seront tenus de les séparer des nôtres par des fossés ayant quatre pieds de largeur et cinq pieds de profondeur, qu'ils entretiendront en cet état, à peine de réunion.

**9.** L'action en séparation sera intentée, soit par l'Etat, soit par les propriétaires riverains, dans les formes ordinaires (*a*).

Toutefois, il sera sursis à statuer sur les actions partielles, si l'Administration forestière offre d'y faire droit dans le délai de six mois, en procédant à la délimitation générale de la forêt. (O. 57, 58 ; Pr. 49 1°, 59, 69.)

(*a*) LOI DU 25 MAI 1838. — Art. 6. Les juges de paix connaissent, en outre, à charge d'appel : ... 2° Des actions en bornage et de celles relatives à la distance prescrite par la loi, les règlements particuliers et l'usage des lieux, pour les plantations d'arbres ou de haies, lorsque la propriété ou les titres qui l'établissent ne sont pas contestés.

**10.** Lorsqu'il y aura lieu d'opérer la délimitation générale et le bornage d'une forêt de l'Etat, cette opération sera annoncée deux mois d'avance par un arrêté du préfet, qui sera publié et affiché dans les communes limitrophes, et signifié au domicile des propriétaires riverains ou à celui de leurs fermiers, gardes ou agents.

Après ce délai, les agents de l'Administration forestière procéderont à la délimitation en présence ou en l'absence des propriétaires riverains. (F. 12; O. 59, 60; Pr. 1033.)

**11.** Le procès-verbal de la délimitation sera immédiatement déposé au secrétariat de la préfecture, et par extrait au secrétariat de la sous-préfecture, en ce qui concerne chaque arrondissement. Il en sera donné avis par un arrêté du préfet, publié et affiché dans les communes limitrophes. Les intéressés pourront en prendre connaissance, et former leur opposition dans le délai d'une année, à dater du jour où l'arrêté aura été publié.

Dans le même délai, le Gouvernement déclarera s'il approuve ou s'il refuse d'homologuer ce procès-verbal en tout ou en partie.

Sa déclaration sera rendue publique de la même manière que le procès-verbal de délimitation. ( F. 13 ; O. 60 à 65.)

**12.** Si, à l'expiration de ce délai, il n'a été élevé aucune réclamation par les propriétaires riverains contre le procès-verbal de délimitation, et si le Gouvernement n'a pas déclaré son refus d'homologuer, l'opération sera définitive.

Les agents de l'Administration forestière procéderont, dans le mois suivant, au bornage, en présence des parties intéressées, ou elles dûment appelées par un arrêté du préfet, ainsi qu'il est prescrit par l'article 10. (O. 60, 65.)

**13.** En cas de contestations élevées, soit pendant les opérations , soit par suite d'oppositions formées par les riverains en vertu de l'article 11, elles seront portées par les parties intéressées devant les tribunaux compétents, et il sera sursis à l'abornement jusqu'après leur décision.

Il y aura également lieu au recours devant les tribunaux de la part des propriétaires riverains, si, dans le cas prévu par l'article 12, les agents forestiers se refusaient à procéder au bornage. ( O. 64, 132.)

**14.** Lorsque la séparation ou délimitation sera effectuée par un simple bornage, elle sera faite à frais communs.

Lorsqu'elle sera effectuée par des fossés de clôture, ils seront exécutés aux frais de la partie requérante, et pris en entier sur son terrain. (F. 8 ; O. 66 ; C. N. 667 s.)

### SECTION II. — *De l'aménagement.*

**15.** Tous les bois et forêts du domaine de l'Etat sont assujettis à un aménagement réglé par des ordonnances royales. (F. 16 ; O. 67 à 72, 135.)

**16.** Il ne pourra être fait dans les bois de l'Etat aucune coupe extraordinaire quelconque, ni aucune coupe de quarts en réserve ou de massifs réservés par l'aménagement pour croître en futaie, sans une ordonnance spéciale du roi, à peine de nullité des ventes ; sauf le recours des adjudicataires, s'il y a lieu, contre les fonctionnaires ou agents qui auraient ordonné ou autorisé ces coupes.

Cette ordonnance spéciale sera insérée au *Bulletin des lois.* (F. 15, 88 à 93, 113 ; O. 7, 71, 73, 83, 85.)

Section III. — *Des adjudications des coupes* [1].

**17.** Aucune vente ordinaire ou extraordinaire ne pourra avoir lieu dans les bois de l'Etat que par voie d'adjudication publique, laquelle devra être annoncée, au moins quinze jours d'avance, par des affiches apposées dans le chef-lieu du département, dans le lieu de la vente, dans la commune de la situation des bois et dans les communes environnantes. (F. 18, 19, 100, 205 ; O. 73 à 85 ; P. F. 11.)

**18.** Toute vente faite autrement que par adjudication publique sera considérée comme vente clandestine, et déclarée nulle. Les fonctionnaires et agents qui auraient ordonné ou effectué la vente, seront condamnés solidairement à une amende de trois mille francs au moins et de six mille francs au plus, et l'acquéreur sera puni d'une amende égale à la valeur des bois vendus. (F. 19, 53, 203, 205, 207 ; C. N. 1149, 1200 ; P. F. 12.)

**19.** Sera de même annulée, quoique faite par adjudication publique, toute vente qui n'aura point été précédée des publications et affiches prescrites

---

[1] Une loi du 16 juillet 1840 a autorisé l'Administration des forêts à faire dans les bois de l'Etat, en Corse, des adjudications à longs termes, dont la durée ne peut excéder vingt années. Ces adjudications doivent avoir lieu suivant les formes établies pour les autres adjudications de coupes dans les bois de l'Etat.

par l'article 17, ou qui aura été effectuée dans d'autres lieux ou à un autre jour que ceux qui auront été indiqués par les affiches ou les procès-verbaux de remise de vente.

Les fonctionnaires ou agents qui auraient contrevenu à ces dispositions seront condamnés solidairement à une amende de mille à trois mille francs ; et une amende pareille sera prononcée contre les adjudicataires, en cas de complicité. (F. 18, 21, 53, 81, 186, 203, 205 ; P. F. 13 ; C. P. 59 s.)

**20.** Loi du 4 mai 1837. « Toutes les contestations qui pourront s'élever pendant les opérations d'adjudication, soit sur la validité desdites opérations, soit sur la solvabilité de ceux qui auront fait des offres et de leurs cautions, seront décidées immédiatement par le fonctionnaire qui présidera la séance d'adjudication[1]. » (P. F. 14.)

**21.** Ne pourront prendre part aux ventes, ni par eux-mêmes, ni par personnes interposées, directement on indirectement, soit comme parties principales, soit comme associés ou cautions :

1° Les agents et gardes forestiers et les agents forestiers de la marine dans toute l'étendue du royaume ; les fonctionnaires chargés de présider ou de concourir aux ventes, et les receveurs du produit des coupes, dans toute l'étendue du territoire où ils exercent leurs fonctions ;

En cas de contravention, ils seront punis d'une

---

[1] *Ancien article 20.* — Toutes les contestations qui pourront s'élever pendant les opérations d'adjudication, sur la validité des enchères ou sur la solvabilité des enchérisseurs et des cautions, seront décidées immédiatement par le fonctionnaire qui présidera la séance d'adjudication.

amende qui ne pourra excéder le quart ni être moindre du douzième du montant de l'adjudication, et ils seront en outre passibles de l'emprisonnement et de l'interdiction qui sont prononcés par l'article 175 du Code pénal ;

2° Les parents et alliés en ligne directe, les frères et beaux-frères, oncles et neveux des agents et gardes forestiers et des agents forestiers de la marine, dans toute l'étendue du territoire pour lequel ces agents ou gardes sont commissionnés ;

En cas de contravention, ils seront punis d'une amende égale à celle qui est prononcée par le paragraphe précédent ;

3° Les conseillers de préfecture, les juges, officiers du ministère public et greffiers des tribunaux de première instance, dans tout l'arrondissement de leur ressort ;

En cas de contravention, ils seront passibles de tous dommages-intérêts, s'il y a lieu.

Toute adjudication qui serait faite en contravention aux dispositions du présent article, sera déclarée nulle. (F. 19, 29, 101, 205, 207; O. 31; C. N. 1596; P. F. 15.)

**22.** Toute association secrète ou manœuvre entre les marchands de bois ou autres, tendant à nuire aux enchères, à les troubler ou à obtenir les bois à plus bas prix, donnera lieu à l'application des peines portées par l'article 412 du Code pénal, indépendamment de tous dommages-intérêts ; et si l'adjudication a été faite au profit de l'association secrète ou des auteurs desdites manœuvres, elle sera déclarée nulle. (C. P. 60, 177, 412; P. F. 16.)

**23.** Aucune déclaration de command ne sera

1.

admise, si elle n'est faite immédiatement après l'adjudication et séance tenante. (P. F. 17.)

**24.** Faute par l'adjudicataire de fournir les cautions exigées par le cahier des charges dans le délai prescrit, il sera déclaré déchu de l'adjudication par un arrêté du préfet, et il sera procédé, dans les formes ci-dessus prescrites, à une nouvelle adjudication de la coupe à sa folle enchère.

L'adjudicataire déchu sera tenu, par corps, de la différence entre son prix et celui de la revente, sans pouvoir réclamer l'excédant, s'il y en a. (F. 28, 40, 41, 46, 185, 206 ; C. N. 2063 ; Pr. 126, 733, 737, 740, 744 ; P. F. 18.)

**25.** Loi du 4 mai 1837. « Toute adjudication sera définitive du moment où elle sera prononcée, sans que, dans aucun cas, il puisse y avoir lieu à surenchère [1]. » (P. F. 19.)

---

[1] *Ancien article* 25. — Toute personne capable et reconnue solvable sera admise, jusqu'à l'heure de midi du lendemain de l'adjudication, à faire une offre de surenchère, qui ne pourra être moindre du cinquième du montant de l'adjudication,

Dès qu'une pareille offre aura été faite, l'adjudicataire et les surenchérisseurs pourront faire de semblables déclarations de simple surenchère jusqu'à l'heure de midi du surlendemain de l'adjudication, heure à laquelle le plus offrant restera définitivement adjudicataire.

Toutes déclarations de surenchère devront être faites au secrétariat qui sera indiqué par le cahier des charges, et dans les délais ci-dessus fixés ; le tout sous peine de nullité.

Le secrétaire commis à l'effet de recevoir ces déclarations sera tenu de les consigner immédiatement sur un registre à ce destiné, d'y faire mention expresse du jour et de l'heure précise où il les aura reçues, et d'en donner communication à l'adjudicataire et aux surenchérisseurs, dès qu'il en sera requis : le tout sous peine de trois cents francs d'amende, sans préjudice de plus fortes peines en cas de collusion.

En conséquence, il n'y aura lieu à aucune signification des déclarations de surenchère, soit par l'Administration, soit par les adjudicataires et surenchérisseurs.

**26.** Loi du 4 mai 1837. « Les divers modes d'adjudication seront déterminés par une ordonnance royale : ces adjudications auront toujours lieu avec publicité et libre concurrence [1]. » (P. F. 20.)

**27.** Loi du 4 mai 1837. « Les adjudicataires sont tenus, au moment de l'adjudication, d'élire domicile dans le lieu où l'adjudication aura été faite ; à défaut de quoi, tous actes postérieurs leur seront valablement signifiés au secrétariat de la sous-préfecture [2]. » (P. F. 21.)

**28.** Tout procès-verbal d'adjudication emporte exécution parée et contrainte par corps contre les adjudicataires, leurs associés et cautions, tant pour le payement du prix principal de l'adjudication que pour accessoires et frais.

Les cautions sont en outre contraignables, solidairement et par les mêmes voies, au payement des dommages, restitutions et amendes qu'aurait encourus l'adjudicataire. (F. 24, 45, 46, 211 s.; C. N. 2060 5°, 2067 ; L. 17 avril 1832, art. 10, 13, 33 s.)

SECTION IV. — *Des exploitations.*

**29.** Après l'adjudication, il ne pourra être fait aucun changement à l'assiette des coupes, et il n'y sera ajouté aucun arbre ou portion de bois, sous quelque prétexte que ce soit, à peine, contre l'adju-

---

[1] *Ancien article* 26. — Toutes contestations au sujet de la validité des surenchères seront portées devant les Conseils de préfecture,

[2] *Ancien article* 27. — Les adjudicataires et surenchérisseurs sont tenus, au moment de l'adjudication ou de leurs déclarations de surenchère, d'élire domicile dans le lieu où l'adjudication aura été faite : faute par eux de le faire, tous actes postérieurs leur seront valablement signifiés au secrétariat de la sous-préfecture.

dicataire, d'une amende égale au triple de la valeur des bois non compris dans l'adjudication, et sans préjudice de la restitution de ces mêmes bois ou de leur valeur.

Si les bois sont de meilleure nature ou qualité, ou plus âgés que ceux de la vente, il payera l'amende comme pour bois coupé en délit, et une somme double à titre de dommages-intérêts.

Les agents forestiers qui auraient permis ou toléré ces additions ou changements seront punis de pareille amende, sauf l'application, s'il y a lieu, de l'article 207 de la présente loi. (F. 192 à 194, 198; O. 74 à 81.)

**30**. Les adjudicataires ne pourront commencer l'exploitation de leurs coupes avant d'avoir obtenu, par écrit, de l'agent forestier local, le permis d'exploiter, à peine d'être poursuivis comme délinquants pour les bois qu'ils auraient coupés. (F. 192 à 194; O. 92.)

**31**. Chaque adjudicataire sera tenu d'avoir un facteur ou garde-vente, qui sera agréé par l'agent forestier local, et assermenté devant le juge de paix.

Ce garde-vente sera autorisé à dresser des procès-verbaux, tant dans la vente qu'à l'ouïe de la cognée. Ses procès-verbaux seront soumis aux mêmes formalités que ceux des gardes forestiers, et feront foi jusqu'à preuve contraire.

L'espace appelé *l'ouïe de la cognée* est fixé à la distance de deux cent cinquante mètres, à partir des limites de la coupe. (F. 6. 44 à 46, 165 à 170; O. 94.)

**32**. Tout adjudicataire sera tenu, sous peine de cent francs d'amende, de déposer chez l'agent forestier local et au greffe du tribunal de l'arrondissement l'empreinte du marteau destiné à marquer les arbres et bois de sa vente.

L'adjudicataire et ses associés ne pourront avoir plus d'un marteau pour la même vente, ni en marquer d'autres bois que ceux qui proviendront de cette vente, sous peine de cinq cents francs d'amende. (F. 43; O. 95.)

**33.** L'adjudicataire sera tenu de respecter tous les arbres marqués ou désignés pour demeurer en réserve, quelle que soit leur qualification, lors même que le nombre en excéderait celui qui est porté au procès-verbal de martelage, et sans que l'on puisse admettre, en compensation d'arbres coupés en contravention, d'autres arbres non réservés que l'adjudicataire aurait laissés sur pied. (F. 34, 192; O. 78 s., 81.)

**34.** Les amendes encourues par les adjudicataires, en vertu de l'article précédent, pour abatage ou déficit d'arbres réservés, seront du tiers en sus de celles qui sont déterminées par l'article 192, toutes les fois que l'essence et la circonférence des arbres pourront être constatées. (F. 45, 46.)

Si, à raison de l'enlèvement des arbres et de leurs souches, ou de toute autre circonstance, il y a impossibilité de constater l'essence et la dimension des arbres, l'amende ne pourra être moindre de cinquante francs, ni excéder deux cents francs.

Dans tous les cas, il y aura lieu à la restitution des arbres, ou, s'ils ne peuvent être représentés, de leur valeur, qui sera estimée à une somme égale à l'amende encourue;

Sans préjudice des dommages-intérêts. (F. 28, 192, 198, 202, 204, 205.)

**35**. Les adjudicataires ne pourront effectuer aucune coupe ni enlèvement de bois avant le lever ni après le coucher du soleil, à peine de cent francs d'amende. (F. 28, 201.)

**36**. Il leur est interdit, à moins que le procès-verbal d'adjudication n'en contienne l'autorisation expresse, de peler ou d'écorcer sur pied aucun des bois de leurs ventes, sous peine de cinquante à cinq cents francs d'amende ; et il y aura lieu à la saisie des écorces et bois écorcés, comme garantie des dommages-intérêts, dont le montant ne pourra être inférieur à la valeur des arbres indûment pelés ou écorcés. (F. 196.)

**37**. Toute contravention aux clauses et conditions du cahier des charges, relativement au mode d'abatage des arbres et au nettoiement des coupes, sera punie d'une amende qui ne pourra être moindre de cinquante francs, ni excéder cinq cents francs, sans préjudice des dommages-intérêts. (F. 28, 41, 202 ; O. 82.)

**38**. Les agents forestiers indiqueront, par écrit, aux adjudicataires, les lieux où il pourra être établi des fosses ou fourneaux pour charbon, des loges ou des ateliers ; il n'en pourra être placé ailleurs, sous peine, contre l'adjudicataire, d'une amende de cinquante francs pour chaque fosse ou fourneau, loge ou atelier établi en contravention à cette disposition. (F. 42, 148.)

**39**. La traite des bois se fera par les chemins désignés au cahier des charges, sous peine, contre ceux qui en pratiqueraient de nouveaux, d'une

amende dont le minimum sera de cinquante francs
et le maximum de deux cents francs, outre les dommages-intérêts. ( F. 24, 147, 202 s.; O. 82 ; Ord.
4 déc. 1844, art. 1ᵉʳ, § 4.)

**40**. La coupe des bois et la vidange des ventes
seront faites dans les délais fixés par le cahier des
charges, à moins que les adjudicataires n'aient obtenu de l'Administration forestière une prorogation
de délai ; à peine d'une amende de cinquante à cinq
cents francs, et, en outre, des dommages-intérêts,
dont le montant ne pourra être inférieur à la valeur
estimative des bois restés sur pied ou gisant sur les
coupes.

Il y aura lieu à la saisie de ces bois, à titre de
garantie pour les dommages-intérêts. ( F. 41, 46,
202; O. 96.)

**41**. A défaut, par les adjudicataires, d'exécuter,
dans les délais fixés par le cahier des charges, les
travaux que ce cahier leur impose, tant pour rele-
ver et faire façonner les ramiers et pour nettoyer
les coupes des épines, ronces et arbustes nuisibles,
selon le mode prescrit à cet effet, que pour les réparations des chemins de vidange, fossés, repique-
ment de places à charbon et autres ouvrages à leur
charge, ces travaux seront exécutés à leurs frais, à
la diligence des agents forestiers, et sur l'autorisation du préfet, qui arrêtera ensuite le mémoire des
frais et le rendra exécutoire contre les adjudicataires
pour le payement. (F. 40, 46, 140, 222 ; O. 82.)

**42**. Il est défendu à tous adjudicataires, leurs
facteurs et ouvriers, d'allumer du feu ailleurs que
dans leurs loges ou ateliers, à peine d'une amende
de dix à cent francs, sans préjudice de la réparation

du dommage qui pourrait résulter de cette contravention. (F. 38, 148 ; C. N. 1382 s.)

**43.** Les adjudicataires ne pourront déposer dans leurs ventes d'autres bois que ceux qui en proviendront, sous peine d'une amende de cent à mille francs.

**44.** Si, dans le cours de l'exploitation ou de la vidange, il était dressé des procès-verbaux de délits ou vices d'exploitation, il pourra y être donné suite sans attendre l'époque du récolement.

Néanmoins, en cas d'insuffisance d'un premier procès-verbal sur lequel il ne sera pas intervenu de jugement, les agents forestiers pourront, lors du récolement, constater par un nouveau procès-verbal les délits et contraventions. (F. 31, 47 s., 134, 143, 165 s., 185.)

**45.** Les adjudicataires. à dater du permis d'exploiter, et jusqu'à ce qu'ils aient obtenu leur décharge, sont responsables de tout délit forestier commis dans leurs ventes et à l'ouïe de la cognée, si leurs facteurs ou garde-ventes n'en font leurs rapports, lesquels doivent être remis à l'agent forestier dans le délai de cinq jours. (F. 6, 28, 31, 34, 46, 47, 51, 187 ; O. 93, 99.)

**46.** Les adjudicataires et leurs cautions seront responsables et contraignables par corps au payement des amendes et restitutions encourues pour délits et contraventions commis soit dans la vente, soit à l'ouïe de la cognée, par les facteurs, garde-ventes, ouvriers, bûcherons, voituriers et tous autres employés par les adjudicataires. (F. 28, 31, 34, 40, 206 ; O. 93, 99 ; C. N. 1384 ; C. P. 52.)

## SECTION V. — *Des réarpentages et récolements.*

**47.** Il sera procédé au réarpentage et au récolement de chaque vente dans les trois mois qui suivront le jour de l'expiration des délais accordés pour la vidange des coupes.

Ces trois mois écoulés, les adjudicataires pourront mettre en demeure l'Administration par acte extrajudiciaire signifié à l'agent forestier local ; et si, dans le mois après la signification de cet acte, l'Administration n'a pas procédé au réarpentage et au récolement, l'adjudicataire demeurera libéré. (F. 45 à 49, 185 ; O. 97 s.)

**48.** L'adjudicataire ou son cessionnaire sera tenu d'assister au récolement ; et il lui sera, à cet effet, signifié, au moins dix jours d'avance, un acte contenant l'indication des jours où se feront le réarpentage et le récolement : faute par lui de se trouver sur les lieux ou de s'y faire représenter, les procès-verbaux de réarpentage et de récolement seront réputés contradictoires (*a*).

(*a*) Les procès-verbaux de récolement sont des actes administratifs non assujettis à la formalité de l'enregistrement (Loi du 15 mai 1818, art. 80)... à moins qu'ils ne mentionnent des délits ou contraventions, auquel cas ils devraient être enregistrés avant de servir de base à des poursuites. (F. 44, 104, 170.)

**49.** Les adjudicataires auront le droit d'appeler un arpenteur de leur choix pour assister aux opérations du réarpentage : à défaut par eux d'user de ce droit, les procès-verbaux de réarpentage n'en seront pas moins réputés contradictoires. (F. 27, 50 ; O. 97.)

**50.** Dans le délai d'un mois après la clôture des opérations, l'Administration et l'adjudicataire pourront requérir l'annulation du procès-verbal pour défaut de forme ou pour fausse énonciation.

Ils se pourvoiront, à cet effet, devant le Conseil de préfecture, qui statuera.

En cas d'annulation du procès-verbal, l'Administration pourra, dans le mois qui suivra, y faire suppléer par un nouveau procès-verbal. (F. 51.)

**51.** A l'expiration des délais fixés par l'article 50, et si l'Administration n'a élevé aucune contestation, le préfet délivrera à l'adjudicataire la décharge d'exploitation. (F. 45 ; O. 99.)

**52.** Les arpenteurs seront passibles de tous dommages-intérêts par suite des erreurs qu'ils auront commises, lorsqu'il en résultera une différence d'un vingtième de l'étendue de la coupe ;

Sans préjudice de l'application, s'il y a lieu, des dispositions de l'article 207. (F. 49 ; O. 97.)

Section VI. — Des adjudications de glandée, panage et paisson.

**53.** Les formalités prescrites par la section III du présent titre, pour les adjudications des coupes de bois, seront observées pour les adjudications de glandée, panage et paisson.

Toutefois, dans les cas prévus par les articles 18 et 19, l'amende infligée aux fonctionnaires et agents sera de cent francs au moins et de mille francs au plus, et celle qui aura été encourue par l'acquéreur sera égale au montant du prix de la vente. (F. 17 à 19, 205 ; O. 84 s., 100, 139.)

**54.** Les adjudicataires ne pourront introduire

dans les forêts un plus grand nombre de porcs que celui qui sera déterminé par l'acte d'adjudication, sous peine d'une amende double de celle qui est prononcée par l'article 199. (F. 55, 56, 77, 199, 202.)

**55.** Les adjudicataires seront tenus de faire marquer les porcs d'un fer chaud, sous peine d'une amende de trois francs par chaque porc qui ne serait point marqué.

Ils devront déposer l'empreinte de cette marque au greffe du tribunal, et le fer servant à la marque, au bureau de l'agent forestier local, sous peine de cinquante francs d'amende. (F. 54, 73, 74.)

**56.** Si les porcs sont trouvés hors des cantons désignés par l'acte d'adjudication, ou des chemins indiqués pour s'y rendre, il y aura lieu, contre l'adjudicataire, aux peines prononcées par l'article 199. En cas de récidive, outre l'amende encourue par l'adjudicataire, le pâtre sera condamné à un emprisonnement de cinq à quinze jours. (F. 54, 76, 146, 147, 199.)

**57.** Loi du 18 juin 1859. « Il est défendu aux adjudicataires d'abattre, de ramasser ou d'emporter des glands, faînes ou autres fruits, semences ou productions des forêts, sous peine d'une amende double de celle qui est prononcée par l'article 144. (F. 85, 120, 144, 198.)

« Il pourra, en outre, être prononcé un emprisonnement de trois jours au plus [1]. » (F. 214.)

---

[1] Le changement apporté à l'ancien article 57, par la loi du 18 juin 1859, ne consiste que dans l'addition du second paragraphe.

### SECTION VII. — *Des affectations à titre particulier dans les bois de l'Etat.*

**58**. Les affectations de coupes de bois ou délivrances, soit par stères, soit par pieds d'arbre, qui ont été concédées à des communes, à des établissements industriels ou à des particuliers, nonobstant les prohibitions établies par les lois et ordonnances alors existantes, continueront d'être exécutées jusqu'à l'expiration du terme fixé par les actes de concession, s'il ne s'étend pas au delà du 1er septembre 1837.

Les affectations faites au préjudice des mêmes prohibitions, soit à perpétuité, soit sans indication de termes, ou à des termes plus éloignés que le 1er septembre 1837, cesseront à cette époque d'avoir aucun effet.

Les concessionnaires de ces dernières affectations qui prétendraient que leur titre n'est pas atteint par les prohibitions ci-dessus rappelées, et qu'il leur confère des droits irrévocables, devront, pour y faire statuer, se pourvoir devant les tribunaux, dans l'année qui suivra la promulgation de la présente loi, sous peine de déchéance.

Si leur prétention est rejetée, ils jouiront néanmoins des effets de la concession jusqu'au terme fixé par le second paragraphe du présent article.

Dans le cas où leur titre serait reconnu valable par les tribunaux, le Gouvernement, quelles que soient la nature et la durée de l'affectation, aura la faculté d'en affranchir les forêts de l'Etat, moyennant un cantonnement qui sera réglé de gré à gré, ou, en cas de contestation, par les tribunaux, pour tout le temps que devait durer la concession. L'action en cantonnement ne pourra pas être exercée par les concessionnaires. (F. 63 ; O. 109 à 111.)

**59**. Les affectations faites pour le service d'une usine cesseront en entier, de plein droit et sans retour, si le roulement de l'usine est arrêté pendant deux années consécutives, sauf les cas d'une force majeure dûment constatée. (C. N. 1148.)

**60**. A l'avenir, il ne sera fait dans les bois de l'Etat aucune affectation ou concession de la nature de celles dont il est question dans les deux articles précédents. (F. 62, 89.)

**Section VIII.** — *Des droits d'usage dans les bois de l'Etat.*

**61**. Ne seront admis à exercer un droit d'usage quelconque dans les bois de l'Etat que ceux dont les droits auront été, au jour de la promulgation de la présente loi, reconnus fondés, soit par des actes du Gouvernement, soit par des jugements ou arrèts définitifs, ou seront reconnus tels par suite d'instances administratives ou judiciaires actuellement engagées ou qui seraient intentées devant les tribunaux dans le délai de deux ans, à dater du jour de la promulgation de la présente loi, par des usagers actuellement en jouissance. (F. 88, 89, 118 s., 149 ; C. N. 636.)

**62**. Il ne sera plus fait, à l'avenir, dans les forêts de l'Etat, aucune concession de droits d'usage, de quelque nature et sous quelque prétexte que ce puisse être. (F. 60, 88, 89, 112, 113.)

**63**. Le Gouvernement pourra affranchir les forêts de l'Etat de tout droit d'usage en bois, moyennant un cantonnement, qui sera réglé de gré à gré, et, en cas de contestation, par les tribunaux.

L'action en affranchissement d'usage par voie de cantonnement n'appartiendra qu'au Gouvernement, et non aux usagers. (F. 58, 64, 65, 111, 112, 118, 120, 121 ; O. 112 à 115 ; Décr. 12 avril 1854 et 19 mai 1857.)

**64.** Quant aux autres droits d'usage quelconques et aux pâturage, panage et glandée dans les mêmes forêts, ils ne pourront être convertis en cantonnement ; mais ils pourront être rachetés moyennant des indemnités qui seront réglées de gré à gré, ou, en cas de contestation, par les tribunaux.

Néanmoins, le rachat ne pourra être requis par l'Administration dans les lieux où l'exercice du droit de pâturage est devenu d'une absolue nécessité pour les habitants d'une ou de plusieurs communes. Si cette nécessité est contestée par l'Administration forestière, les parties se pourvoiront devant le Conseil de préfecture, qui, après une enquête *de commodo et incommodo*, statuera, sauf le recours au Conseil d'Etat. (F. 63, 113, 120 ; O. 116.)

**65.** Dans toutes les forêts de l'Etat qui ne seront point affranchies au moyen du cantonnement ou de l'indemnité, conformément aux articles 63 et 64 ci-dessus, l'exercice des droits d'usage pourra toujours être réduit par l'Administration, suivant l'état et la possibilité des forêts, et n'aura lieu que conformément aux dispositions contenues aux articles suivants.

En cas de contestation sur la possibilité et l'état des forêts, il y aura lieu à recours au Conseil de préfecture. (O. 117, 119 ; Décr., 30 déc. 1862.)

**66**. La durée de la glandée et du panage ne pourra excéder trois mois.

L'époque de l'ouverture en sera fixée chaque année par l'Administration forestière. (F. 119; O. 119.)

**67**. Quels que soient l'âge ou l'essence des bois, les usagers ne pourront exercer leurs droits de pâturage et de panage que dans les cantons qui auront été déclarés défensables par l'Administration forestière, sauf le recours au Conseil de préfecture, et ce, nonobstant toutes possessions contraires. (F. 65, 119; O. 117.)

**68**. L'Administration forestière fixera, d'après les droits des usagers, le nombre des porcs qui pourront être mis en panage et des bestiaux qui pourront être admis au pâturage. (F. 54 s., 65, 77, 199; O. 118, 119.)

**69**. Chaque année, avant le 1$^{er}$ mars pour le pâturage, et un mois avant l'époque fixée par l'Administration forestière pour l'ouverture de la glandée et du panage, les agents forestiers feront connaître aux communes et aux particuliers jouissant des droits d'usage les cantons déclarés défensables, et le nombre des bestiaux qui seront admis au pâturage et au panage. (F. 65 à 68; O. 118, 119.)

Les maires seront tenus d'en faire la publication dans les communes usagères.

**70**. Les usagers ne pourront jouir de leurs droits de pâturage et de panage que pour les bestiaux à leur propre usage, et non pour ceux dont ils font commerce, à peine d'une amende double de celle qui est prononcée par l'article 199. (F. 67, 72 s., 120; O. 118 s.)

**71**. Les chemins par lesquels les bestiaux devront

passer pour aller au pâturage ou au panage et en revenir, seront désignés par les agents forestiers.

Si ces chemins traversent des taillis ou des recrus de futaies non défensables, il pourra être fait, à frais communs entre les usagers et l'Administration, et d'après l'indication des agents forestiers, des fossés suffisamment larges et profonds, ou toute autre clôture, pour empêcher les bestiaux de s'introduire dans les bois. ( F. 56, 76, 147.)

**72.** Le troupeau de chaque commune ou section de commune devra être conduit par un ou plusieurs pâtres communs, choisis par l'autorité municipale : en conséquence, les habitants des communes usagères ne pourront ni conduire eux-mêmes ni faire conduire leurs bestiaux à garde séparée, sous peine de deux francs d'amende par tête de bétail. (F. 199; O. 120.)

Les porcs ou bestiaux de chaque commune ou section de commune usagère formeront un troupeau particulier et sans mélange de bestiaux d'une autre commune ou section, sous peine d'une amende de cinq à dix francs contre le pâtre, et d'un emprisonnement de cinq à dix jours en cas de récidive.

Les communes et sections de commune seront responsables des condamnations pécuniaires qui pourront être prononcées contre lesdits pâtres ou gardiens, tant pour les délits et contraventions prévus par le présent titre que pour les autres délits forestiers commis par eux pendant le temps de leur service et dans les limites du parcours. (F. 56, 70, 120, 206, 214 ; C. N. 1384 ; C. P. 74.)

**73.** Les porcs et bestiaux seront marqués d'une marque spéciale.

Cette marque devra être différente pour chaque commune ou section de commune usagère.

Il y aura lieu, par chaque tête de porc ou de bétail non marqué, à une amende de trois francs. (F. 55, 70, 74, 112, 120.)

**74.** L'usager sera tenu de déposer l'empreinte de la marque au greffe du tribunal de première instance, et le fer servant à la marque, au bureau. de l'agent forestier local; le tout sous peine de cinquante francs d'amende. (F. 77, 112, 120; O. 121.)

**75.** Les usagers mettront des clochettes au cou de tous les animaux admis au pâturage, sous peine de deux francs d'amende par chaque bête qui serait trouvée sans clochette dans les forêts. (F. 70, 112, 120.)

**76.** Lorsque les porcs et bestiaux des usagers seront trouvés hors des cantons déclarés défensables ou désignés pour le panage, ou hors des chemins indiqués pour s'y rendre, il y aura lieu contre le pâtre à une amende de trois à trente francs. En cas de récidive, le pâtre pourra être condamné en outre à un emprisonnement de cinq à quinze jours. (F. 56, 67. 69, 71, 72, 78, 120, 147, 199, 201, 214.)

**77.** Si les usagers introduisent au pâturage un plus grand nombre de bestiaux ou au panage un plus grand nombre de porcs que celui qui aura été fixé par l'Administration, conformément à l'article 68, il y aura lieu, pour l'excédant, à l'application des peines prononcées par l'article 199. (F. 70, 202.)

**78.** Il est défendu à tous usagers, nonobstant tous titres et possessions contraires, de conduire ou faire conduire des chèvres, brebis ou moutons dans les forêts ou sur les terrains qui en dépendent, à peine, contre les propriétaires, d'une amende qui sera double de celle qui est prononcée par l'article 199, et contre les pâtres ou bergers, de quinze francs d'amende. En cas de récidive, le pâtre sera condamné, outre l'amende, à un emprisonnement de cinq à quinze jours. (F. 76, 199, 214.)

Ceux qui prétendraient avoir joui du pacage ci-dessus en vertu de titres valables ou d'une possession équivalente à titre, pourront, s'il y a lieu, réclamer une indemnité, qui sera réglée de gré à gré, ou, en cas de contestation, par les tribunaux. (F. 110, 120, 218.)

Le pacage des moutons pourra néanmoins être autorisé, dans certaines localités, par des ordonnances du roi. (F. 110.)

**79.** Les usagers qui ont droit à des livraisons de bois, de quelque nature que ce soit, ne pourront prendre ces bois qu'après que la délivrance leur en aura été faite par les agents forestiers, sous les peines portées par le titre XII pour les bois coupés en délit. (F. 65, 80, 83, 103, 112, 120, 192 à 198; O. 122, 123.)

**80.** Ceux qui n'ont d'autre droit que celui de prendre le bois mort, sec et gisant, ne pourront, pour l'exercice de ce droit, se servir de crochets ou ferrements d'aucune espèce, sous peine de trois francs d'amende (F. 120.)

**81.** Si les bois de chauffage se délivrent par coupe, l'exploitation en sera faite, aux frais des usagers, par un entrepreneur spécial nommé par eux et agréé par l'Administration forestière.

Aucun bois ne sera partagé sur pied ni abattu par les usagers individuellement, et les lots ne pourront être faits qu'après l'entière exploitation de la coupe, à peine de confiscation de la portion de bois abattu afférente à chacun des contrevenants.

Les fonctionnaires ou agents qui auraient permis ou toléré la contravention seront passibles d'une amende de cinquante francs, et demeureront en outre personnellement responsables, et sans aucun recours, de la mauvaise exploitation et de tous les délits qui pourraient avoir été commis. (F. 103 s., 112; O. 122.)

**82.** Les entrepreneurs de l'exploitation des coupes délivrées aux usagers se conformeront à tout ce qui est prescrit aux adjudicataires pour l'usance et la vidange des ventes ; ils seront soumis à la même responsabilité et passibles des mêmes peines en cas de délits ou contraventions.

Les usagers ou communes usagères seront garants solidaires des condamnations prononcées contre lesdits entrepreneurs. (F. 29 à 52, 185 ; O. 92 à 69, 122, 123 ; C. N. 1200.)

**83.** Il est interdit aux usagers de vendre ou d'échanger les bois qui leur sont délivrés et de les employer à aucune autre destination que celle pour laquelle le droit d'usage a été accordé.

S'il s'agit de bois de chauffage, la contravention donnera lieu à une amende de dix à cent francs.

S'il s'agit de bois à bâtir ou de tout autre bois non destiné au chauffage, il y aura lieu à une amende double de la valeur des bois, sans que cette amende puisse être au-dessous de cinquante francs. (F. 79, 102, 120; O. 123.)

**84.** L'emploi des bois de construction devra être fait dans un délai de deux ans, lequel néanmoins pourra être prorogé par l'Administration forestière.

Ce délai expiré, elle pourra disposer des arbres non employés. (F. 112.)

**85.** Les défenses prononcées par l'article 57 sont applicables à tous usagers quelconques, et sous les mêmes peines. (F. 120, 144.)

## TITRE IV.

### DES BOIS ET FORÊTS QUI FONT PARTIE DU DOMAINE DE LA COURONNE.

**86.** Les bois et forêts qui font partie du domaine de la Couronne sont exclusivement régis et administrés par le ministre de la maison du roi, conformément aux dispositions de la loi du 8 novembre 1814 (*a*). (F. 1, 87, 151, O. 124, 169.)

(*a*) 1° SÉNATUS-CONSULTE DU 12 DÉCEMBRE 1852.

Art. 11. Les forêts de la Couronne sont soumises aux dispositions du Code forestier, en ce qui les concerne ; elles sont assujetties à un aménagement régulier.

Il ne peut y être fait aucune coupe extraordinaire quelconque, ni aucune coupe de quarts en réserve ou de massifs réservés par l'aménagement pour croître en futaie, si ce n'est en vertu d'un sénatus-consulte.

Art. 12. Les propriétés de la Couronne ne sont pas soumises à l'impôt ; elles supportent néanmoins toutes les charges communales et départementales.

Afin de fixer leurs portions contributives dans ces charges, elles sont portées sur les rôles, et pour leurs revenus estimatifs, de la même manière que les propriétés privées.

Art. 22. Les actions concernant la dotation de la Couronne et le domaine privé sont dirigées par ou contre l'administrateur de ce domaine.

Les unes et les autres sont d'ailleurs instruites et jugées dans les formes ordinaires, sauf la présente dérogation à l'article 69 du Code de procédure civile.

2° SÉNATUS-CONSULTE DU 25 AVRIL 1856. — *Article unique.* L'administrateur de la dotation de la Couronne a seul qualité pour procéder en justice, soit en demandant, soit en défendant, dans les instances relatives à la propriété des biens faisant partie de cette dotation ou du domaine privé.

Il a seul qualité pour préparer et consentir les actes relatifs aux échanges du domaine de la Couronne, et tous autres actes conformes aux prescriptions du sénatus-consulte du 12 décembre 1852.

Il a pareillement qualité, dans les cas prévus par les articles 13 et 26 de la loi du 5 mai 1841, pour consentir seul les expropriations et recevoir les indemnités, sous la condition de faire emploi desdites indemnités, soit en immeubles, soit en rentes sur l'Etat, sans toutefois que le débiteur soit tenu de surveiller le remploi.

**87.** Les agents et gardes des forêts de la Couronne sont en tout assimilés aux agents et gardes de l'Administration forestière, tant pour l'exercice de leurs fonctions que pour la poursuite des délits et contraventions (*a*). (F. 5, 6, 99, 143, 159 s., 176; O. 24.)

(*a*) Décret du 30 décembre 1860. — Art. 1er. A l'avenir, l'administrateur général des forêts de la Couronne sera nommé par décret impérial, rendu sur la proposition du ministre de notre Maison et la présentation du grand veneur.

Art. 2. Les inspecteurs des forêts seront nommés par arrêtés du ministre de notre Maison, sur la présentation du grand veneur.

Art. 3. Le grand veneur nomme directement aux emplois de sous-inspecteurs, gardes généraux, gardes généraux adjoints, gardes à cheval et gardes dont la création est autorisée par le budget des forêts.

Art. 4. Nul ne peut être nommé garde général adjoint s'il ne sort du service des forêts de l'Etat, ou s'il ne satisfait aux conditions prescrites par les règlements actuels.

Art. 5. Sont maintenues toutes les dispositions des décrets et arrêtés ministériels antérieurs en ce qui concerne l'avancement des fonctionnaires, agents et préposés ci-dessus désignés.

**88.** Toutes les dispositions de la présente loi qui

2.

sont applicables aux bois et aux forêts du domaine de l'Etat, le sont également aux bois et forêts qui font partie du domaine de la Couronne, sauf les exceptions qui résultent de l'article 86 ci-dessus. (F. 8 s., 144 s., 151 s., 192 s., 209 s.)

## TITRE V.

### DES BOIS ET FORÊTS QUI SONT POSSÉDÉS A TITRE D'APANAGE OU DE MAJORATS RÉVERSIBLES A L'ÉTAT.

**89**. Les bois et forêts qui sont possédés par les princes à titre d'apanage, ou par des particuliers à titre de majorats réversibles à l'Etat, sont soumis au régime forestier, quant à la propriété du sol et à l'aménagement des bois. En conséquence, les agents de l'Administration forestière y seront chargés de toutes les opérations relatives à la délimitation, au bornage et à l'aménagement, conformément aux dispositions des sections I et II du titre III de la présente loi. Les articles 60 et 62 sont également applicables à ces bois et forêts.

L'Administration forestière y fera faire les visites et opérations qu'elle jugera nécessaires pour s'assurer que l'exploitation est conforme à l'aménagement, et que les autres dispositions du présent titre sont exécutées. (F. 1, 8 à 16, 151 s.; O. 125 à 127.)

## TITRE VI.

### DES BOIS DES COMMUNES ET DES ÉTABLISSEMENTS PUBLICS.

**90**. Sont soumis au régime forestier, d'après

l'article 1er de la présente loi, les bois taillis ou futaies appartenant aux communes et aux établissements publics, qui auront été reconnus susceptibles d'aménagement ou d'une exploitation régulière par l'autorité administrative, sur la proposition de l'Administration forestière, et d'après l'avis des Conseils municipaux ou des administrateurs des établissements publics. (O. 128.)

Il sera procédé dans les mêmes formes à tout changement qui pourrait être demandé, soit de l'aménagement, soit du mode d'exploitation (a).

En conséquence, toutes les dispositions des six premières sections du titre III leur sont applicables, sauf les modifications et exceptions portées au présent titre.

Lorsqu'il s'agira de la conversion en bois et de l'aménagement de terrains en pâturage, la proposition de l'Administration forestière sera communiquée au maire ou aux administrateurs des établissements publics. Le Conseil municipal ou ces administrateurs seront appelés à en délibérer : en cas de contestation, il sera statué par le Conseil de préfecture, sauf le pourvoi au Conseil d'Etat. (F. 1, 8 à 57 ; O. 67 à 104, 128, 134, 169 ; Décr. 30 décembre 1862, art. 1 et 2.)

(a) AVIS DU CONSEIL D'ETAT DU 11 NOVEMBRE 1852, relatif à l'aliénation des bois communaux soumis au régime forestier :
La Section de l'intérieur, considérant... que c'est au chef même de l'Etat qu'il appartient de soumettre les bois des communes au régime forestier, et de fixer l'aménagement auquel lesdits bois seront assujettis ;... que tout bois communal qui, par suite d'aliénation, devient la propriété d'un particulier, cesse de plein droit d'être soumis au régime forestier et à l'aménagement obligatoire auquel il était assujetti ; d'où il

suit que si l'on reconnaissait aux préfets le droit d'autoriser l'aliénation de tout ou partie d'un bois communal soumis au régime forestier, il appartiendrait à ces magistrats de rapporter indirectement et de mettre à néant les actes de l'autorité souveraine :... que le décret du 25 mars 1852 n'a rien innové en ce qui concerne les aliénations des bois communaux soumis au régime forestier, — Est d'avis que les préfets ne sont pas compétents pour autoriser lesdites aliénations.

(Cet avis a été transmis aux préfets par une circulaire du ministre de l'intérieur du 8 décembre 1852, nº 807.)

**91.** Les communes et établissements publics ne peuvent faire aucun défrichement de leurs bois sans une autorisation expresse et spéciale du Gouvernement ; ceux qui l'auraient ordonné ou effectué sans cette autorisation seront passibles des peines portées au titre XV contre les particuliers pour les contraventions de même nature. (F. 185, 221.)

**92.** La propriété des bois communaux ne peut jamais donner lieu à partage entre les habitants.

Mais, lorsque deux ou plusieurs communes possèdent un bois par indivis, chacune conserve le droit d'en provoquer le partage (a). (F. 105 ; C. N. 815.)

(a) 1º Loi du 10 juin 1793 (Sect. v). — Art. 1er. Les contestations qui pourront s'élever à raison du mode de partage entre les communes, seront terminées sur simple mémoire, par le directoire du département, d'après l'avis de celui du district.

Art. 2. Le directoire du département, sur l'avis de celui du district, prononcera pareillement, sur simple mémoire, sur toutes les réclamations qui pourront s'élever à raison du mode de partage des biens communaux.

2º Avis du Conseil d'État des 4-20 avril 1807.

Le Conseil d'État, qui, d'après le renvoi ordonné par Sa Majesté, a entendu le rapport de la section de l'intérieur sur celui du ministre de ce département sur la question de savoir quelle sera la base d'après laquelle deux communes, propriétaires par indivis d'un bien communal et qui veulent faire

cesser cet indivis, doivent le partager entre elles, — Est d'avis :
1º que ce partage doit être fait en raison du nombre de feux
par chaque commune et sans avoir égard à l'étendue du territoire de chacune d'elles ; 2º que le présent avis soit inséré au
*Bulletin des lois*.

3º Avis du Conseil d'Etat des 12-26 avril. 1808.

Le Conseil d'Etat est d'avis que les principes de l'arrêté du
19 frimaire an X ont été modifiés par les décrets postérieurs,
et que l'avis du 20 juillet 1807 est applicable au partage des
bois, comme à celui de tous autres biens dont les communes
veulent faire cesser l'indivis ; — Qu'en conséquence, les partages se font par feux, c'est-à-dire par chefs de famille ayant
domicile.

4º Décision du ministre de l'intérieur, du 2 février 1856.

L'avis du Conseil d'Etat du 11 novembre 1852 ( voir ci-
dessus à la suite de l'article 90) et la circulaire du 8 décembre
suivant doivent être entendus en ce sens que l'Administration
centrale s'est réservé de faire statuer, non-seulement sur tous
les actes qui, tels que les aliénations, concessions, transactions ou autres, auraient pour effet de réduire l'étendue du
sol forestier, mais encore sur ceux qui, comme les partages,
peuvent affecter l'aménagement ou l'exploitation des bois.

**93.** Un quart des bois appartenant aux communes et aux établissements publics sera toujours mis
en réserve, lorsque ces communes ou établissements
posséderont au moins dix hectares de bois réunis ou
divisés.

Cette disposition n'est pas applicable aux bois peu-
plés totalement en arbres résineux. (O. 137, 140.)

**94.** Les communes et établissements publics entretiendront, pour la conservation de leurs bois, le
nombre de gardes particuliers qui sera déterminé
par le maire et les administrateurs des établissements, sauf l'approbation du préfet, sur l'avis de
l'Administration forestière (*a*). (F. 108, s.)

(*a*) Avis du Conseil d'Etat du 6 août 1861.

Les Sections réunies des finances, etc., sont d'avis que

l'article 5 du décret du 25 mars 1852 n'abroge que les dispositions de l'article 95 du Code forestier, en ce qui concerne la nomination des gardes, mais que toutes les autres attributions conférées par le même Code aux communes et aux établissements publics, et plus spécialement celles de l'article 94 relatives au nombre de ces gardes et à leur salaire, loin d'être abrogées, sont virtuellement maintenues.

**95.** *Abrogé (a).*
**96.** *Abrogé (b).*

(*a, b*) Ces articles ont été remplacés par les dispositions suivantes [1] :

1º DÉCRET DU 25 MARS 1852. — Art. 5. Les préfets nommeront directement, sans l'intervention du Gouvernement et sur la présentation des divers chefs de service, aux fonctions et emplois suivants :... 20º Les gardes forestiers des départements, des communes et des établissements publics.

2º ARRÊTÉ DU MINISTRE DES FINANCES DU 3 MAI 1852.

Art. 3. Les gardes forestiers des communes et des établissements publics sont choisis sur une liste de trois candidats dressée par le conservateur (des forêts).

Art. 4. Les candidats aux emplois de garde forestier des communes et des établissements publics doivent être âgés de vingt-cinq ans au moins et de trente-cinq ans au plus, savoir lire et écrire, et être capables de rédiger un procès-verbal.

Ils sont choisis parmi les anciens militaires qui ont contracté un rengagement, jusqu'à concurrence des trois quarts des vacances au moins, sauf le cas d'insuffisance dans le nombre des candidats de cette catégorie.

Art. 5. Le salaire des gardes forestiers des communes et

---

[1] *Ancien article 95.* — Le choix de ces gardes sera fait, pour les communes, par le Maire, sauf l'approbation du Conseil municipal; et pour les établissements publics, par les administrateurs de ces établissements.

Ces choix devront être agréés par l'Administration forestière, qui délivre aux gardes leurs commissions.

En cas de dissentiment, le préfet prononcera.

*Ancien article 96.* — A défaut, par les communes ou établissements publics, de faire choix d'un garde dans le mois de la vacance de l'emploi, le préfet y pourvoira, sur la demande de l'Administration forestière.

des établissements publics est réglé par le préfet, sur la proposition du Conseil municipal ou de l'établissement propriétaire et l'avis du conservateur. (F. 98.)

Art. 6. Le préfet pourra, suivant les circonstances locales et sur l'avis du conservateur, placer sous la surveillance du même garde des bois appartenant à plusieurs communes ou établissements publics.

Art. 7. Les nominations des... gardes forestiers des communes et des établissements publics sont portées immédiatement par les préfets à la connaissance du ministre (des finances).

(Voir l'ordonnance du 15 novembre 1832, sous l'article 12 de l'Ordonnance réglementaire.)

**97.** Si l'Administration forestière et les communes ou établissements publics jugent convenable de confier à un même individu la garde d'un canton de bois appartenant à des communes ou établissements publics, et d'un canton de bois de l'Etat, la nomination du garde appartient à cette Administration seule. Son salaire sera payé proportionnellement par chacune des parties intéressées.

**98.** L'Administration forestière peut suspendre de leurs fonctions les gardes des bois des communes et des établissements publics : s'il y a lieu à destitution, le préfet la prononcera, après avoir pris l'avis du Conseil municipal ou des administrateurs des établissements propriétaires, ainsi que de l'Administration forestière. (C. P. 197.)

Le salaire de ces gardes est réglé par le préfet, sur la proposition du Conseil municipal ou des établissements propriétaires (F. 108; O. 38.)

**99.** Les gardes des bois des communes et des établissements publics sont en tout assimilés aux gardes des bois de l'Etat, et soumis à l'autorité des mêmes agents ; ils prêtent serment dans les mêmes formes, et leurs procès-verbaux font également foi en justice pour constater les délits et contraventions commis même dans des bois soumis au régime forestier autres que ceux dont la garde leur est confiée. (F. 5, 87, 160 s.; O. 24, 39.)

**100.** Les ventes des coupes, tant ordinaires qu'extraordinaires, seront faites à la diligence des agents forestiers, dans les mêmes formes que pour les bois de l'Etat, et en présence du maire ou d'un adjoint pour les bois des communes, et d'un des administrateurs pour ceux des établissements publics, sans toutefois que l'absence des maires ou administrateurs, dûment appelés, entraîne la nullité des opérations.

Toute vente ou coupe effectuée, par l'ordre des maires des communes ou des administrateurs des établissements publics, en contravention au présent article, donnera lieu contre eux à une amende qui ne pourra être au-dessous de trois cents francs, ni excéder six mille francs, sans préjudice des dommages-intérêts qui pourraient être dus aux communes ou établissements propriétaires.

Les ventes ainsi effectuées seront déclarées nulles. (F. 17 à 19, 90, 101, 102, 114, 205; O. 7, 82, 84 à 89, 134, 140.)

**101.** Les incapacités et défenses prononcées par l'article 21 sont applicables aux maires, adjoints et receveurs des communes, ainsi qu'aux administrateurs et receveurs des établissements publics, pour les ventes des bois des communes et établissements dont l'administration leur est confiée.

En cas de contravention, ils seront passibles des peines prononcées par le paragraphe premier de l'article précité, sans préjudice des dommages-intérêts, s'il y a lieu ; et les ventes seront déclarées nulles. (F. 19, 21 ; C. N. 1149, 1596.)

**102.** Lors des adjudications des coupes ordinaires et extraordinaires des bois des établissements publics, il sera fait réserve en faveur de ces établissements, et suivant les formes qui seront prescrites par l'autorité administrative, de la quantité de bois, tant de chauffage que de construction, nécessaire pour leur propre usage.

Les bois ainsi délivrés ne pourront être employés qu'à la destination pour laquelle ils auront été réservés, et ne pourront être vendus ni échangés sans l'autorisation du préfet. Les administrateurs qui auraient consenti de pareilles ventes ou échanges, seront passibles d'une amende égale à la valeur de ces bois, et de la restitution, au profit de l'établissement public, de ces mêmes bois ou de leur valeur Les ventes ou échanges seront en outre déclarés nuls. (F. 19, 83, 112 ; O. 142.)

**103.** Les coupes des bois communaux destinées à être partagées en nature pour l'affouage des habitants ne pourront avoir lieu qu'après que la délivrance en aura été préalablement faite par les agents forestiers, et en suivant les formes prescrites par l'article 81 pour l'exploitation des coupes affouagères délivrées aux communes dans les bois de l'Etat ; le tout sous les peines portées par ledit article. (F. 79, 81, 82, 104, 105, 109, 112 ; O. 122, 141, 146.)

**104.** Les actes relatifs aux coupes et arbres délivrés en nature, en exécution des deux articles précédents, seront visés pour timbre et enregistrés en débet, et il n'y aura lieu à la perception des droits que dans le cas de poursuites devant les tribunaux. F. 170, 185.)

**105.** S'il n'y a titre ou usage contraire, le partage des bois d'affouage se fera par feu, c'est-à-dire par chef de famille ou de maison ayant domicile réel et fixe dans la commune ; s'il n'y a également titre ou usage contraire, la valeur des arbres délivrés pour constructions ou réparations sera estimée à dire d'experts et payée à la commune (*a*). (O.¦142, 143.)

(*a*) Loi du 18 juillet 1837. — Art. 17. Les Conseils municipaux règlent, par leurs délibérations, les objets suivants :... 4⁰ Les affouages, en se conformant aux lois forestières.

Art. 18. Expédition de toute délibération sur un des objets énoncés en l'article précédent est immédiatement adressée par le maire au sous-préfet, qui en délivre ou fait délivrer récépissé. La délibération est exécutoire, si, dans les trente jours qui suivent la date du récépissé, le préfet ne l'a pas annulée, soit d'office, pour violation d'une disposition de loi ou d'un règlement d'administration publique, soit sur la réclamation de toute partie intéressée. — Toutefois, le préfet peut suspendre l'exécution de la délibération pendant un autre délai de trente jours.

**106.** *Abrogé* [1]. (*a*).

(*a*) 1⁰ Loi du 25 juin 1841. — Art. 5. Pour indemniser l'Etat des frais d'administration des bois des communes et des établissements publics, il sera payé, au profit du Trésor, sur les produits, tant *principaux* qu'*accessoires* de ces bois,

[1] *Ancien article* 106. — Pour indemniser le Gouvernement des frais d'administration des bois des communes ou établissements publics, il sera ajouté annuellement à la contribution foncière établie sur ces bois une somme équivalente à ces frais. Le montant de cette somme sera réglé chaque année par la loi de finances ; elle sera répartie au marc le franc de ladite contribution, et perçue de la même manière. (O. 144 ; Loi 17 août 1828, art. 3.)

*cinq* centimes par franc en sus du prix principal de leur adjudication ou cession.

Quant aux produits délivrés en nature, il sera perçu par le Trésor le vingtième de leur valeur, laquelle sera fixée définitivement par le préfet, sur les propositions des agents forestiers et les observations des Conseils municipaux et des administrateurs. (F. 109.)

2° Loi du 19 juillet 1845. — Art. 6. Les prélèvements sur les ventes ou *délivrances en nature* des produits des bois des communes et des établissements publics, prescrits par l'article 5 de la loi du 25 juin 1841, continueront à porter sur les produits *principaux*. Ils cesseront d'être appliqués aux produits *accessoires*.

Quant aux produits *délivrés en nature*, la valeur en sera fixée définitivement par le ministre des finances, sur les propositions des agents forestiers, les observations des Conseils municipaux et des administrateurs, et l'avis des préfets.

Les délais dans lesquels ces observations et avis devront être produits, sous peine qu'il soit passé outre, seront déterminés par une ordonnance royale.

3° Ordonnance du 5 février 1846. — Art. 1er. Avant le 1er septembre de chaque année, les conservateurs des forêts adresseront aux préfets les états estimatifs des produits à délivrer en nature dans les bois des communes et des établissements publics.

Art. 2. Avant le 10 du même mois, ces états seront transmis par les préfets aux maires des communes et aux présidents des commissions administratives des établissements publics propriétaires des bois.

Art. 3. Les observations des Conseils municipaux et des commissions administratives, sur les propositions des conservateurs des forêts, devront être adressées, au plus tard, le 30 du même mois aux préfets avec les pièces à l'appui.

Art. 4. Les préfets transmettront toutes les pièces à notre ministre des finances, avec leur avis, avant le 20 octobre suivant.

4° Loi du 14 juillet 1856. — Art. 14. Le remboursement à l'État des frais d'administration des bois des communes et des établissements publics continuera à s'effectuer conformément à l'article 5 de la loi du 25 juin 1841 et à l'article 6 de la loi du 19 juillet 1845, sans, toutefois, que la somme remboursée par chaque commune ou chaque établissement public puisse dépasser un franc par hectare des bois qui lui appartiennent.

**107.** Moyennant les perceptions ordonnées par l'article précédent, toutes les opérations de conservation et de régie dans les bois des communes et des établissements publics seront faites par les agents et préposés de l'Administration forestière sans aucuns frais.

Les poursuites dans l'intérêt des communes et des établissements publics, pour délits ou contraventions commis dans leurs bois, et la perception des restitutions et dommages-intérêts prononcés en leur faveur, seront effectuées sans frais par les agents du Gouvernement, en même temps que celles qui ont pour objet le recouvrement des amendes dans l'intérêt de l'Etat.

En conséquence, il n'y aura lieu à exiger à l'avenir des communes et établissements publics, ni aucun droit de vacation, d'arpentage, de réarpentage, de décime, de prélèvement quelconque, par les agents et préposés de l'Administration forestière, ni le remboursement soit des frais des instances dans lesquelles l'Administration succomberait, soit de ceux qui tomberaient en non-valeur par l'insolvabilité des condamnés (a). (O. 35.)

(a) Loi du 6 juin 1827. — *Article unique.* Les perceptions autorisées pour indemniser le Gouvernement des frais d'administration des bois des communes ou établissements publics, sous la dénomination de *droit de vacation*, de *décime*, d'*arpentage*, de *réarpentage*, ainsi que le remboursement des frais d'instances avancés par l'Administration des forêts, continueront de s'opérer, comme par le passé, jusqu'au 1er janvier 1829.

En conséquence, les dispositions contenues aux articles **106** et 107 du Code forestier ne seront exécutoires qu'à partir de ladite époque du 1er janvier 1829.

**108.** Le salaire des gardes particuliers restera à la charge des communes et des établissements publics. (F. 94, 98, § 2, 109.)

**109.** Les coupes ordinaires et extraordinaires sont principalement affectées au payement des frais de garde, de la contribution foncière et des sommes qui reviennent au Trésor en exécution de l'article 106.

Si les coupes sont délivrées en nature pour l'affouage, et que les communes n'aient pas d'autres ressources, il sera distrait une portion suffisante de coupes, pour être vendue aux enchères avant toute distribution et le prix en être employé au payement desdites charges. (F. 103 ; O. 144 ; C. N. 2095.)

**110.** Dans aucun cas et sous aucun prétexte, les habitants des communes et les administrateurs ou employés des établissements publics ne peuvent introduire, ni faire introduire dans les bois appartenant à ces communes ou établissements publics, des chèvres, brebis ou moutons, sous les peines prononcées par l'article 199 contre ceux qui auraient introduit ou permis d'introduire ces animaux, et par l'article 78 contre les pâtres ou gardiens. (F. 214.)

Cette prohibition n'aura son exécution que dans deux ans, à compter du jour de la publication de la présente loi, dans les bois où, nonobstant les dispositions de l'ordonnance de 1669, le pâturage des moutons a été toléré jusqu'à présent.

Toutefois, le pacage des brebis ou moutons pourra être autorisé dans certaines localités par des ordonnances spéciales de Sa Majesté. (F. 78, 120, 218.)

**111.** La faculté accordée au Gouvernement par l'article 63, d'affranchir les forêts de l'Etat de tous droits d'usage en bois, est applicable, sous les mêmes conditions, aux communes et aux établissements publics, pour les bois qui leur appartiennent. (F. 58, 118 ; O. 145; Décr. 12 avril 1854.)

**112.** Toutes les dispositions de la huitième section du titre III, sur l'exercice des droits d'usage dans les bois de l'Etat, sont applicables à la jouissance des communes et des établissements publics dans leurs propres bois, ainsi qu'aux droits d'usage dont ces mêmes bois pourraient être grevés ; sauf les modifications résultant du présent titre, et à l'exception des articles 61, 73, 74, 83 et 84. (F. 62, 63, 103, 120.)

## TITRE VII.

### DES BOIS ET FORÊTS INDIVIS QUI SONT SOUMIS AU RÉGIME FORESTIER.

**113.** Toutes les dispositions de la présente loi relatives à la conservation et à la régie des bois qui font partie du domaine de l'Etat, ainsi qu'à la poursuite des délits et contraventions commis dans ces bois, sont applicables aux bois indivis mentionnés à l'article 1er, paragraphe 6, de la présente loi, sauf les modifications portées par le titre VI pour les bois des communes et des établissements publics. (F. 1 à 85, 151, 159 ; O. 147, 169.)

**114.** Aucune coupe ordinaire ou extraordinaire, exploitation ou vente, ne pourra être faite par les possesseurs copropriétaires, sous peine d'une amende égale à la valeur de la totalité des bois abattus ou vendus; toutes ventes ainsi faites seront déclarées nulles. (F. 205.)

**115**. Les frais de délimitation, d'arpentage et de garde, seront supportés par le domaine et les copropriétaires, chacun dans la proportion de ses droits.

L'Administration forestière nommera les gardes, réglera leur salaire, et aura seule le droit de les révoquer. (F. 14; O. 12, 148, 149.)

**116**. Les copropriétaires auront dans les restitutions et dommages-intérêts la même part que dans le produit des ventes, chacun dans la proportioi de ses droits. (F. 204; C. N. 815.)

## TITRE VIII.

### DES BOIS DES PARTICULIERS.

**117**. Les propriétaires qui voudront avoir, pour la conservation de leurs bois, des gardes particuliers, devront les faire agréer par le sous-préfet de l'arrondissement; sauf le recours au préfet, en cas de refus.

Ces gardes ne pourront exercer leurs fonctions qu'après avoir prêté serment devant le tribunal de première instance. (F. 2, 5, 99, 188, 191; O. 150; I. Cr. 16, 20; C. P. 196.)

**118**. Les particuliers jouiront, de la même manière que le Gouvernement et sous les conditions déterminées par l'article 63, de la faculté d'affranchir leurs forêts de tous droits d'usage en bois. (F. 58, 111.)

**119**. Les droits de pâturage, parcours, panage et glandée dans les bois des particuliers, ne pourront être exercés que dans les parties de bois déclarées défensables par l'Administration forestière, et suivant l'état et la possibilité des forêts, reconnus et constatés par la même Administration.

Les chemins par lesquels les bestiaux devront passer pour aller au pâturage et pour en revenir seront désignés par le propriétaire. (F. 65 à 67, 71 ; O. 35, 151.)

**120**. Toutes les dispositions contenues dans les articles 64 ; 66, paragraphe 1er ; 70, 72, 73, 75, 76 ; 78, paragraphes 1 et 2 ; 79, 80, 83 et 85 de la présente loi, sont applicables à l'exercice des droits d'usage dans les bois des particuliers, lesquels y exercent, à cet effet, les mêmes droits et la même surveillance que les agents du Gouvernement dans les forêts soumises au régime forestier. (F. 57, 64 s., 78 s., 85, 110, 119, 144, 199.)

**121**. En cas de contestation entre le propriétaire et l'usager, il sera statué par les tribunaux. (F. 65 s.)

## TITRE IX.

### AFFECTATIONS SPÉCIALES DES BOIS A DES SERVICES PUBLICS.

—

SECTION 1re. — *Des bois destinés au service de la marine* [1].

**122**. Dans tous les bois soumis au régime fo-

---

[1] Une ordonnance royale du 14 décembre 1838 a suspendu indéfiniment l'exercice du droit de martelage et supprimé le service de la surveillance des fournitures de bois. — Par un décret du 16 octobre 1858, le ministre des finances a été autorisé à faire réserver et livrer directement chaque année, par l'Administration des forêts, à la marine impériale, les bois extraits des forêts dépendant du domaine de l'État et propres aux constructions navales. Voir ces documents, à la suite de l'article 161 de l'Ordonnance réglementaire.

restier, lorsque des coupes devront y avoir lieu, le département de la marine ;pourra faire choisir et marteler par ses agents les arbres propres aux contructions navales, parmi ceux qui n'auront pas été marqués en réserve par les agents forestiers. (O. 152.)

**123.** Les arbres ainsi marqués seront compris dans les adjudications et livrés par les adjudicataires à la marine, aux conditions qui seront indiquées ci-après. (O. 158.)

**124.** Pendant dix ans, à compter de la promulgation de la présente loi, le département de la marine exercera le droit de choix et de martelage sur les bois des particuliers, futaies, arbres de réserve, avenues, lisières, et arbres épars.

Ce droit ne pourra être exercé que sur les arbres en essence de chêne, qui seront destinés à être coupés, et dont la circonférence, mesurée à un mètre du sol, sera de quinze décimètres au moins.

Les arbres qui existeront dans les lieux clos attenant aux habitations, et qui ne sont point aménagés en coupes réglées, ne seront point assujettis au martelage. (F. 135, 193; O. 153, 161; C. P. 391.)

**125.** Tous les propriétaires seront tenus, sauf l'exception énoncée en l'article précédent, et hors le cas de besoins personnels pour réparations et constructions, de faire, six mois d'avance, à la sous-préfecture, la déclaration des arbres qu'ils ont l'intention d'abattre, et des lieux où ils sont situés.

Le défaut de déclaration sera puni d'une amende de dix-huit francs par mètre de tour pour chaque arbre susceptible d'être déclaré. (F. 130, 131, 133, 135, 137; O. 154, 159.)

**126.** Les particuliers pourront disposer librement

3.

des arbres déclarés, si la marine ne les a pas fait marquer pour son service dans les six mois à compter du jour de l'enregistrement de la déclaration à la sous-préfecture.

Les agents de la marine seront tenus, à peine de nullité de leur opération, de dresser des procès-verbaux de martelage des arbres dans les bois de l'Etat, des communes, des établissements publics et des particuliers, de faire viser ces procès-verbaux par le maire dans la huitaine, et d'en déposer immédiatement une expédition à la mairie de la commune où le martelage aura eu lieu.

Aussitôt après ce dépôt, les adjudicataires, communes, établissements ou propriétaires, pourront disposer des bois qui n'auront pas été marqués. (O. 152, 155.)

**127.** Les adjudicataires des bois soumis au régime forestier, les maires des communes, ainsi que les administrateurs des établissements publics, pour les exploitations faites sans adjudication, et les particuliers, traiteront de gré à gré du prix de leurs bois avec la marine.

En cas de contestation, le prix sera réglé par experts nommés contradictoirement, et, s'il y a partage entre les experts, il en sera nommé un d'office par le président du tribunal de première instance, à la requête de la partie la plus diligente ; les frais de l'expertise seront supportés en commun. (F. 141.)

**128.** Les adjudicataires des bois soumis au régime forestier, les maires des communes, ainsi que les administrateurs des établissements publics, pour les exploitations faites sans adjudication, et les particuliers, pourront disposer librement des arbres marqués pour la marine, si, dans les trois mois après qu'ils en auront fait notifier à la sous-préfecture l'abatage, la marine n'a pas pris livraison de la totalité des arbres marqués appartenant au même propriétaire, et n'en a pas acquitté le prix. (F. 126.)

**129.** La marine aura, jusqu'à l'abatage des arbres, la faculté d'annuler les martelages opérés pour son service ; mais, conformément à l'article précédent, elle devra prendre tous les arbres marqués qui auront été abattus, ou les abandonner en totalité.

**130.** Lorsque les propriétaires de bois n'auront pas fait abattre les arbres déclarés, dans le délai d'un an, à dater du jour de la déclaration, elle sera considérée comme non avenue, et ils seront tenus d'en faire une nouvelle. (F. 125.)

**131.** Ceux qui, dans les cas de besoins personnels pour réparations ou constructions, voudront faire abattre des arbres sujets à déclaration, ne pourront procéder à l'abatage qu'après avoir fait préalablement constater ces besoins par le maire de la commune.

Tout propriétaire convaincu d'avoir, sans motifs valables, donné, en tout ou en partie, à ses arbres, une destination autre que celle qui aura été énoncée dans le procès-verbal constatant les besoins personnels, sera passible de l'amende portée par l'article 125 pour défaut de déclaration. (F. 83, 133 ; O. 159, 167.)

**132.**.Le Gouvernement déterminera les formalités à remplir, tant pour les déclarations de volonté d'abattre, que pour constater, soit les besoins, dans le cas prévu par l'article précédent, soit les martelages et les abatages. Ces formalités seront remplies sans frais. (O. 151, 159.)

**133**. Les arbres qui auront été marqués pour le service de la marine dans les bois soumis au régime forestier, comme sur toute propriété privée, ne pourront être distraits de leur destination, sous peine d'une amende de quarante-cinq francs par mètre de tour de chaque arbre, sauf néanmoins les cas prévus par les articles 126 et 128. Les arbres marqués pour le service de la marine ne pourront être équarris avant la livraison, ni détériorés par ses agents avec des haches, scies, sondes ou autres instruments, à peine de la même amende. (F. 125, 131.)

**134**. Les délits et contraventions concernant le service de la marine seront constatés, dans tous les bois, par procès-verbaux, soit des agents et gardes forestiers, soit des maîtres, contre-maîtres et aides contre-maîtres assermentés de la marine : en conséquence, les procès-verbaux de ces maîtres, contre-maîtres et aides contre-maîtres feront foi en justice comme ceux des gardes forestiers, pourvu qu'ils soient dressés et affirmés dans les mêmes formes et dans les mêmes délais. (F. 44, 159 s., 170, 176, 177 ; I. Cr. 16, 18.)

**135**. Les dispositions du présent titre ne sont applicables qu'aux localités où le droit de martelage sera jugé indispensable pour le service de la marine, et pourra être utilement exercé par elle.

Le Gouvernement fera dresser et publier l'état des départements, arrondissements et cantons qui ne seront pas soumis à l'exercice de ce droit[1].

La même publicité sera donnée au rétablissement de cet exercice dans les localités exceptées, lorsque

---

[1] Il a été satisfait à ces prescriptions par une ordonnance du 27 février 1833, dont la reproduction est aujourd'hui sans utilité.

le Gouvernement jugera ce rétablissement nécessaire. (O. 161.)

### Section II. — *Des bois destinés au service des ponts et chaussées pour les travaux du Rhin.*

**136**. Dans tous les cas où les travaux d'endigage ou de fascinage sur le Rhin exigeront une prompte fourniture de bois ou oseraies, le préfet, en constatant l'urgence, pourra en requérir la délivrance, d'abord dans les bois de l'Etat; en cas d'insuffisance de ces bois, dans ceux des communes et des établissements publics, et subsidiairement enfin, dans ceux des particuliers; le tout à la distance de cinq kilomètres des bords du fleuve. (F. 141; O. 162.)

**137**. En conséquence, tous particuliers propriétaires de bois taillis, ou autres, dans les îles, sur les rives et à une distance de cinq kilomètres des bords du fleuve, seront tenus de faire, trois mois d'avance, à la sous-préfecture, une déclaration des coupes qu'ils se proposeront d'exploiter. (F. 125.)

Si, dans le délai de trois mois, les bois ne sont pas requis, le propriétaire pourra en disposer librement. (O. 154, 163.)

**138**. Tout propriétaire qui, hors les cas d'urgence, effectuerait la coupe de ses bois sans avoir fait la déclaration prescrite par l'article précédent, sera condamné à une amende d'un franc par are de bois ainsi exploité.

L'amende sera de quatre francs par are contre tout propriétaire qui, après que la réquisition de ses bois lui aura été notifiée, les détournerait de la destination pour laquelle ils auraient été requis. (F. 125, 143; O. 167.)

**139**. Dans les bois soumis au régime forestier, l'exploitation des bois requis sera faite par les entrepreneurs des travaux des ponts et chaussées, d'après les indications et sous la surveillance des agents forestiers. Ces entrepreneurs seront, dans ce cas, soumis aux mêmes obligations et à la même responsabilité que les adjudicataires des coupes des bois de l'Etat. (F. 33 s., 45 ; O. 165.)

**140.** Dans les bois des particuliers, l'exploitation des bois requis sera faite également, et sous la même responsabilité, par les entrepreneurs des travaux, si mieux n'aime le propriétaire faire exploiter lui-même ; ce qu'il devra déclarer aussitôt que la réquisition lui aura été notifiée.

A défaut par le propriétaire d'effectuer l'exploitation dans le délai fixé par la réquisition, il y sera procédé à ses frais, sur l'autorisation du préfet. (F. 41, 222 ; O. 166.)

**141**. Le prix des bois et oseraies requis en exécution de l'article 136 sera payé par les entrepreneurs des travaux à l'Etat et aux communes ou établissements publics, comme aux particuliers, dans le délai de trois mois après l'abatage constaté, et d'après le même mode d'expertise déterminé par l'article 127 de la présente loi pour les arbres marqués par la marine.

Les communes et les particuliers seront indemnisés, de gré à gré ou à dire d'experts, du tort qui pourrait être résulté pour eux de coupes exécutées hors des saisons convenables. (O. 168.)

**142.** Le Gouvernement déterminera les formalités qui devront être observées pour la réquisition des bois, les déclarations et notifications, en consé-

quence de ce qui est prescrit par les articles précédents. (O. 166.)

**143.** Les contraventions et délits en cette matière seront constatés par procès-verbaux des agents
et gardes forestiers, des conducteurs des ponts et
chaussées et des officiers de police assermentés, qui
devront observer à cet égard les formalités et délais
prescrits au titre XI, section 1re, pour les procès-
verbaux dressés par les gardes de l'Administration
forestière. (F. 6, 44, 87, 99, 134, 159 s. ; I. Cr.
16, 18.)

# TITRE X.

### POLICE ET CONSERVATION DES BOIS ET FORÊTS.

—

**SECTION Ire.** — *Dispositions applicables à tous les bois
et forêts en général.*

**144.** LOI DU 18 JUIN 1859. « Toute extraction ou
enlèvement non autorisé de pierres, sable, minerai,
terre ou gazon, tourbe, bruyères, genêts, herbages,
feuilles vertes ou mortes, engrais existant sur le sol
des forêts, glands, faînes et autres fruits et semences des bois et forêts, donnera lieu à des amendes
qui seront fixées ainsi qu'il suit :

« Par charretée ou tombereau, de dix à trente
francs pour chaque bête attelée ;

« Par chaque charge de bête de somme, de cinq
à quinze francs ;

« Par chaque charge d'homme, de deux à six
francs. (F. 57, 198 s. ; O, 169 s.)

« Il pourra, en outre, être prononcé un emprisonnement de trois jours au plus [1]. » (F. 214.)

---

[1] Le changement apporté à l'ancien article 144 par la loi du
13 juin 1859 ne consiste que dans l'addition du dernier paragraphe.

**145.** Il n'est point dérogé au droit conféré à l'Administration des ponts et chaussées d'indiquer les lieux où doivent être faites les extractions de matériaux pour les travaux publics ; néanmoins les entrepreneurs seront tenus envers l'Etat, les communes et établissements publics, comme envers les particuliers, de payer toutes les indemnités de droit, et d'observer toutes les formes prescrites par les lois et règlements en cette matière (*a*). (O. 170 à 175.)

(*a*) 1° Loi du 16 septembre 1807, relative au desséchement des marais. — Art. 55. Les terrains occupés pour prendre les matériaux nécessaires aux routes et aux constructions publiques, pourront être payés aux propriétaires comme s'ils eussent été pris pour la route même.

Il n'y aura lieu à faire entrer dans l'estimation la valeur des matériaux à extraire, que dans le cas où l'on s'emparerait d'une carrière déjà en exploitation ; alors lesdits matériaux seront évalués d'après leur prix courant, abstraction faite de l'existence et des besoins de la route pour laquelle ils seraient pris, ou des constructions auxquelles on les destine.

Art. 56. Les experts pour l'évaluation des indemnités relatives à une occupation de terrain, dans les cas prévus au présent titre, seront nommés, pour les objets de travaux de grande voirie, l'un par le propriétaire, l'autre par le préfet; et le tiers expert, s'il en est besoin, sera de droit l'ingénieur en chef du département. Lorsqu'il y aura des concessionnaires, un expert sera nommé par le propriétaire, un par le concessionnaire, et le tiers expert par le préfet.

2° Loi du 21 avril 1810, sur les mines. — Art. 67. Si les minerais se trouvent dans les forêts impériales, dans celles des établissements publics ou des communes, la permission de les exploiter ne pourra être accordée qu'après avoir entendu l'Administration forestière. L'acte de permission déterminera l'étendue des terrains dans lesquels les fouilles pourront être faites : ils seront tenus, en outre, de payer les dégâts occasionnés par l'exploitation, et de repiquer en glands ou plants les places qu'elle aurait endommagées, ou une autre étendue proportionnelle déterminée par la permission.

**146.** Quiconque sera trouvé dans les bois et forêts, hors des routes et chemins ordinaires, avec serpes, cognées, haches, scies et autres instruments de même nature, sera condamné à une amende de dix francs et à la confiscation desdits instruments. (F. 144, 161, 198.)

**147.** Ceux dont les voitures, bestiaux, animaux de charge ou de monture, seront trouvés dans les forêts hors des routes et chemins ordinaires, seront condamnés, savoir :

Par chaque voiture, à une amende de dix francs pour les bois de dix ans et au-dessus, et de vingt francs pour les bois au-dessous de cet âge ;

Par chaque tête ou espèce de bestiaux non attelés, aux amendes fixées pour délit de pâturage par l'article 199 ;

Le tout sans préjudice des dommages-intérêts. (F. 39, 71, 199, 202.)

**148.** Il est défendu de porter ou allumer du feu dans l'intérieur et à la distance de deux cents mètres des bois et forêts, sous peine d'une amende de vingt à cent francs, sans préjudice, en cas d'incendie, des peines portées par le Code pénal, et de tous dommages-intérêts, s'il y a lieu. (F. 38, 42, 151, 202; C. P. 434 s., 458.)

**149.** Tous usagers qui, en cas d'incendie, refuseront de porter des secours dans les bois soumis à leur droit d'usage, seront traduits en police correctionnelle, privés de ce droit pendant un an au moins et cinq ans au plus, et condamnés en outre aux peines portées en l'article 475 du Code pénal (a). (F. 61).

(a) L'article 475 du Code pénal (§ 12) punit d'une amende de six à dix francs inclusivement ceux qui, le pouvant, ont

refusé ou négligé de faire les travaux, le service, ou de prêter le secours dont ils ont été requis dans les circonstances
d'accidents... *incendie* ou autres calamités.


**150.** Les propriétaires riverains des bois et
forêts ne peuvent se prévaloir de l'article 672 du
Code civil pour l'élagage des lisières desdits bois et
forêts, si ces arbres de lisière ont plus de trente
ans (*a*).

Tout élagage qui serait exécuté sans l'autorisation
des propriétaires des bois et forêts donnera lieu à
l'application des peines portées par l'article 196.
(O. 176; C. N. 671, 672.)


(*a*) CODE NAPOLÉON. — Art. 671. Il n'est permis de planter
des arbres de haute tige qu'à la distance prescrite par les règlements particuliers actuellement existants, ou par les usages
constants et reconnus; et, à défaut de règlements et usages,
qu'à la distance de deux mètres de la ligne séparative des
deux héritages pour les arbres à haute tige, et à la distance
d'un demi-mètre pour les autres arbres et haies vives.

Art. 672. Le voisin peut exiger que les arbres et haies
plantés à une moindre distance soient arrachés. — Celui sur
la propriété duquel avancent les branches des arbres du voisin, peut contraindre celui-ci à couper ces branches. — Si ce
sont les racines qui avancent sur son héritage, il a droit de
les y couper lui-même. (C. N. 552.)


SECTION II. — *Dispositions spéciales applicables seulement
aux bois et forêts soumis au régime forestier.*


**151.** Aucun four à chaux ou à plâtre soit temporaire, soit permanent, aucune briqueterie et tui-
lerie, ne pourront être établis dans l'intérieur et à
moins d'un kilomètre des forêts, sans l'autorisation

du *Gouvernement* [1], à peine d'une amende de cent à cinq cents francs, et de démolition des établissements. (F. 148, 157; O. 177, 179; Décr. 25 mars 1852, art. 3.)

**152.** Il ne pourra être établi sans l'autorisation du *Gouvernement* [2], sous quelque prétexte que ce soit, aucune maison sur perches, loge, baraque ou hangar, dans l'enceinte et à moins d'un kilomètre des bois et forêts, sous peine de cinquante francs d'amende, et de la démolition dans le mois, à dater du jour du jugement qui l'aura ordonnée. (F. 146, 157; O. 177 s.; Décr. 25 mars 1852, art. 3.)

**153.** Aucune construction de maisons ou fermes ne pourra être effectuée, sans l'autorisation du *Gouvernement* [2], à la distance de cinq cents mètres des bois et forêts soumis au régime forestier, sous peine de démolition.

Il sera statué dans le délai de six mois sur les demandes en autorisation; passé ce délai, la construction pourra être effectuée.

Il n'y aura point lieu à ordonner la démolition des maisons ou fermes actuellement existantes. Ces maisons ou fermes pourront être réparées, reconstruites et augmentées sans autorisation.

Sont exceptés des dispositions du paragraphe premier du présent article les bois et forêts appartenant aux communes, et qui sont d'une contenance au-dessous de deux cent cinquante hectares. (F. 156; O. 177, 178; Décr. 25 mars 1852, art. 3.)

**154.** Nul individu habitant les maisons ou fermes

[1-2] **Les autorisations sont accordées aujourd'hui par les *préfets*. (Décret du 25 mars 1852, art. 3.) (O. 177.)**

actuellement existantes dans le rayon ci-dessus fixé, ou dont la construction y aura été autorisée en vertu de l'article précédent, ne pourra établir dans lesdites maisons ou fermes aucun atelier à façonner le bois, aucun chantier ou magasin pour faire le commerce de bois, sans la permission spéciale du *Gouvernement* [1], sous peine de cinquante francs d'amende et de la confiscation des bois. (F. 153, 156, 157; O. 177.)

Lorsque les individus qui auront obtenu cette permission auront subi une condamnation pour délits forestiers, le Gouvernement pourra leur retirer ladite permission.

**155.** Aucune usine à scier le bois ne pourra être établie dans l'enceinte et à moins de deux kilomètres de distance des bois et forêts qu'avec l'autorisation du *Gouvernement* [2], sous peine d'une amende de cent à cinq cents francs, et de la démolition dans le mois, à dater du jugement qui l'aura ordonnée. (F. 157; O. 177, 179, 180.)

**156.** Sont exceptées des dispositions des trois articles précédents les maisons et usines qui font partie de villes, villages ou hameaux formant une population agglomérée, bien qu'elles se trouvent dans les distances ci-dessus fixées des bois et forêts. (O. 179.)

**157.** Les usines, hangars et autres établissements autorisés en vertu des articles 151, 152, 154 et 155, seront soumis aux visites des agents et gardes forestiers, qui pourront y faire toutes perquisitions sans l'assistance d'un officier public, pourvu qu'ils se présentent au nombre de deux au moins, ou que

[1]-[2] Sans l'autorisation du *préfet*. (Décr. 25 mars 1852, art. 3.)

l'agent ou garde forestier soit accompagné de deux témoins domiciliés dans la commune. (F. 161, 162; I. Cr. 16.)

**158.** Aucun arbre, bille ou tronce ne pourra être reçu dans les scieries dont il est fait mention en l'article 155, sans avoir été préalablement reconnu par le garde forestier du canton et marqué de son marteau; ce qui devra avoir lieu dans les cinq jours de la déclaration qui en aura été faite, sous peine, contre les exploitants desdites scieries, d'une amende de cinquante à trois cents francs. En cas de récidive, l'amende sera double, et la suppression de l'usine pourra être ordonnée par le tribunal. (F. 201; O. 180.)

# TITRE XI.

### DES POURSUITES EN RÉPARATION DE DÉLITS
### ET CONTRAVENTIONS.

—

**SECTION 1re.** — *De la poursuite des délits et contraventions commis dans les bois soumis au régime forestier* [1].

**159.** LOI DU 18 JUIN 1859. « L'Administration forestière est chargée, tant dans l'intérêt de l'Etat que dans celui des autres propriétaires de bois et forêts soumis au régime forestier, des poursuites en réparation de tous délits et contraventions commis dans ces bois et forêts, sauf l'exception mentionnée en l'article 87.

« Elle est également chargée de la poursuite en réparation des délits et contraventions spécifiés aux articles 134, 143 et 219.

[1] *Ancienne rubrique de la section I :* **Des poursuites exercées au nom de l'Administration forestière.**

« Les actions et poursuites seront exercées, par les agents forestiers, au nom de l'Administration forestière, sans préjudice du droit qui appartient au ministère public. (F. 183 s.; O. 187; I. Cr. 179 s.)

« L'Administration des forêts est autorisée à transiger, avant jugement définitif, sur la poursuite des délits et des contraventions en matière forestière, commis dans les bois soumis au régime forestier. Après jugement définitif, la transaction ne peut porter que sur les peines et réparations pécuniaires[1]. » (a).

(a) 1° DÉCRET DU 21 DÉCEMBRE 1859, portant règlement d'administration publique pour les transactions sur la poursuite des délits et contraventions en matière forestière et pour les prestations en nature autorisées par la loi du 18 juin 1859.

## TITRE Ier. — DES TRANSACTIONS.

Art. 1er. Les transactions sur la poursuite des délits et contraventions commis par les adjudicataires des coupes dans les bois soumis au régime forestier, deviennent définitives,

1° Par l'approbation du directeur général, lorsque, sur les procès-verbaux constatant les délits ou contraventions, les amendes, dommages-intérêts ou restitutions encourus ne s'élèvent pas au-dessus de 1,000 francs, ou lorsque les condamnations prononcées n'excèdent pas cette somme;

2° Par l'approbation du ministre des finances, lorsque le montant des condamnations encourues ou prononcées dépasse 1,000 francs.

Art. 2. Les transactions sur la poursuite de tous autres délits ou contraventions constatés à la diligence de l'Administration forestière, deviennent définitives,

1° Par l'approbation du conservateur, lorsque, sur les procès - verbaux constatant les délits ou contraventions, les amendes, dommages-intérêts ou restitutions encourus ne

[1] La modification apportée à l'ancien article 159 ne consiste que dans l'addition du dernier paragraphe.

s'élèvent pas au-dessus de 500 francs, ou lorsque les condamnations prononcées n'excèdent pas cette somme ;

2º Par l'approbation du directeur général, lorsque les condamnations encourues ou prononcées ne dépassent pas 1,000 francs ;

3º Par l'approbation du ministre des finances dans les autres cas. (F. 159, 210.)

## TITRE II. — DES PRESTATIONS EN NATURE.

SECTION I. — *De la conversion en prestations des peines et réparations pécuniaires encourues ou prononcées pour délits commis dans les bois soumis au régime forestier.*

**Art. 3.** Les conservateurs des forêts peuvent admettre les délinquants insolvables à se libérer, au moyen de prestations en nature, des amendes, réparations civiles et frais résultant, soit des condamnations qui auront été prononcées pour délits ou contraventions commis dans les bois soumis au régime forestier, soit des transactions consenties conformément aux articles précédents.

**Art. 4.** Nul ne peut être admis à se libérer au moyen de prestations en nature si son insolvabilité n'est constatée par le receveur de l'enregistrement et des domaines, sur l'avis des agents forestiers.

**Art. 5.** Les délinquants admis à se libérer au moyen de prestations en nature reçoivent, à la diligence des agents forestiers, un avertissement indiquant,

1º Le nombre de journées de prestations ou la tâche à fournir ;

2º Le lieu où le travail doit être exécuté ;

3º Le délai dans lequel il doit être terminé.

Les conservateurs peuvent accorder aux délinquants remise d'une partie des journées de prestations, ou les décharger de l'exécution d'une partie de la tâche à fournir.

**Art. 6.** Une allocation pour frais de nourriture est attribuée aux délinquants insolvables qui en font la demande.

Cette allocation ne peut être inférieure au tiers, ni supérieure à la moitié du prix de journée fixé par le Conseil général ; elle est déterminée par le préfet.

Il n'est tenu compte au délinquant de la valeur de la journée de travail que déduction faite des frais de nourriture.

**Art. 7.** Si les prestations sont fournies en tâche, cette tâche est déterminée par les agents forestiers d'après le nombre des journées nécessaires à son achèvement, et en tenant compte, s'il y a lieu, de l'allocation due aux délinquants insolvables pour frais de nourriture.

Art. 8. En cas d'inexactitude ou de désobéissance du délinquant, comme en cas de négligence et de malfaçon dans l'exécution des travaux, les agents forestiers peuvent déclarer le délinquant déchu du bénéfice de la libération par le travail. — En cas d'inexécution dans le délai fixé, il est passé outre aux poursuites. Il est tenu compte du travail utilement accompli.

Art. 9. Si les délits et contraventions ont été commis dans les forêts domaniales, les prestations dues pour l'acquittement des amendes, réparations civiles et frais, sont appliquées à ces forêts ou aux chemins vicinaux qui servent à la vidange des coupes.

Art. 10. Si les délits ou contraventions ont été commis dans les bois des communes et établissements publics, les prestations peuvent toujours être appliquées aux forêts domaniales et aux chemins vicinaux qui les desservent, en ce qui concerne l'amende et les frais avancés par l'Etat ; mais les prestations dues pour l'acquittement des réparations civiles doivent être appliquées aux bois des communes et établissements publics qui auront souffert desdits délits et contraventions, ou aux chemins vicinaux qui servent à la vidange de ces bois.

Les maires des communes et les administrateurs des établissements publics propriétaires de bois qui veulent profiter des prestations en nature dues par les délinquants insolvables font connaître à l'inspecteur des forêts le montant des sommes qui peuvent être affectées par la commune ou par l'établissement public au payement des frais de nourriture des délinquants.

SECTION II. — *De la conversion en prestations des amendes et des condamnations aux frais prononcées pour délits commis dans les bois des particuliers.*

Art. 11. Les délinquants dont l'insolvabilité est constatée par le receveur de l'enregistrement et des domaines, qui veulent se libérer, au moyen de prestations en nature, des condamnations à l'amende et aux frais prononcées contre eux au profit de l'Etat, pour délits et contraventions commis dans les bois des particuliers, adressent leur demande au maire de la commune sur le territoire de laquelle les délits ou contraventions ont été commis.

Le maire transmet cette demande, avec son avis, au sous-préfet de l'arrondissement, qui statue et fixe le nombre de journées de prestations dues par les délinquants.

Art. 12. Les prestations des délinquants sont appliquées aux chemins vicinaux dépendant de la commune sur le territoire de laquelle le délit a été commis.

Les agents voyers peuvent convertir les prestations en tâche, et fixent le délai dans lequel les travaux doivent être exécutés.

Art. 13. Les délinquants reçoivent, à titre de frais de nourriture, une allocation, conformément à l'article 6 du présent décret.

Cette allocation est prélevée sur les fonds affectés à la construction et à l'entretien des chemins vicinaux.

Art. 14. En cas d'inexécution du travail, ou en cas de faute grave commise par le délinquant, l'agent voyer en donne avis au maire, et il est passé outre à l'exécution des poursuites.

Il est tenu compte du travail utilement accompli.

Art. 15. Nos ministres secrétaires d'Etat aux départements des finances et de l'intérieur sont chargés, chacun en ce qui le concerne, de l'exécution du présent décret, qui sera inséré au *Bulletin des lois*.

2° Avis du Conseil d'Etat du 26 novembre 1860, approuvé par le ministre des finances le 22 décembre suivant.

Le droit de transaction attribué à l'Administration forestière par la loi du 18 juin 1859 s'applique, à l'exclusion des délits de pêche, à tous les délits et contraventions en matière forestière et de chasse, dont la poursuite appartient à cette Administration.

Ce droit ne peut être étendu aux contraventions et délits prévus par les articles 219 et suivants du Code forestier.

**160.** Les agents, arpenteurs et gardes forestiers recherchent et constatent par procès-verbaux les délits et contraventions, savoir : les agents et arpenteurs, dans toute l'étendue du territoire pour lequel ils sont commissionnés ; et les gardes, dans l'arrondissement du tribunal près duquel ils sont assermentés. (F. 5, 6, 159 s., 176 s.; O. 11, 24 s., 181; P. F. 36 s. ; Ch. 22 ; I. Cr. 16, 18 s.)

**161**. Les gardes sont autorisés à saisir les bestiaux trouvés en délit, et les instruments, voitures et attelages des délinquants, et à les mettre en séquestre. Ils suivront les objets enlevés par les délinquants jusque dans les lieux où ils auront été transportés, et les mettront également en séquestre.

Ils ne pourront néanmoins s'introduire dans les maisons, bâtiments, cours adjacentes et enclos, si ce n'est en présence, soit du juge de paix ou de son suppléant, soit du maire du lieu ou de son adjoint, soit du commissaire de police. (F. 157, 189; O. 24, 182 ; I. Cr. 16 ; C. P. 184; P. F. 39.)

**162**. Les fonctionnaires dénommés en l'article précédent ne pourront se refuser à accompagner sur-le-champ les gardes, lorsqu'ils en seront requis par eux pour assister à des perquisitions.

Ils seront tenus, en outre, de signer le procès-verbal du séquestre ou de la perquisition faite en leur présence ; sauf au garde, en cas de refus de leur part, à en faire mention au procès-verbal. (F. 161, 189 ; O. 182.)

**163**. Les gardes arrêteront et conduiront devant le juge de paix ou devant le maire tout inconnu qu'ils auront surpris en flagrant délit. (F. 160, 189; O. 182; I. Cr. 16, 41, 106 ; Ch. 25.) (*a*).

(*a*) CODE D'INSTRUCTION CRIMINELLE. — Art. **41**. Le délit qui se commet actuellement ou qui vient de se commettre est un flagrant délit. — Seront aussi réputés flagrant délit, le cas où le prévenu est poursuivi par la clameur publique et celui où le prévenu est trouvé saisi d'effets, armes, instruments ou papiers faisant présumer qu'il est auteur ou complice, pourvu que ce soit dans un temps voisin du délit.

**164.** Les agents et les gardes de l'Administration des forêts ont le droit de requérir directement la force publique pour la répression des délits et contraventions en matière forestière, ainsi que pour la recherche et la saisie des bois coupés en délit, vendus ou achetés en fraude (*a*). (I. Cr. 25 ; C. P. 234.)

(*a*) 1° Loi du 28 germinal an VI, relative à l'organisation de la gendarmerie. — Art. 135. Les brigades de la gendarmerie nationale prêteront main-forte, lorsqu'elle leur sera légalement demandée, savoir : — Par les administrateurs et agents forestiers, pour la répression des délits relatifs à la police et à l'administration forestière, lorsque les gardes forestiers ne seront pas en force suffisante pour arrêter les délinquants.

2° Ordonnance du 29 octobre 1820. — Art. 58. Les réquisitions sont faites par écrit, signées, et dans la forme ci-après :

« De par le Roi (*aujourd'hui* l'Empereur) ; — Conformément à l'ordonnance sur le service de la gendarmerie, et en vertu de (*loi, arrêté, règlement*), nous requérons (*le grade et le lieu de résidence*) de commander... faire... se transporter... arrêter, etc..., et qu'il nous fasse part (*si c'est un officier*), et qu'il nous rende compte (*si c'est un sous-officier*) de l'exécution de ce qui est par nous requis au nom de Sa Majesté. — Fait à... »

Art. 188. Le service extraordinaire de la gendarmerie royale consiste : 1° à prêter main-forte... aux administrateurs et agents forestiers, etc.

Les réquisitions pour l'exécution du service extraordinaire sont adressées, savoir : dans les chefs-lieux de département, au commandant de la compagnie ; dans les sous-préfectures, au lieutenant de l'arrondissement, et sur les autres points, aux commandants des brigades.

Art. 189. Les sous-officiers et gendarmes requis de prêter main-forte aux fonctionnaires et agents ci-dessus dénommés peuvent signer les procès-verbaux dressés par ces fonctionnaires et agents, après avoir pris connaissance de leur contenu.

3° Loi du 13 juin 1851. — Art. 17. Le service de la garde nationale est incompatible avec les fonctions qui confèrent le droit de requérir la force publique.

**165.** Les gardes écriront eux-mêmes leurs procès-verbaux ; ils les signeront, et les affirmeront, au plus tard le lendemain de la clôture desdits procès-verbaux, par-devant le juge de paix du canton ou l'un de ses suppléants, ou par-devant le maire ou l'adjoint, soit de la commune de leur résidence, soit de celle où le délit a été commis ou constaté ; le tout sous peine de nullité. (F. 160, 176, 189 ; O. 26, 181 à 183 ; I. Cr. 16 s.)

Toutefois, si, par suite d'un empêchement quelconque, le procès-verbal est seulement signé par le garde, mais non écrit en entier de sa main, l'officier public qui en recevra l'affirmation devra lui en donner préalablement lecture, et faire ensuite mention de cette formalité ; le tout sous peine de nullité du procès-verbal. (P. F. 44 ; Ch. 24.)

**166.** Les procès-verbaux que les agents forestiers, les gardes généraux et les gardes à cheval dresseront, soit isolément, soit avec le concours d'un garde, ne seront point soumis à l'affirmation. (F. 176, 177 ; O. 11 ; P. F. 45.)

**167.** Dans les cas où le procès-verbal portera saisie, il en sera fait, aussitôt après l'affirmation, une expédition qui sera déposée dans les vingt-quatre heures au greffe de la justice de paix, pour qu'il en puisse être donné communication à ceux qui réclameraient des objets saisis. (F. 161, 169, 189 ; O. 183, 184.)

**168.** Les juges de paix pourront donner main-levée provisoire des objets saisis, à la charge du payement des frais de séquestre, et moyennant une bonne et valable caution.

En cas de contestation sur la solvabilité de la caution, il sera statué par le juge de paix. (F. 161, 189; O. 184.)

**169.** Si les bestiaux saisis ne sont pas réclamés dans les cinq jours qui suivront le séquestre, ou s'il n'est pas fourni bonne et valable caution, le juge de paix en ordonnera la vente à l'enchère, au marché le plus voisin. Il y sera procédé à la diligence du receveur des domaines, qui la fera publier vingt-quatre heures d'avance.

Les frais de séquestre et de vente seront taxés par le juge de paix, et prélevés sur le produit de la vente ; le surplus restera déposé entre les mains du receveur des domaines, jusqu'à ce qu'il ait été statué en dernier ressort sur le procès-verbal.

Si la réclamation n'a lieu qu'après la vente des bestiaux saisis, le propriétaire n'aura droit qu'à la restitution du produit net de la vente, tous frais déduits, dans le cas où cette restitution serait ordonnée par le jugement. (F 161, 189; O. 184.)

**170.** Les procès-verbaux seront, sous peine de nullité, enregistrés dans les quatre jours qui suivront celui de l'affirmation, ou celui de la clôture du procès-verbal, s'il n'est pas sujet à l'affirmation. (F. 166, 189.)

L'enregistrement s'en fera en débet, lorsque les délits ou contraventions intéresseront l'Etat, le domaine de la Couronne, ou les communes et les établissements publics. (F. 104, 176; P. F. 47.)

**171.** Toutes les actions et poursuites exercées au nom de l'Administration générale des forêts, et à la requête de ses agents, en réparation de délits ou contraventions en matière forestière, sont portées devant les tribunaux correctionnels, lesquels sont seuls compétents pour en connaître. (F. 190; O. 187; I. Cr. 16, 19, 23, 63, 179, 182, 190.)

**172**. L'acte de citation doit, à peine de nullité, contenir la copie du procès-verbal et de l'acte d'affirmation. (F. 165, 173, 187, 189; P. F. 49.)

**173**. Les gardes de l'Administration forestière pourront, dans les actions et poursuites exercées en son nom, faire toutes citations et significations d'exploits, sans pouvoir procéder aux saisies-exécutions.

Leurs rétributions pour les actes de ce genre seront taxées comme pour les actes faits par les huissiers des juges de paix. (P. F. 50.)

**174**. Les agents forestiers ont le droit d'exposer l'affaire devant le tribunal, et sont entendus à l'appui de leurs conclusions. (O. 185; I. Cr. 190; P. F. 51.)

**175**. Les délits ou contraventions en matière forestière seront prouvés, soit par procès-verbaux, soit par témoins à défaut de procès-verbaux, ou en cas d'insuffisance de ces actes. (F. 178, 189; I. Cr. 154, 176, 189; P. F. 52; Ch. 21.)

**176**. Les procès-verbaux, revêtus de toutes les formalités prescrites par les articles 165 et 170, et qui sont dressés et signés par deux agents ou gardes forestiers, font preuve, jusqu'à inscription de faux, des faits matériels relatifs aux délits et contraventions qu'ils constatent, quelles que soient les condamnations auxquelles ces délits et contraventions peuvent donner lieu.

Il ne sera, en conséquence, admis aucune preuve

outre ou contre le contenu de ces procès-verbaux, à moins qu'il n'existe une cause légale de récusation contre l'un des signataires. (F. 177, 179, 188 ; I. Cr. 154 s., 189 ; P. F. 53 ; Ch. 22.)

**177.** Les procès-verbaux, revêtus de toutes les formalités prescrites, mais qui ne seront dressés et signés que par un seul agent ou garde, feront de même preuve suffisante jusqu'à inscription de faux, mais seulement lorsque le délit ou la contravention n'entraînera pas une condamnation de plus de cent francs, tant pour amende que pour dommages-intérêts.

Lorsqu'un de ces procès-verbaux constatera à la fois contre divers individus des délits ou contraventions distincts et séparés, il n'en fera pas moins foi, aux termes du présent article, pour chaque délit ou contravention qui n'entraînerait pas une condamnation de plus de cent francs, tant pour amende que pour dommages-intérêts, quelle que soit la quotité à laquelle pourraient s'élever toutes les condamnations réunies. (F. 165, 170 s., 179, 181, 188, 202 ; P. F. 54 ; I. Cr. 154 s., 189.)

**178.** Les procès-verbaux qui, d'après les dispositions qui précèdent, ne font point foi et preuve suffisante jusqu'à inscription de faux, peuvent être corroborés et combattus par toutes les preuves légales, conformément à l'article 154 du Code d'instruction criminelle. (F. 175 s., 188 ; P. F. 55.)

**179.** Le prévenu qui voudra s'inscrire en faux contre le procès-verbal sera tenu d'en faire, par écrit et en personne, ou par un fondé de pouvoirs spécial par acte notarié, la déclaration au greffe du tribunal, avant l'audience indiquée par la citation.

Cette déclaration sera reçue par le greffier du tribunal : elle sera signée par le prévenu ou son fondé de pouvoirs ; et dans le cas où il ne saurait ou ne pourrait signer, il en sera fait mention expresse.

Au jour indiqué pour l'audience, le tribunal donnera acte de la déclaration, et fixera un délai de trois jours au moins et de huit jours au plus, pendant lequel le prévenu sera tenu de faire au greffe le dépôt des moyens de faux, et des noms, qualités et demeures des témoins qu'il voudra faire entendre.

A l'expiration de ce délai, et sans qu'il soit besoin d'une citation nouvelle, le tribunal admettra les moyens de faux, s'ils sont de nature à détruire l'effet du procès-verbal, et il sera procédé sur le faux conformément aux lois.

Dans le cas contraire, ou faute par le prévenu d'avoir rempli toutes les formalités ci-dessus prescrites, le tribunal déclarera qu'il n'y a lieu à admettre les moyens de faux, et ordonnera qu'il soit passé outre au jugement. (F. 176, 180, 181 ; I. Cr. 448 s. ; C. P. 145 s.)

**180.** Le prévenu contre lequel aura été rendu un jugement par défaut sera encore admissible à faire sa déclaration d'inscription de faux pendant le délai qui lui est accordé par la loi pour se présenter à l'audience sur l'opposition par lui formée. (F. 179, 187 ; I. Cr. 151, 186 s.; P. F. 57.)

**181.** Lorsqu'un procès-verbal sera rédigé contre plusieurs prévenus, et qu'un ou quelques-uns d'entre eux seulement s'inscriront en faux, le procès-verbal continuera de faire foi à l'égard des autres, à moins que le fait sur lequel portera l'inscription de faux ne soit indivisible et commun aux autres prévenus. (P. F. 58.)

**182.** Si, dans une instance en réparation de délit ou contravention, le prévenu excipe d'un droit de propriété ou autre droit réel, le tribunal saisi de la plainte statuera sur l'incident en se conformant aux règles suivantes :

L'exception préjudicielle ne sera admise qu'autant qu'elle sera fondée, soit sur un titre apparent, soit sur des faits de possession équivalents, personnels au prévenu et par lui articulés avec précision, et si le titre produit ou les faits articulés sont de nature, dans le cas où ils seraient reconnus par l'autorité compétente, à ôter au fait qui sert de base aux poursuites tout caractère de délit ou de contravention.

Dans le cas de renvoi à fins civiles, le jugement fixera un bref délai dans lequel la partie qui aura élevé la question préjudicielle devra saisir les juges compétents de la connaissance du litige et justifier de ses diligences; sinon, il sera passé outre. Toutefois, en cas de condamnation, il sera sursis à l'exécution du jugement, sous le rapport de l'emprisonnement, s'il était prononcé, et le montant des amendes, restitutions et dommages-intérêts, sera versé à la Caisse des dépôts et consignations, pour être remis à qui il sera ordonné par le tribunal qui statuera sur le fond du droit. (F. 189; P. F. 59.)

**183.** Les agents de l'Administration des forêts peuvent, en son nom, interjeter appel des jugements, et se pourvoir contre les arrêts et jugements en dernier ressort; mais ils ne peuvent se désister de leurs appels sans son autorisation spéciale. (F. 184, 187; I. Cr. 199, 216; P. F. 60.)

**184.** Le droit attribué à l'Administration des forêts et à ses agents de se pourvoir contre les jugements et arrêts par appel ou par recours en cassation, est indépendant de la même faculté qui est accordée par la loi au ministère public, lequel peut toujours en user, même lorsque l'Administration ou ses agents auraient acquiescé aux jugements et arrêts. (F. 159; I. Cr. 202, 216, 413; P. F. 61.)

**185.** Les actions en réparation de délits et contraventions en matière forestière se prescrivent par trois mois, à compter du jour où les délits et contraventions ont été constatés, lorsque les prévenus sont désignés dans les procès-verbaux. Dans le cas contraire, le délai de prescription est de six mois, à compter du même jour. (F. 225; P. F. 62; Ch. 29.)

Sans préjudice, à l'égard des adjudicataires et entrepreneurs des coupes, des dispositions contenues aux articles 45, 47, 50, 51 et 82 de la présente loi. (F. 46, 186, 189, 206 ; I. Cr. 636 s.)

**186.** Les dispositions de l'article précédent ne sont point applicables aux contraventions, délits et malversations commis par des agents, préposés ou gardes de l'Administration forestière dans l'exercice de leurs fonctions; les délais de prescription à l'égard de ces préposés et de leurs complices seront les mêmes qui sont déterminés par le Code d'instruction criminelle. (F. 6 ; I. Cr. 636 s.; P. F. 63.)

**187.** Les dispositions du Code d'instruction criminelle sur la poursuite des délits et contraventions, sur les citations et délais, sur les défauts, oppositions, jugements, appels et recours en cassation, sont et demeurent applicables à la poursuite des délits et contraventions spécifiés par la présente loi, sauf les modifications qui résultent du présent titre. (F. 172, 189, 208; I. Cr. 130, 137, 146, 150, 153, 172, 179, 184, 186, 190, 199, 216, 413; P. F. 64.)

**Section II.**— *De la poursuite des délits et contraventions commis dans les bois non soumis au régime forestier* [1].

**188**. Loi du 18 juin 1859. « Les délits et contraventions commis dans les bois non soumis au régime forestier sont recherchés et constatés tant par les gardes des bois et forêts des particuliers que par les gardes champêtres des communes, les gendarmes, et, en général, par tous officiers de police judiciaire chargés de rechercher et de constater les délits ruraux.

« Les procès-verbaux feront foi jusqu'à preuve contraire.

« Ces procès-verbaux, à l'exception de ceux dressés par les gardes particuliers, sont enregistrés en débet [2]. » (F. 117, 178, 191; I. Cr. 154; P. F. 66.)

**189**. Loi du 18 juin 1859. « Les dispositions contenues aux articles 161, 162, 163, 167, 168, 169, 170, paragraphe 1er, 182, 185 et 187 ci-dessus, sont applicables à la poursuite des délits et contraventions commis dans les bois non soumis au régime forestier.

« Toutefois, dans les cas prévus par l'article 169,

---

[1] *Ancienne rubrique de la section II* : Des poursuites exercées au nom et dans l'intérêt des particuliers.

[2] *Ancien article* 188. Les procès-verbaux dressés par les gardes des bois et forêts des particuliers feront foi jusqu'à preuve contraire.

lorsqu'il y aura lieu à effectuer la vente des bestiaux saisis, le produit net de la vente sera versé à la Caisse des dépôts et consignations. (Ord. 8 juill. 1816, art. 2.)

« Les dispositions de l'article 165 seront applicables à la rédaction des procès-verbaux dressés par les gardes des bois et forêts des particuliers [1]. »

**190**. Il n'est rien changé aux dispositions du Code d'instruction criminelle relativement à la compétence des tribunaux, pour statuer sur les délits et contraventions commis dans les bois et forêts qui appartiennent aux particuliers. (F. 117, 187; I. Cr. 20, 137, 139, 179; C. P. 9 à 11, 464 s.)

**191**. Les procès-verbaux dressés par les gardes des bois des particuliers seront, dans le délai d'un mois, à dater de l'affirmation, remis au procureur du roi ou au juge de paix, suivant leur compétence respective. (F. 117, 185, 190; I. Cr. 20.)

## TITRE XII.

### DES PEINES ET CONDAMNATIONS POUR TOUS LES BOIS ET FORÊTS EN GÉNÉRAL.

**192**. Loi du 18 juin 1859. « La coupe ou l'enlèvement d'arbres ayant deux décimètres de tour et au-dessus donnera lieu à des amendes qui seront

---

[1] *Ancien article* 189. Les dispositions contenues aux articles 161, 162, 163, 165, 167, 168, 169, 170, paragraphe 1, 172, 175, 182, 185 et 187 ci-dessus, sont applicables aux poursuites exercées, au nom et dans l'intérêt des particuliers, pour délits et contraventions commis dans les bois et forêts qui leur appartiennent.

Toutefois, dans les cas prévus par l'article 169, lorsqu'il y aura lieu à effectuer la vente des bestiaux saisis, le produit net de la vente sera versé à la Caisse des dépôts et consignations.

déterminées dans les proportions suivantes, d'après l'essence et la circonférence des arbres [1].

« Les arbres sont divisés en deux classes.

« La première comprend les chênes, hêtres, charmes, ormes, frênes, érables, platanes, pins, sapins, mélèzes, châtaigniers, alisiers, noyers, sorbiers, cormiers, merisiers et autres arbres fruitiers.

« La seconde se compose des aunes, tilleuls, bouleaux, trembles, peupliers, saules, et de toutes les espèces non comprises dans la première classe.

« Si les arbres de la première classe ont deux décimètres de tour, l'amende sera d'un franc par chacun de ces deux décimètres, et s'accroîtra ensuite progressivement de cinq centimes par chacun des autres décimètres.

« Si les arbres de la seconde classe ont deux décimètres de tour, l'amende sera de cinquante centimes par chacun de ces deux décimètres, et s'accroîtra ensuite progressivement de cinq centimes par chacun des autres décimètres.

« Le tout conformément au tableau annexé à la présente loi (a).

« La circonférence sera mesurée à un mètre du sol. (F. 34, 193, 194, 198, 202, 211 à 214.)

« Il pourra, en outre, être prononcé un emprisonnement de cinq jours au plus, si l'amende n'excède par quinze francs, et de deux mois au plus, si l'amende est supérieure à cette somme [2]. » (F. 214.)

---

[1] Les vols de bois dans les ventes sont punis d'un emprisonnement d'un an au moins et de cinq ans au plus, et d'une amende de 16 francs à 500 francs. (Code pénal, art. 388.)

[2] La modification apportée à l'ancien article 192 ne consiste que dans l'addition du dernier paragraphe.

## (a) *Tarif des amendes à prononcer par arbre, d'après sa grosseur et son essence.*

| ARBRES DE PREMIÈRE CLASSE. | | | ARBRES DE SECONDE CLASSE. | | |
|---|---|---|---|---|---|
| Circonférence. | Amende par décimètre. | Amende par arbre. | Circonférence. | Amende par décimètre. | Amende par arbre. |
| décim. | fr. c. | fr. c. | décim. | fr. c. | fr. c. |
| 1 | » » | » » | 1 | » » | » » |
| 2 | 1 00 | 2 00 | 2 | 0 50 | 1 00 |
| 3 | 1 10 | 3 30 | 3 | 0 55 | 1 65 |
| 4 | 1 20 | 4 80 | 4 | 0 60 | 2 40 |
| 5 | 1 30 | 6 50 | 5 | 0 65 | 3 25 |
| 6 | 1 40 | 8 40 | 6 | 0 70 | 4 20 |
| 7 | 1 50 | 10 50 | 7 | 0 75 | 5 25 |
| 8 | 1 60 | 12 80 | 8 | 0 80 | 6 40 |
| 9 | 1 70 | 15 30 | 9 | 0 85 | 7 65 |
| 10 | 1 80 | 18 00 | 10 | 0 90 | 9 00 |
| 11 | 1 90 | 20 90 | 11 | 0 95 | 10 45 |
| 12 | 2 00 | 24 00 | 12 | 1 00 | 12 00 |
| 13 | 2 10 | 27 30 | 13 | 1 05 | 13 65 |
| 14 | 2 20 | 30 80 | 14 | 1 10 | 15 40 |
| 15 | 2 30 | 34 50 | 15 | 1 15 | 17 25 |
| 16 | 2 40 | 38 40 | 16 | 1 20 | 19 20 |
| 17 | 2 50 | 42 50 | 17 | 1 25 | 21 25 |
| 18 | 2 60 | 46 80 | 18 | 1 30 | 23 40 |
| 19 | 2 70 | 51 30 | 19 | 1 35 | 25 65 |
| 20 | 2 80 | 56 00 | 20 | 1 40 | 28 00 |
| 21 | 2 90 | 60 90 | 21 | 1 45 | 30 45 |
| 22 | 3 00 | 66 00 | 22 | 1 50 | 33 00 |
| 23 | 3 10 | 71 30 | 23 | 1 55 | 35 65 |
| 24 | 3 20 | 76 80 | 24 | 1 60 | 38 40 |
| 25 | 3 30 | 82 50 | 25 | 1 65 | 41 25 |
| 26 | 3 40 | 88 40 | 26 | 1 70 | 44 20 |
| 27 | 3 50 | 94 50 | 27 | 1 75 | 47 25 |
| 28 | 3 60 | 100 80 | 28 | 1 80 | 50 40 |
| 29 | 3 70 | 107 30 | 29 | 1 85 | 53 65 |
| 30 | 3 80 | 114 00 | 30 | 1 90 | 57 00 |
| 31 | 3 90 | 120 90 | 31 | 1 95 | 60 45 |
| 32 | 4 00 | 128 00 | 32 | 2 00 | 64 00 |

**193.** Si les arbres auxquels s'applique le tarif établi par l'article précédent ont été enlevés et façonnés, le tour en sera mesuré sur la souche ; et si la souche a été également enlevée, le tour sera calculé dans la proportion d'un cinquième en sus de la dimension totale des quatre faces de l'arbre équarri.

Lorsque l'arbre et la souche auront disparu, l'amende sera calculée suivant la grosseur de l'arbre arbitrée par le tribunal d'après les documents du procès. (F. 192.)

**194.** Loi du 18 juin 1859. « L'amende, pour coupe ou enlèvement de bois qui n'auront pas deux décimètres de tour, sera, pour chaque charretée, de dix francs par bête attelée, de cinq francs par chaque charge de bête de somme, et de deux francs par fagot, fouée ou charge d'homme.

« Il pourra, en outre, être prononcé un emprisonnement de cinq jours au plus.

« S'il s'agit d'arbres semés ou plantés dans les forêts depuis moins de cinq ans, la peine sera d'une amende de trois francs par chaque arbre, quelle qu'en soit la grosseur, et, en outre, d'un emprisonnement d'un mois au plus[1]. » (F. 192, 198, 202, 211 à 214 ; C. P. 388, 444 s., 448.)

**195.** Loi du 18 juin 1859. « Quiconque arrachera des plants dans les bois et forêts sera puni

---

[1] La modification apportée à l'ancien article 194 ne consiste que dans l'addition du second paragraphe et dans la substitution d'un emprisonnement d'un mois à l'emprisonnement de six à quinze jours, qu'il édictait pour le cas de coupe ou enlèvement d'arbres semés ou plantés dans les forêts depuis moins de cinq ans.

d'une amende qui ne pourra être moindre de dix francs, ni excéder trois cents francs.

« Il pourra, en outre, être prononcé un emprisonnement de cinq jours au plus.

« Si le délit a été commis dans un semis ou plantation exécutés de main d'homme, il sera prononcé, outre l'amende, un emprisonnement de quinze jours à un mois[1]. » (F. 150, 194, 198, 202, 211 à 214; C. P. 444.)

**196.** Ceux qui, dans les bois et forêts, auront éhoupé, écorcé ou mutilé des arbres, ou qui en auront coupé les principales branches, seront punis comme s'ils les avaient abattus par le pied. (F. 36, 150, 192, 193, 203, 211 à 214; C. P. 445 à 448.)

**197.** Quiconque enlèvera des chablis et bois de délit sera condamné aux mêmes amendes et restitutions que s'il les avait abattus sur pied (F. 192 à 194, 198, 202, 211 à 214; O. 26, 101.)

**198.** Dans les cas d'enlèvement frauduleux de bois et d'autres productions du sol des forêts, il y aura toujours lieu, outre les amendes, à la restitution des objets enlevés ou de leur valeur, et de plus, selon les circonstances, à des dommages-intérêts.

Les scies, haches, serpes, cognées et autres instruments de même nature dont les délinquants et leurs complices seront trouvés munis, seront confis-

---

[1] *Ancien article* 195. Quiconque arrachera des plants dans les bois et forêts sera puni d'une amende qui ne pourra être moindre de dix francs, ni excéder trois cents francs; et si le délit a été commis dans un semis ou plantation exécutés de main d'homme, il sera prononcé, en outre, un emprisonnement de quinze jours à un mois.

qués. (F. 202; O. 183; P. F. 41; Ch. 16; C. P. 11.)

**199.** Les propriétaires d'animaux trouvés de jour en délit dans les bois de dix ans et au-dessus seront condamnés à une amende de :

Un franc pour un cochon ;

Deux francs pour une bête à laine ;

Trois francs pour un cheval ou autre bête de somme ;

Quatre francs pour une chèvre ;

Cinq francs pour un bœuf, une vache ou un veau;

L'amende sera double si les bois ont moins de dix ans ; sans préjudice, s'il y a lieu, des dommages-intérêts. (F. 54 à 56, 70 à 78, 110, 120, 147, 202, 211 à 214.)

**200.** Loi du 18 juin 1859. « Ceux qui auront contrefait ou falsifié les marteaux des particuliers servant aux marques forestières, ou qui auront fait usage de marteaux contrefaits ou falsifiés, ceux qui, s'étant indûment procuré les vrais marteaux, en auront fait une application ou un usage préjudiciable aux intérêts ou aux droits des particuliers, seront punis d'un emprisonnement de trois mois à deux ans. » (a) (C. P. 140.)

(a) Code pénal. — Art. 140. Ceux qui auront contrefait ou falsifié soit un ou plusieurs timbres nationaux, soit les marteaux de l'Etat servant aux marques forestières,... ou qui auront fait usage des... timbres, marteaux ou poinçons falsifiés ou contrefaits, seront punis des travaux forcés à temps, dont le *maximum* sera toujours appliqué dans ce cas.

Art. 141. Sera puni de la réclusion, quiconque s'étant indûment procuré les vrais timbres, marteaux ou poinçons ayant l'une des destinations exprimées en l'art. 140, en aura fait une application ou un usage préjudiciable aux droits ou intérêts de l'Etat.

**201.** Loi du 18 juin 1859. « Dans les cas de récidive, la peine sera toujours doublée.

Il y a récidive lorsque, dans les douze mois précédents, il a été rendu, contre le délinquant ou contrevenant, un premier jugement pour délit ou contravention en matière forestière. (F. 72, 76, 158, 213; C. P. 483.)

« Les peines sont également doublées lorsque les délits ou contraventions auront été commis la nuit, ou que les délinquants auront fait usage de la scie pour couper les arbres sur pied [1]. » (F. 35, 198; P. F. 69, 70; Ch. 12, 14, 15.)

**202.** Dans tous les cas où il y aura lieu à adjuger des dommages-intérêts, ils ne pourront être inférieurs à l'amende simple prononcée par le jugement. (F. 34, 199, § 2, 211 s.; C. P. 10.)

**203.** Les tribunaux ne pourront appliquer aux matières réglées par le présent Code les dispositions de l'article 463 du Code pénal (a). (P. F. 72; Ch. 20.)

(a) Code pénal. — Art. 463, § 9. Dans tous les cas où la peine de l'emprisonnement et celle de l'amende sont prononcées par le Code pénal, si les circonstances paraissent atténuantes, les tribunaux correctionnels sont autorisés, même en cas de récidive, à réduire ces deux peines comme il suit :

Si la peine prononcée par la loi, soit à raison de la nature du délit, soit à raison de l'état de récidive du prévenu, est un emprisonnement dont le minimum ne soit pas inférieur à un an et une amende dont le minimum ne soit pas inférieur à 500 francs, les tribunaux pourront réduire l'emprisonnement jusqu'à six jours et l'amende jusqu'à 16 francs.

Dans tous les autres cas, ils pourront réduire l'emprisonnement même au-dessous de six jours, et l'amende même

[1] Cet article est la reproduction littérale des anciens articles 200 et 201.

au-dessous de seize francs ; ils pourront aussi prononcer séparément l'une ou l'autre de ces peines, et même substituer l'amende à l'emprisonnement, sans qu'en aucun cas elle puisse être au-dessous des peines de simple police.

**204.** Les restitutions et dommages-intérêts appartiennent au propriétaire ; les amendes et confiscations appartiennent toujours à l'Etat. (F. 116, 202 ; C. P. 54 ; P. F. 73 ; Ch. 19.)

**205.** Dans tous les cas où les ventes et adjudications seront déclarées nulles pour cause de fraude ou collusion, l'acquéreur ou adjudicataire, indépendamment des amendes et dommages-intérêts prononcés contre lui, sera condamné à restituer les bois déjà exploités, ou à en payer la valeur sur le pied du prix d'adjudication ou de vente. (F. 18, 19, 21, 22, 53, 100, 114.)

**206.** Les maris, pères, mères et tuteurs, et en général tous maîtres et commettants, seront civilement responsables des délits et contraventions commis par leurs femmes, enfants mineurs et pupilles, demeurant avec eux et non mariés, ouvriers, voituriers et autres subordonnés, sauf tout recours de droit.

Cette responsabilité sera réglée conformément au paragraphe dernier de l'article 1384 du Code civil (a), et s'étendra aux restitutions, dommages-intérêts et frais ; sans pouvoir toutefois donner lieu à la contrainte par corps, si ce n'est dans le cas prévu par l'article 46. (F. 6, 45 s., 72, 82, 147 ; P. F. 74 ; Ch. 28.)

(a) CODE NAPOLÉON. — Art. 1384. On est responsable nonseulement du dommage que l'on cause par son propre fait, mais encore de celui qui est causé par le fait des personnes dont on doit répondre, ou des choses que l'on a sous sa garde.

Le père, et la mère après le décès du mari, sont responsables du dommage causé par leurs enfants mineurs habitant avec eux;

Les maîtres et commettants, du dommage causé par leurs domestiques et préposés dans les fonctions auxquelles il les ont employés;

Les instituteurs et artisans, du dommage causé par leurs élèves et apprentis pendant le temps qu'ils sont sous leur surveillance.

La responsabilité ci-dessus a lieu, à moins que les père et mère, instituteurs et artisans, ne prouvent qu'ils n'ont pu empêcher le fait qui donne lieu à cette responsabilité.

**207.** Les peines que la présente loi prononce, dans certains cas spéciaux, contre des fonctionnaires ou contre des agents et préposés de l'administration forestière, sont indépendantes des poursuites et peines dont ces fonctionnaires, agents ou préposés seraient passibles d'ailleurs pour malversation, concussion ou abus de pouvoir.

Il en est de même quant aux poursuites qui pourraient être dirigées, aux termes des articles 179 et 180 du Code pénal, contre tous délinquants ou contrevenants, pour fait de tentative de corruption envers des fonctionnaires publics et des agents et préposés de l'Administration forestière. (F. 18, 19, 21, 29, 52, 53, 81, 100 à 102, 110, 186; O. 11, 39; C. P. 169, 173, 177, 183, 184, 185, 196.)

**208.** Il y aura lieu à l'application des dispositions du même Code dans tous les cas non spécifiés par la présente loi. (F. 187; C. P. 55, 59, 60, 62, 66 s., 140, 141, 175, 388, 412, 434, 441, 444 à 448, 456, 458, 475, 12°.)

# TITRE XIII.

### DE L'EXÉCUTION DES JUGEMENTS.

**SECTION Ire.** — *De l'exécution des jugements concernant les délits et contraventions commis dans les bois soumis au régime forestier* [1].

**209.** Les jugements rendus à la requête de l'Administration forestière, ou sur la poursuite du ministère public, seront signifiés par simple extrait qui contiendra le nom des parties et le dispositif du jugement.

Cette signification fera courir les délais de l'opposition et de l'appel des jugements par défaut. (F. 190, 191; O. 188, 189; I. Cr. 187, 203; L. Reb. 11.)

**210.** LOI DU 18 JUIN 1859. « Le recouvrement de toutes les amendes forestières est confié aux receveurs de l'enregistrement et des domaines.

« Ces receveurs sont également chargés du recouvrement des restitutions, frais et dommages-intérêts résultant des jugements rendus pour délits et contraventions dans les bois soumis au régime forestier. (F. 204, 215 ; O. 188 s. ; I. Cr. 197.)

« L'Administration forestière pourra admettre les délinquants insolvables à se libérer des amendes, réparations civiles et frais, au moyen de prestations en nature consistant en travaux d'entretien et d'amélioration dans les forêts ou sur les chemins vicinaux. (F. 205, § 3.)

---

[1] *Ancienne rubrique de la section I :* De l'exécution des jugements rendus à la requête de l'Administration forestière ou du ministère public.

« Le conseil général fixe, par commune, la valeur de la journée de prestation.

« La prestation pourra être fournie en tâche.

« Si les prestations ne sont pas fournies dans le délai fixé par les agents forestiers, il sera passé outre à l'exécution des poursuites.

« Un règlement d'administration publique déterminera l'attribution aux ayants droit des prestations autorisées par le présent article[1]. » (Décr. du 21 déc. 1859; L. Reb. 11.)

**211.** Les jugements portant condamnation à des amendes, restitutions, dommages-intérêts et frais, sont exécutoires par la voie de la contrainte par corps, et l'exécution pourra en être poursuivie cinq jours après un simple commandement fait aux condamnés.

En conséquence, et sur la demande du receveur de l'enregistrement et des domaines, le procureur du roi adressera les réquisitions nécessaires aux agents de la force publique chargés de l'exécution des mandements de justice. (F. 46, 209 s. ; O. 188 s. ; C. P. 52, 467, 469; L. 17 avril 1832, art. 33 ; L. Reb. 11 )

**212.** Les individus contre lesquels la contrainte par corps aura été prononcée pour raison des amendes et autres condamnations et réparations pécuniaires, subiront l'effet de cette contrainte, jusqu'à ce qu'ils

---

[1] *Ancien article* 210. Le recouvrement de toutes les amendes forestières est confié aux receveurs de l'enregistrement et des domaines.

Ces receveurs sont également chargés du recouvrement des restitutions, frais et dommages-intérêts résultant des jugements rendus pour délits et contraventions dans les bois soumis au régime forestier.

aient payé le montant desdites condamnations, ou fourni une caution admise par le receveur des domaines, ou, en cas de contestation de sa part, déclarée bonne et valable par le tribunal de l'arrondissement. (F. 46, 211, 217; L. Reb. 11; L. 17 avril 1832, art. 34 et s.; L. 13 déc. 1848, art. 8.)

**213.** Néanmoins, les condamnés qui justifieraient de leur insolvabilité, suivant le mode prescrit par l'article 420 du Code d'instruction criminelle, seront mis en liberté après avoir subi quinze jours de détention, lorsque l'amende et les autres condamnations pécuniaires n'excéderont pas quinze francs (a).

La détention ne cessera qu'au bout d'un mois, lorsque ces condamnations s'élèveront ensemble de quinze à cinquante francs.

Elle ne durera que deux mois, quelle que soit la quotité desdites condamnations.

En cas de récidive, la durée de la détention sera double de ce qu'elle eût été sans cette circonstance. (F. 201, 211, 217; O. 191; C. P. 53, 467, 469; L. 17 avril 1832, art. 35.)

----

(a) CODE D'INSTRUCTION CRIMINELLE. — Art. 420. Sont dispensés de l'amende, 1° les condamnés en matière criminelle; 2° les agents publics pour les affaires qui concernent directement l'administration et les domaines ou revenus de l'Etat.

A l'égard de toutes autres personnes, l'amende sera encourue par celles qui succomberont dans leur recours. Seront néanmoins dispensées de la consigner celles qui joindront à leur demande en cassation, 1° un extrait de rôle des contributions constatant qu'elles payent moins de six francs, ou un certificat du percepteur de leur commune, portant qu'elles ne sont point imposées; 2° un certificat d'indigence à elles délivré par le maire de la commune de leur domicile ou par son adjoint, visé par le sous-préfet et approuvé par le préfet de leur département.

**214.** Dans tous les cas, la détention employée comme moyen de contrainte est indépendante de la peine d'emprisonnement prononcée contre les condamnés pour tous les cas où la loi l'inflige. (F. 21, 22, 56, 57, 72, 76, 78, 110, 144, 192, 194, 195, 200, 207.)

SECTION II. — *De l'exécution des jugements concernant les délits et contraventions commis dans les bois non soumis au régime forestier*[1].

**215.** LOI DU 18 JUIN 1859. « Les jugements contenant des condamnations en faveur des particuliers, pour réparation des délits ou contraventions commis dans leurs bois, seront, à leur diligence, signifiés et exécutés suivant les mêmes formes et voies de contrainte que les jugements rendus à la requête de l'Administration des forêts.

« Le recouvrement des amendes prononcées par les mêmes jugements sera opéré par les receveurs de l'enregistrement et des domaines. (F. 189, 204, 209 s., 216 ; L. 17 avril 1832, art. 38.)

« Les délinquants insolvables pourront être admis à se libérer comme il est dit au § 3 de l'article 210, mais seulement en ce qui concerne les amendes et les frais qui auront été avancés par l'Etat.

« En ce cas, les prestations en nature devront être exécutées sur les chemins vicinaux dépendant de la commune sur le territoire de laquelle le délit aura été commis[2]. » (Décr. 21 déc. 1859.)

---

[1] *Ancienne rubrique de la Section* II : De l'exécution des jugements rendus dans l'intérêt des particuliers.

[2] *Ancien article* 215. Les jugements contenant des condamnations en faveur des particuliers, pour réparation des délits ou contraventions commis dans leurs bois, seront, à leur diligence,

**216.** Toutefois, les propriétaires seront tenus de pourvoir à la consignation d'aliments prescrite par le Code de procédure civile, lorsque la détention aura lieu à leur requête et dans leur intérêt. (Pr. 789, 791, 793 ; L. 17 avril 1832, art. 38 s.)

**217.** La mise en liberté des condamnés ainsi détenus à la requête et dans l'intérêt des particuliers ne pourra être accordée, en vertu des articles 212 et 213, qu'autant que la validité des cautions ou l'insolvabilité des condamnés aura été, en cas de contestation de la part desdits propriétaires, jugée contradictoirement entre eux. (L. 17 avril 1832, art. 34 s.)

## TITRE XIV.

### DISPOSITION GÉNÉRALE.

**218.** Sont et demeurent abrogés, pour l'avenir, toutes lois, ordonnances, édits et déclarations, arrêts du Conseil, arrêtés et décrets, et tous règlements intervenus, à quelque époque que ce soit, sur les matières réglées par le présent Code, en tout ce qui concerne les forêts.

Mais les droits acquis antérieurement au présent Code seront jugés, en cas de contestation, d'après les lois, ordonnances, édits et déclarations, arrêts du Conseil, arrêtés, décrets et règlements ci-dessus mentionnés. (F. 58, 67, 78, 110 ; O. 179.)

signifiés et exécutés suivant les mêmes formes et voies de contrainte que les jugements rendus à la requête de l'Administration forestière.

Le recouvrement des amendes prononcées par les mêmes jugements sera opéré par les receveurs de l'enregistrement et des domaines.

# TITRE XV.

### ( *Loi du 18 juin 1859.* )

## DÉFRICHEMENT DES BOIS DES PARTICULIERS [1].

**219.** « Aucun particulier ne peut user du droit
d'arracher ou défricher ses bois qu'après en avoir

[1] *Ancien titre XV*, abrogé par la loi du 18 juin 1859.

### DISPOSITIONS TRANSITOIRES.

Art. 219. Pendant vingt ans, à dater de la promulgation de la
présente loi, aucun particulier ne pourra arracher ni défricher
ses bois qu'après en avoir fait préalablement la déclaration à la
sous-préfecture, au moins six mois d'avance, durant lesquels
l'Administration pourra faire signifier au propriétaire son opposition au défrichement. Dans les six mois à dater de cette signification, il sera statué sur l'opposition par le préfet, sauf le recours
au ministre des finances.

Si, dans les six mois après la signification de l'opposition, la
décision du ministre n'a pas été rendue et signifiée au propriétaire
des bois, le défrichement pourra être effectué.

Art. 220. En cas de contravention à l'article précédent, le propriétaire sera condamné à une amende calculée à raison de cinq
cents francs au moins et de quinze cents francs au plus par hectare de bois défriché, et, en outre, à rétablir les lieux en nature
de bois dans le délai qui sera fixé par le jugement, et qui ne
pourra excéder trois années.

Art. 221. Faute par le propriétaire d'effectuer la plantation ou
le semis dans le délai prescrit par le jugement, il y sera pourvu
à ses frais par l'Administration forestière, sur l'autorisation préalable du préfet, qui arrêtera le mémoire des travaux faits et le
rendra exécutoire contre le propriétaire.

Art. 222. Les dispositions des trois articles qui précèdent sont
applicables aux semis et plantations exécutés, par suite de jugements, en remplacement de bois défrichés.

Art. 223. Seront exceptés des dispositions de l'article 219,

1° Les jeunes bois, pendant les vingt premières années après
leur semis ou plantation, sauf le cas prévu en l'article précédent ;

2° Les parcs ou jardins clos et attenant aux habitations ;

3° Les bois non clos, d'une étendue au-dessous de quatre hectares, lorsqu'ils ne feront point partie d'un autre bois qui compléterait une contenance de quatre hectares, ou qu'ils ne seront pas
situés sur le sommet ou la pente d'une montagne.

Art. 224. Les actions ayant pour objet des défrichements comfait la déclaration à la sous-préfecture, au moins quatre mois d'avance, durant lesquels l'Administration peut faire signifier au propriétaire son opposition au défrichement. Cette déclaration contient élection de domicile dans le canton de la situation des bois.

« Avant la signification de l'opposition, et huit jours au moins après avertissement donné à la partie intéressée, l'inspecteur ou le sous-inspecteur, ou un des gardes généraux de la circonscription, procède à la reconnaissance de l'état et de la situation des bois et en dresse un procès-verbal détaillé, lequel est notifié à la partie, avec invitation de présenter ses observations.

« Le préfet, en conseil de préfecture, donne son avis sur cette opposition.

« L'avis est notifié à l'agent forestier du département, ainsi qu'au propriétaire des bois, et transmis au ministre des finances, qui prononce administrativement, la section des finances du Conseil d'Etat préalablement entendue. (O. 192.)

« Si, dans les six mois qui suivront la signification de l'opposition, la décision du ministre n'est pas rendue et signifiée au propriétaire des bois, le défrichement peut être effectué. » (F. 91, 159, 223 ; O. 192.)

**220.** « L'opposition au défrichement ne peut être formée que pour les bois dont la conservation est reconnue nécessaire,

mis en contravention à l'article 219 se prescriront par deux ans, à dater de l'époque où le défrichement aura été consommé.

Art. 225. Les semis et plantations de bois sur le sommet et le penchant des montagnes et sur les dunes seront exempts de tout impôt pendant vingt ans.

« 1° Au maintien des terres sur les montagnes ou sur les pentes ;

« 2° A la défense du sol contre les érosions et les envahissements des fleuves, rivières ou torrents ;

« 3° A l'existence des sources et cours d'eau ;

« 4° A la protection des dunes et des côtes contre les érosions de la mer et l'envahissement des sables ;

« 5° A la défense du territoire, dans la partie de la zone frontière qui sera déterminée par un règlement d'administration publique (a) ;

« 6° A la salubrité publique. »

(a) DÉCRET DU 31 JUILLET 1861. — Art. 1. La délimitation sanctionnée par le décret du 22 novembre 1859, et définie par l'état descriptif et les six cartes y annexées, est et demeure abrogée.

Art. 2. Les parties de la zone frontière dans lesquelles il peut être formé opposition au défrichement des bois des particuliers dont la conservation est reconnue nécessaire à la défense du territoire, se composent de polygones réservés dont les limites plus restreintes sont fixées par le nouvel état descriptif et les trois cartes annexées au présent décret [1].

Ne sont pas compris dans les polygones réservés, quant aux défrichements : le littoral de l'Océan, depuis Bayonne jusqu'à Dunkerque ; le littoral de la Méditerranée, depuis Menton jusqu'à Port-Vendres ; la Corse et les autres îles du territoire de la France : la frontière du sud-est, entre le département de l'Ain et la Méditerranée, y compris les territoires de la Savoie et de Nice nouvellement annexés ; la frontière des Pyrénées, partie comprise entre Mauléon et la Méditerranée.

Dans tous les cas, les terrains compris dans les zones de servitude des places de guerre et des postes militaires situés dans la zone frontière font partie des polygones réservés.

Art. 3. Les défrichements des bois des particuliers situés

[1] L'état descriptif a été inséré dans le *Répertoire de législation et de jurisprudence forestières*, par Ch. Deville, t. Ier, p. 12 et s. —V. dans le même recueil, t. Ier, p. 162. le décret du 15 mars 1862, relatif à la délimitation de la zone frontière et à la compétence de la commission mixte des travaux publics.

dans les polygones réservés continuent à être, conformément au décret du 16 août 1853, de la compétence de la commission mixte des travaux publics.

**221.** « En cas de contravention à l'article 219, le propriétaire est condamné à une amende calculée à raison de cinq cents francs au moins et de quinze cents francs au plus par hectare de bois défriché. Il doit en outre, s'il en est ainsi ordonné par le ministre des finances, rétablir les lieux défrichés en nature de bois, dans un délai qui ne peut excéder trois années. » (F. 91.)

**222.** « Faute par le propriétaire d'effectuer la plantation ou le semis dans le délai prescrit par la décision ministérielle, il y est pourvu à ses frais par l'Administration forestière, sur l'autorisation préalable du préfet, qui arrête le mémoire des travaux faits et le rend exécutoire contre le propriétaire. (F. 41, 140.)

**223.** « Les dispositions des quatre articles qui précèdent sont applicables aux semis et plantations exécutés, par suite de la décision ministérielle, en remplacement des bois défrichés. »

**224.** « Sont exceptés des dispositions de l'article 210,

« 1° Les jeunes bois pendant les vingt premières années après leur semis ou plantation, sauf le cas prévu par l'article précédent; (L. Reb. 12.)

« 2° Les parcs ou jardins clos ou attenants aux habitations ;

« 3° Les bois non clos, d'une étendue au-dessous de dix hectares, lorsqu'ils ne font pas partie d'un autre bois qui compléterait une contenance de dix hectares, ou qu'ils ne sont pas situés sur le sommet ou la pente d'une montagne.

**225**. « Les actions ayant pour objet des défrichements commis en contravention à l'article 219 se prescrivent par deux ans à dater de l'époque où le défrichement aura été consommé. » (F. 185, 187.)

**226**. « Les semis et plantations de bois sur le sommet et le penchant des montagnes, sur les dunes et dans les landes, seront exempts de tout impôt pendant trente ans (*a*). »

(*a*) Loi du 3 frimaire an VII. — Art. 116. Le revenu imposable des terrains maintenant en valeur qui seront plantés ou semés en bois ne sera évalué, pendant les trente premières années de la plantation ou du semis, qu'au quart de celui des terres d'égale valeur non plantées.

Art. 117. Pour jouir de ces divers avantages, et à peine d'en être privé, le propriétaire sera tenu de faire au secrétariat de l'Administration municipale dans le territoire de laquelle les biens sont situés, avant de commencer les dessèchements, défrichements et autres améliorations, une déclaration détaillée des terrains qu'il voudra ainsi améliorer.

Art. 118. Cette déclaration sera reçue par le secrétaire de l'Administration municipale, sur un registre ouvert à cet effet, coté, parafé, daté et signé comme celui des mutations ; elle sera signée tant par le secrétaire que par le déclarant ou son fondé de pouvoir.

Copie de cette déclaration sera délivrée au déclarant, moyennant la somme de vingt-cinq centimes, non compris le papier timbré et autres droits légalement établis. (*Bull. des lois*, premier sem. de l'an VII, n° 243.)

# ORDONNANCE DU ROI

## POUR L'EXÉCUTION DU CODE FORESTIER.

———

Au château de Saint-Cloud, le 1er août 1827.

CHARLES, par la grâce de Dieu, ROI DE FRANCE ET DE NAVARRE ;

Sur le rapport de notre ministre secrétaire d'Etat au département des finances ;

Vu le Code forestier du royaume, sanctionné par nous le 21 mai dernier et promulgué le 31 juillet suivant;

Voulant en assurer l'exécution par des dispositions réglementaires :

NOUS AVONS ORDONNÉ et ORDONNONS ce qui suit :

## TITRE I.

### DE L'ADMINISTRATION FORESTIÈRE.

Art. 1er. Les attributions conférées par le Code à l'Administration forestière seront exercées, sous l'autorité de notre ministre des finances, par une direction générale, dont l'organisation est réglée ainsi qu'il suit :

**SECTION Ire.** — *De la direction générale des forêts* [1].

**2.** La direction générale des forêts se compose d'un directeur général et de trois administrateurs nommés par nous, sur la proposition de notre ministre des finances (*a*). (O. 9, 11.)

(*a*) DÉCRET DU 24 JANVIER 1860. — Art. 13. La direction générale des forêts est organisée ainsi qu'il suit : un directeur général, deux administrateurs, sept chefs, douze sous-chefs et vingt-neuf commis.(Voir aussi le décret du 11 juillet 1864, art. 9 de la présente ordonnance.)

**3.** En cas d'absence du directeur général, le ministre des finances désignera celui des administrateurs qui en remplira les fonctions.

**4.** Le directeur général dirige et surveille, sous les ordres de notre ministre des finances, toutes les opérations relatives au service (*b*).

Il correspond seul avec les diverses autorités (*c*).

Il a seul le droit de recevoir et d'ouvrir la correspondance.

Il donne et signe tous les ordres généraux de service.

Il travaille avec le ministre des finances et lui rend compte de tous les résultats de son administration. (O. 6 à 8, 12, 15, 38 s., 48 s.)

(*b*) ORDONNANCE DU 5 JANVIER 1831. — Art. 3. Les attributions du directeur et du Conseil d'administration des forêts seront déterminées par notre ministre des finances.

(*c*) ARRÊTÉ DU MINISTRE DES FINANCES DU 27 JANVIER 1831. Les directeurs de chaque service sont autorisés à corres-

[1] L'organisation de la direction générale des forêts a subi de nombreuses modifications. (Voir trois ordonnances en date des 5 janvier 1831, 7 septembre 1837, 17 décembre 1844, deux arrêtés du ministre des finances des 5 avril et 11 décembre 1848, et un décret du 5 mai 1854.)

pondre directement avec les préfets pour toutes les demandes
de pièces, renseignements et avis nécessaires à l'instruction
des affaires placées dans leurs attributions respectives.

Ils sont chargés, en outre, de transmettre aux préfets les
ampliations des ordonnances royales, ainsi que les avis et décisions ministériels.

**5.** Notre ministre des finances déterminera les
parties de service dont la suite sera attribuée à chaque
administrateur.

Les administrateurs pourront être chargés de mis-
sions temporaires dans les départements, avec l'approbation du ministre des finances.

**6.** Les administrateurs se réunissent en conseil
d'administration, sous la présidence du directeur
général (*a*).

En cas d'empêchement, le directeur général dé-
lègue la présidence à l'un des administrateurs.

(*a*) Décision du ministre des finances du 16 juillet 1838.
Le directeur général a le droit de prendre l'avis du Conseil
d'administration, dans la forme qui lui paraît convenable, et
il peut, sur toutes affaires de nature à être soumises au Conseil, présenter, signés de lui, des rapports sur lesquels il sera
délibéré dans la même forme que sur les rapports signés par
les sous-directeurs.

[Aux termes d'une décision du ministre des finances du
4 août 1837, c'est au directeur général, et non au Conseil,
que les rapports de chacun des sous-directeurs doivent être
adressés, sauf au directeur général à présenter ces rapports
au Conseil, selon les prescriptions de l'article 7 de l'ordonnance du 1er août 1827.]

**7.** Le directeur général soumettra à notre ministre
des finances, après délibération préalable du Conseil
d'administration, les objets dont la nomenclature
suit (*a*) :

1° Budget général de l'administration forestière ;

2° Création et suppression d'emplois supérieurs ;

3° Destitution, révocation ou mise en jugement des agents forestiers du grade de *sous-inspecteur*[1] et au-dessus; (O. 12, 38 ; Ord. 17 déc. 1844, art. 84.)

4° Liquidation de pensions ;

5° Changements dans la circonscription des arrondissements forestiers; (O. 10.)

6° Projets d'aménagements, de partages et d'échanges de bois, de cantonnement, ou de rachat de droits d'usage ;

7° Coupes extraordinaires ;

8° Etats annuels des coupes ordinaires; (*Abrogé*, ord. 10 mars 1831, art. 1, n° 1.)

9° Cahier des charges pour les adjudications des coupes ordinaires; (O. 82.)

10° Remboursements pour moins de mesure ; (*Modifié*, ord. 10 mars 1831, art. n° 1, 5.)

11° Remises ou modérations d'amendes; (*Modifié*, Décr. 21 déc. 1859, art. 1 et 2 ; F. 159.)

12° Extraction de minerai ou de matériaux dans les forêts. (*Abrogé*, ord. 10 mars 1831, art. 1, n° 6.)

13° Constructions à proximité des forêts. (*Abrogé*, décr. 25 mars 1852; O. 177.)

14° Pourvois au Conseil d'Etat ;

15° Dispositions de service qui donneraient lieu à une dépense au-dessus de cinq cents francs ;

16° Oppositions à des défrichements ;

17° Instructions générales et questions douteuses sur l'exécution des lois et ordonnances.

(*a*) Plusieurs dispositions de cet article ont été abrogées ou modifiées par les ordonnances suivantes :

1° ORDONNANCE DU 10 MARS 1831. — Art. 1. Les attribu-

[1] Du grade d'*inspecteur*. (O. 38; Ord. 17 déc. 1844, art. 84 et 85.)

tions ci-après déterminées, qui étaient confiées au ministre des finances par l'ordonnance du 1er août 1827, sont déléguées au directeur des forêts.

En conséquence, il autorisera, après délibération du Conseil d'administration :

1° Les coupes ordinaires de chaque année ; (O. 7, § 8, 73.).

2° La coupe des arbres endommagés, ébranchés, morts ou dépérissants ; (O. 103.)

3° Le recepage des bois incendiés ou abroutis ; (*Modifié*, Ord. 4 déc. 1844, art. 1, n° 1.)

4° Les élagages sur les routes et les lisières des bois soumis au régime forestier ; (*Abrogé*, Ord. 4 déc. 1844, art. 1, n° 2.)

5° Le remboursement des moins de mesure lorsqu'ils n'excéderont pas la somme de cinq cents francs ; (O. 7, § 10.)

6° Les extractions de minerai ou de matériaux dans les forêts ; (*Abrogé*, Ord. 4 déc. 1844, art. 2.)

7° La concession des terrains vagues à charge de repeuplement, lorsque la contenance des terrains ne dépassera pas cinq hectares, et la durée de la concession, six années ; (*Modifié*, Ord. 4 déc. 1844, art. 1, n° 5.)

Les autres concessions demeureront soumises aux dispositions des articles 106 et 107 de l'ordonnance du 1er août 1827.

2° ORDONNANCE DU 4 DÉCEMBRE 1844.

Art. 1. Les attributions ci-après déterminées sont déléguées aux conservateurs des forêts.

Les conservateurs autoriseront,

1° La vente, par forme de menus marchés, dans les forêts domaniales et communales, des bois incendiés et abroutis, lorsque les produits présumés n'excéderont pas cinq cents francs, et l'exploitation des mêmes bois, par entreprise ou par économie, dans les forêts domaniales, lorsque les frais de l'exploitation n'excéderont pas deux cents francs ; (O. 103 ; Ord. 10 mars 1851, art. 1, § 3.)

2° L'élagage sur les routes et lisières des bois soumis au régime forestier ; (O. 102 ; Ord. 10 mars 1851, art. 1, § 4.)

3° Les prorogations de délais de coupe et de vidange, lorsque ces délais n'excéderont pas quinze jours pour la coupe, et deux mois pour la vidange ; (*Modifié*, décr. 31 mai 1850 ; O. 96.)

4° La délivrance aux adjudicataires de chemins de vidange

autres que ceux désignés dans le procès-verbal d'adjudication ; (F. 59 ; O. 82.)

5° La concession de terrains vagues à charge de repeuplement, lorsque la durée de la concession n'excédera pas quatre années, et la contenance des terrains, vingt-cinq ares pour les gardes, et cinq hectares pour tous autres concessionnaires ; (O. 106, 107 ; Ord. 10 mars 1831, art. 1, § 7.)

6° La délivrance des harts, rouettes, souches, épines et plants.

Art. 2. Dans les bois et forêts qui sont régis par l'Administration des forêts, l'extraction de productions quelconques du sol forestier ne pourra avoir lieu qu'en vertu d'une autorisation formelle, délivrée par le conservateur des forêts, s'il s'agit de bois de l'État ; et, s'il s'agit de ceux des communes et des établissements publics, par les maires ou administrateurs des communes ou établissements propriétaires, sauf l'approbation du conservateur des forêts qui, dans tous les cas, règlera les conditions et le mode d'extraction.

Quant au prix, il sera fixé, pour les bois de l'État, par le conservateur des forêts ; et, pour les bois des communes et des établissements publics, par le préfet, sur les propositions des maires et administrateurs. (O. 169.)

Art. 3. Les dispositions des ordonnances ci-dessus visées et de tous autres règlements qui seraient contraires à la présente ordonnance sont abrogées.

3° DÉCRET DU 31 MAI 1850. — Art. 1. Les prorogations de délais de coupe ou de vidange seront accordées, à l'avenir, par les conservateurs des forêts, quelle que soit la durée des délais réclamés. (Ord. 4 déc. 1844, art. 1, n° 3.)

**8.** Dans toutes les affaires autres que celles qui sont mentionnées en l'article précédent, le directeur général statuera, sauf le recours des parties devant notre ministre des finances.

Le directeur général devra toutefois prendre l'avis du Conseil d'administration sur les destitutions, révocations ou mises en jugement des agents au-dessous du grade de *sous-inspecteur* [1] et des préposés de

---

[1] Du grade d'*inspecteur*. (O. 38 ; Ord. 17 février 1844, art. 84 et 85.)

l'Administration forestière, sur toutes les affaires contentieuses, ainsi que sur toutes les dépenses au-dessous de cinq cents francs. (O. 12, 38 ; Ord. 17 déc. 1844, art. 85.)

**9**. DÉCRET DU 11 JUILLET 1864. « Un vérificateur général des aménagements sera attaché à la direction générale des forêts, avec le rang de chef de bureau.

Il sera nommé par notre ministre des finances [1].»

SECTION II. — *Du service forestier dans les départements.*

**10**. La division territoriale de la France en conservations forestières est arrêtée conformément au tableau annexé à la présente ordonnance [2].

Les conservations seront subdivisées en inspections et sous-inspections, dont le nombre et les circonscriptions seront fixés par notre ministre des finances (*a*).

La direction générale déterminera le nombre et la résidence des gardes généraux, des arpenteurs, des gardes à cheval (*b*) et des gardes à pied, ainsi que les arrondissements et triages dans lesquels ils devront exercer leurs fonctions. (O. 25.)

(*a*) 1° ARRÊTÉ DU MINISTRE DES FINANCES DU 27 JUILLET 1844.
Art. 1. (*Modifié.*) Le nombre des inspecteurs forestiers, ainsi que celui des sous-inspecteurs du service actif, est fixé à cent soixante. (Arr. min. 7 janv. 1861.)
Art. 2. Un sous-inspecteur est attaché à chaque inspection. Cet agent sera chargé du cantonnement le plus voisin du chef-lieu de l'inspection.

*Ancien article* 9. Un vérificateur général des arpentages sera attaché à la direction générale des forêts.
Il sera nommé par notre ministre des finances.
(Cet article a été implicitement abrogé par l'ord. du 17 déc. 1844, qui a supprimé le poste dont il s'agit.)
[2] V. ce tableau à la suite de la présente ordonnance.

Art. 5. L'inspecteur, en cas d'empêchement, sera remplacé de droit par le sous-inspecteur. Hors ce cas, aucune des fonctions de l'inspecteur ne pourra être confiée au sous-inspecteur qu'en vertu d'une autorisation spéciale du directeur général.

2° ARRÊTÉ DU MINISTRE DES FINANCES DU 7 JANVIER 1861.

Art. 1. A compter du 1er janvier 1861, le nombre des inspecteurs des forêts, y compris les six professeurs de l'Ecole forestière, est fixé à cent soixante-treize.

(b) ORDONNANCE DU 25 JUILLET 1844. — Art. 1. A l'avenir, il ne sera plus nommé de gardes à cheval.

Art. 2. La direction générale des forêts aura sous ses ordres des gardes généraux adjoints.

Art. 5. Les gardes généraux adjoints seront choisis parmi les gardes à cheval actuels ou parmi les brigadiers ayant deux ans au moins d'exercice dans ce grade.

Art. 4. Les gardes généraux adjoints ne pourront être promus au grade de garde général s'ils n'ont au moins deux ans d'exercice dans leur grade.

Art. 5. Les gardes à cheval qui ne seront pas nommés gardes généraux adjoints conserveront leur titre et leurs fonctions.

**11**. La direction générale a sous ses ordres ,

1° Des agents sous les dénominations de conservateurs, d'inspecteurs, de sous-inspecteurs et de gardes généraux[1] ;

2° Des arpenteurs[2] ; (O. 19.)

3° Des gardes à cheval et des gardes à pied. (O. 10.)

**12**. Les conservateurs seront nommés par nous, sur la proposition de notre ministre des finances.

Le ministre des finances nommera aux places d'inspecteur et de *sous-inspecteur*, sur la proposition du directeur général.

----

[1] *Ajoutez* et de gardes généraux adjoints. (Ord. 25 juillet 1844, art. 2. )

[2] Le corps des arpenteurs est aujourd'hui supprimé.

Le directeur général nommera à tous les autres emplois (a). (O. 38.)

Les nominations à tous les grades supérieurs à celui de garde général seront toujours faites parmi les agents du grade immédiatement inférieur qui auront au moins deux ans d'exercice dans ce grade.

(a) 1° ORDONNANCE DU 17 DÉCEMBRE 1844. — Art. 83. Seront nommés par nous, sur la proposition de notre ministre des finances : le directeur général de l'administration, les administrateurs, les conservateurs, le directeur de l'Ecole forestière.

Art. 84. Seront nommés par notre ministre des finances, sur la proposition du directeur général : les chefs de bureau de toutes classes de l'Administration centrale, les inspecteurs, les élèves de l'Ecole forestière.

Art. 85. Seront nommés par le directeur général, et en vertu de la délégation de notre ministre des finances, les titulaires de tous les emplois inférieurs à ceux qui viennent d'être désignés.

2° DÉCRET DU 24 JANVIER 1860. — Art. 18. Sont nommés par nous, sur la proposition du ministre des finances : les directeurs généraux, les administrateurs.

Art. 19. Sont nommés par le ministre des finances : les chefs de bureau.

Art. 20. Sont nommés par les directeurs généraux : les sous-chefs, commis de tous grades et surnuméraires des administrations financières.

3° ORDONNANCE DU 15 NOVEMBRE 1832. — Art. 1. A l'avenir, nul ne sera nommé garde forestier, s'il est âgé de plus de trente-cinq ans et s'il ne sait lire et écrire.

[Aux termes des règlements concertés entre les ministres des finances, de la guerre, et de la marine, les emplois de gardes forestiers sont réservés exclusivement :

1° Aux sous-officiers rengagés et présentés par les ministres de la guerre et de la marine, sur la proposition des chefs de corps et des inspecteurs généraux d'armes;

2° Aux fils de gardes et aux gardes cantonniers ou communaux qui sont présentés par les conservateurs ou les chefs de service. (Circ. du 3 juin 1842, n° 534.)

[Voir, en ce qui touche les gardes forestiers communaux, l'arrêté ministériel du 3 mai 1852, sous les articles 95 et 96 du Code forestier.]

**13.** Nul ne sera promu au grade de garde général, si préalablement il n'a fait partie de l'Ecole forestière, dont il sera parlé ci-après, ou s'il n'a exercé, pendant deux ans au moins, les fonctions de *garde à cheval* [1]. (O. 10 ; Ord. 25 juillet 1844, art. 4 et 5.)

### § 1er. — *Des agents forestiers* [2].

**14.** Chacun des agents dénommés en l'article 11, § 1er, fera, suivant l'ordre hiérarchique, les opérations, vérifications et tournées qui lui seront prescrites en exécution du Code forestier et de la présente ordonnance, surveillera le service des agents et gardes qui lui seront subordonnés, et leur transmettra les ordres et instructions qu'il recevra de ses supérieurs. Il pourra faire suppléer, en cas d'empêchement, les agents et gardes employés sous ses ordres, à la charge d'en rendre compte, sans délai, à son supérieur immédiat.

[1] Les fonctions de *garde général adjoint*. (Ord. 25 juillet 1844, art. 4 et 5.)

[2] ORDONNANCE DU 27 AOUT 1831, sur l'organisation militaire des agents et gardes des forêts royales et des bois communaux :

ART. 1er. Les agents et gardes royaux et communaux pourront être affectés au service militaire, en cas d'invasion du territoire, pendant le temps que les opérations militaires auront lieu dans le département où ils sont employés et dans ceux qui lui sont limitrophes.

ART. 8. Le cas prévu par l'article 1er arrivant, les compagnies des guides de l'administration des forêts seront mises par une ordonnance à la disposition du ministre de la guerre,...

ART. 9. A dater de leur mise en activité, ces compagnies feront partie intégrante de l'armée, et jouiront des mêmes droits, honneurs et récompenses que les corps de troupes qui la composent...

(Voir Ord. 31 mai 1831 ; décr. 4 juin 1832 ; O. 24.)

**15.** Les conservateurs correspondront directement avec la direction générale et avec les autorités supérieures des départements (*a*).

Les autres agents correspondront avec le chef de service sous les ordres duquel ils seront placés immédiatement, et lui rendront compte de leurs opérations.

(*a*) Ordonnance du 10 mars 1831. — Art. 2. Les préfets pourront, en ce qui concerne l'administration des bois des communes et des établissements publics, et pour tous les objets urgents, s'adresser directement à l'agent local, chef de service, pour les renseignements dont ils auront besoin. Ces renseignements, toutefois, leur seront transmis par l'intermédiaire du conservateur.

Cette marche sera observée principalement à l'égard des demandes en autorisation de coupes extraordinaires.

Lorsque ces demandes seront instruites, les préfets les adresseront avec toutes les pièces à l'Administration des forêts, qui en rendra compte à notre ministre des finances.

Elles ne seront communiquées à notre ministre de l'intérieur que dans le cas où l'Administration forestière aurait donné un avis contraire à celui du préfet. (O. 140.)

**16.** Les agents forestiers seront tenus d'avoir des sommiers et registres, dont la direction générale déterminera le nombre et la destination, et sur lesquels ils inscriront régulièrement, par ordre de date, les ordonnances et ordres de service qui leur seront transmis, leurs diverses opérations, leurs procès-verbaux et les déclarations qui leur seront remises.

Ils feront coter et parafer ces registres par le préfet ou le sous-préfet du lieu de leur résidence, et signeront chaque enregistrement, en faisant mention, en marge de chaque pièce ou procès-verbal, de l'inscription à laquelle elle aura donné lieu sur les registres, avec indication du folio.

Les inspecteurs, sous-inspecteurs et gardes généraux tiendront, en outre, un registre spécial sur lequel ils annoteront sommairement, par ordre de réception, les procès-verbaux qui leur seront remis par les gardes, et indiqueront en regard le résultat des poursuites et la date des jugements auxquels ces procès-verbaux auront donné lieu.

**17.** Les agents forestiers seront responsables des titres, plans et actes dont ils se trouveront dépositaires en vertu de leurs fonctions. (O. 23.)

A chaque mutation d'emploi, il en sera dressé, ainsi que des registres et sommiers, un inventaire en double, qui constituera le nouvel agent responsable, en opérant la décharge de son prédécesseur.

**18.** L'uniforme des agents forestiers est réglé ainsi qu'il suit :

Pour tous les agents, habit et pantalon de drap vert ; l'habit boutonné sur la poitrine ; le collet droit ; le gilet chamois ; les boutons de métal blanc, ayant un pourtour de feuilles de chêne, et portant au milieu les mots *Direction générale des forêts*, avec une fleur de lis ; le chapeau français avec une ganse en argent et un bouton pareil à ceux de l'habit ; une épée.

La broderie sera en argent, et le dessin en feuilles de chêne.

Les conservateurs porteront la broderie au collet, aux parements et au bas de la taille de l'habit, avec une baguette unie sur les bords de l'habit et du gilet.

Les inspecteurs porteront la broderie au collet et aux parements.

L'habit des sous-inspecteurs sera brodé au collet, avec une baguette unie aux parements.

Les gardes généraux auront deux rameaux de chêne, de la longueur de dix centimètres, brodés de chaque côté du collet de l'habit (*a*). (O. 21.)

(*a*) DÉCRET DU 17 NOVEMBRE 1852. — Art. 1. Le costume des fonctionnaires et agents du ministère des finances et des administrations qui en dépendent est fixé conformément aux articles ci-après.

### Dispositions générales.

Art. 2. Pour tous les services : habit de drap vert foncé, coupé droit sur le devant en forme de frac, et garni de neuf boutons en argent, bombés, portant un aigle en relief sur un fond mat, et au-dessus l'indication spéciale du service.

Broderies en argent, conformément aux indications comprises dans l'article 3 ci-après.

Gilet blanc, coupé droit, garni de six boutons en argent.

Pantalon en casimir blanc pour la grande tenue, et en drap vert pour la petite tenue, avec galon de quatre centimètres en argent broché sur les côtés.

Chapeau français en feutre noir, avec ganse brodée en argent sur velours noir.

Epée à poignée de nacre, avec garde et ornements dorés.

### Dispositions particulières à chaque service.

Art. 3... FORÊTS. — Broderies composées de branches de chêne, conformément au modèle n° 9.

Boutons avec le mot *Forêts*.

### Marques distinctives des grades.

Art. 4. Les marques distinctives comprennent sept catégories, conformément au tableau annexé au présent décret.

| NUMÉROS DES CATÉGORIES. | GRADES. | MARQUES DISTINCTIVES. (Art. 4). |
|---|---|---|
| 1 | Directeur général. | Broderies au collet de l'habit et aux parements ; bord courant de 5 centimètres, y compris la baguette, élargi sur la poitrine jusqu'à 10 centimètres : écusson à la taille, bouquet de poches, baguette tout autour. — Chapeau à plumes noires. — Epée conforme au modèle A annexé au présent décret. |
| 2 3 | Néant. Administrateurs. | Broderies au collet et aux parements : sur la poitrine seulement, bord courant élargi dans le haut (même dimension que pour la première catégorie) ; écusson à la taille, bouquet de poches, baguette tout autour. — Chapeau à plumes noires. — Epée conforme au modèle A. |
| 4 | Conservateurs. | Broderies au collet et aux parements, écusson à la taille, bouquet de poches, baguette tout autour. — Chapeau à plumes noires. — Epée conforme au modèle A. |
| 5 | Inspecteurs. | Broderies au collet et aux parements, écusson à la taille. — Chapeau uni. — Epée conforme au modèle B. |
| 6 | Sous-inspecteurs. | Broderies au collet et aux parements. — Chapeau uni. — Epée conforme au modèle B. |
| 7 | Gardes généraux. | Broderies au collet, baguette double aux parements. — Chapeau uni. — Epée conforme au modèle B. |

### § 2. — *Des arpenteurs*[1].

**19.** Les arpenteurs nommés et commissionnés par le directeur général des forêts feront, sous les ordres des agents forestiers chefs de service, l'arpentage des coupes ordinaires et extraordinaires, et toutes les opérations de géométrie nécessaires pour les délimitations, aménagements, partages, échanges et cantonnements. (F. 5 ; O. 75.)

**20.** Leurs rétributions pour l'arpentage des coupes seront fixées par notre ministre des finances.

Pour les autres opérations énoncées en l'article précédent, et généralement pour toutes les opérations extraordinaires dont les arpenteurs pourraient être chargés, leur salaire sera réglé de gré à gré entre eux et la direction générale. (F. 8, 47.)

**21.** L'uniforme des arpenteurs sera de même forme et de même couleur que celui des agents forestiers ; mais le collet et les parements seront en velours noir, avec une broderie pareille à celle des gardes généraux. (O. 18.)

**22.** Les arpenteurs forestiers constateront les délits qu'ils reconnaîtront dans le cours de leurs opérations, les déplacements de bornes et toute dégradation ou altération de limites ; et ils remettront aux agents forestiers les procès-verbaux qu'ils en auront dressés. (F. 160.)

[1] Une ordonnance royale du 12 févr. 1840 avait autorisé la création d'ingénieurs forestiers, destinés à remplacer les arpenteurs, mais elle a été rapportée par une nouvelle ordonnance du 8 février 1846, avant d'avoir été mise à exécution.

Le corps des arpenteurs se trouve aujourd'hui supprimé par l'effet des lois de finances qui ont reporté sur le chapitre du personnel de l'Administration des forêts les sommes affectées au payement des travaux d'art à exécuter dans les bois de l'Etat.

**23.** Les arpenteurs seront tenus de représenter, à toute réquisition, aux agents forestiers chefs de service, les minutes et expéditions des procès-verbaux, plans et actes quelconques relatifs à leurs travaux.

En cas de cessation de fonctions, les arpenteurs ou leurs héritiers remettront ces actes à l'agent forestier chef de service, dans le délai de quinze jours. (O. 17.)

### § 3. — *Des gardes à cheval et des gardes à pied.*

**24.** Les gardes à cheval et les gardes à pied sont spécialement chargés de faire des visites journalières dans les bois soumis au régime forestier, et de dresser procès-verbal de tous les délits ou contraventions qui y auront été commis (*a*). (F. 5, 6, 160; O. 10 s.)

(*a*) Dispositions diverses applicables aux gardes forestiers :

1º CODE D'INSTRUCTION CRIMINELLE. — Art. 17. Les gardes champêtres et forestiers sont, comme officiers de police judiciaire, sous la surveillance du procureur impérial, sans préjudice de leur subordination à l'égard de leurs supérieurs dans l'administration.

(Voir les articles 16 et 18 du même Code sous l'article 181 de l'Ordonnance réglementaire.)

2º LOI DU 28 AVRIL 1816, sur les tabacs. — Art 222. Ceux qui seront trouvés vendant en fraude du tabac à leur domicile, ou ceux qui en colporteront, qu'ils soient ou non surpris à le vendre, seront arrêtés et constitués prisonniers...

Art. 223. Les employés des contributions indirectes, des douanes et des octrois, les gendarmes, les *préposés forestiers*, les gardes champêtres et généralement tout employé assermenté, pourront constater la vente des tabacs en contravention, le colportage, les circulations illégales et généralement les fraudes sur le tabac; procéder à la saisie des tabacs, ustensiles et mécaniques prohibés par la présente loi, à celle des chevaux, voitures, bateaux et autres objets servant au transport, et constituer prisonniers les fraudeurs et colporteurs, dans le cas prévu par l'article précédent.

3° LOI DU 30 mai 1851, sur la police du roulage.

**Art. 15, § 1.** Sont spécialement chargés de constater les contraventions et délits prévus par la présente loi, les... gardes champêtres, les employés des contributions indirectes, *agents forestiers* [1] ou des douanes... § 4 Les procès-verbaux dressés en vertu du présent article font foi jusqu'à preuve contraire.

**Art. 28.** Lorsque le procès-verbal constatant le délit ou la contravention a été dressé par un des agents désignés au paragraphe 1er de l'article 15, le tiers de l'amende prononcée appartient audit agent, à moins qu'il ne s'agisse d'une contravention ou d'un délit prévu aux articles 10 et 11.

4° LOI DU 13 JUIN 1851, sur la garde nationale.

**Art. 12.** Les citoyens inscrits sur les contrôles de la réserve ne peuvent être appelés qu'extraordinairement, et en vertu d'un arrêté du préfet.

**Art. 14.** sont placés dans la réserve :... 3° Les préposés des services actifs des contributions indirectes, des octrois et des administrations sanitaires, les cantonniers et les éclusiers, les gardes champêtres et forestiers.

5° DÉCRET DU 28 MARS 1852. — Art. 3. Le commissaire de police pourra requérir au besoin les gardes forestiers de son canton. Ces gardes devront l'informer de tout ce qui intéressera la tranquillité publique.

6° DÉCRET DU 4 JUIN 1852. — Art. 1. Tout douanier, garde forestier, garde-pêche, garde champêtre, cantonnier, enfin tout agent assermenté, salarié par l'État ou par les communes, requis par l'autorité militaire pour être employé, à l'intérieur, comme auxiliaire de la force publique pour le maintien de l'ordre aura droit au bénéfice des dispositions stipulées au troisième paragraphe de l'article 8 de l'ordonnance du 31 mai 1831. (Voir Ord. 27 août 1830, art. 9.)

7° ORDONNANCE DU 31 MAI 1831, sur l'organisation des employés des douanes en brigades armées.

**Art. 8, § 3.** Les prestations en nature, le logement, les indemnités pour perte de chevaux et d'effets, la solde pour les

---

[1] On entend ici par *agents forestiers* les préposés aussi bien que les agents proprement dits.

journées d'hôpitaux, leur seront alloués par le département
de la guerre; et leur solde actuelle leur sera conservée par
le département des finances.

8° ARRÊTÉ DU MINITRE DES FINANCES DU 27 FÉVRIER 1861.

1. Aucun préposé forestier domanial ou mixte ne pourra, à
l'avenir, se marier, sans en avoir référé, par la voie hiérarchique, au conservateur sous les ordres duquel il est placé.

2. Si le conservateur estime que le mariage projeté ne peut
nuire au service ni porter atteinte à la considération du préposé, il informera ce dernier, par la même voie, qu'il ne
s'oppose pas au mariage.

3. Si, au contraire, le conservateur pense qu'il est de l'hon-
neur et de l'intérêt de l'Administration de s'opposer au mariage, il transmettra la demande avec ses observations et son
avis motivé au directeur général des forêts, qui statuera immédiatement.

4. Le préposé qui se mariera malgré l'opposition du directeur général sera réputé démissionnaire.

5. Pourra également être considéré comme démissionnaire
le préposé qui se mariera sans en référer à l'Administration,
ou sans en attendre la décision.


**25.** Les gardes forestiers résideront dans le voi-
sinage des forêts ou triages confiés à leur surveillance. Le lieu de leur résidence sera indiqué par le
conservateur. (O. 10, § 3.)

**26.** Les gardes forestiers tiendront un registre
d'ordre, qu'ils feront coter et parafer par le sous-
préfet de l'arrondissement.

Ils y transcriront régulièrement leurs procès-
verbaux par ordre de date. Ils signeront cet enregistrement, et inscriront en marge de chaque
procès-verbal le folio du registre où il se trouvera
transcrit. (F. 165 s.)

Ils feront mention, sur le même registre et dans
le même ordre, de toutes les significations et citations dont ils auront été chargés. (F. 173.)

Ils y feront également mention des chablis et des bois de délit qu'ils auront reconnus, et en donneront avis, sans délai, à leur supérieur immédiat.

A chaque mutation, les gardes seront tenus de remettre ce registre à celui qui leur succédera.

**27.** Les gardes à cheval et les gardes à pied adresseront leurs rapports à leur chef immédiat, et lui remettront leurs procès-verbaux revêtus de toutes les formalités prescrites. (F. 165, 170 ; O. 181 ; I. Cr. 18.)

**28.** Indépendamment des fonctions communes aux gardes à cheval et aux gardes à pied, le directeur général pourra attribuer aux gardes à cheval des fonctions de surveillance immédiate sur les gardes à pied.

**29.** L'uniforme des gardes à cheval et des gardes à pied sera l'habit, le pantalon et le gilet de drap vert.

L'habit des gardes à cheval aura sur le collet une broderie semblable à celle qui sera déterminée ci-après pour les élèves de l'Ecole royale forestière. (O. 18, 47.)

Les gardes à cheval et les gardes à pied porteront une bandoulière chamois avec bandes de drap vert, et au milieu une plaque de métal blanc portant ces mots *Forêts royales*, avec une fleur de lis (*a*).

**30.** Les gardes sont autorisés à porter un fusil simple pour leur défense, lorsqu'ils font leurs tournées et visites dans les forêts (*a*).

(*a*) 1° ARRÊTÉ MINISTÉRIEL DU 8 AOUT 1840. — Art. 1. L'habillement, l'équipement et l'armement des gardes forestiers se composent des objets suivants :

1° *Habillement* : L'habit vert-dragon, modèle de l'infanterie légère, etc.: (*Modifié.*)

2° Une patte à la hongroise sur l'épaule ; (*Modifié.*)

5° Pantalon vert-dragon à grand pont et à boucle, avec passe-poils jonquilles ;

4° Guêtres de cuir noir, modèle d'infanterie ;

5° Col noir en crinoline ;

6° Casquette d'Afrique, dite *képy*, en drap vert-dragon, passe-poils et macaron jonquille, fond uni, avec jugulaire en cuir verni, coiffe et couvre-nuque en percale gommée ; (*Modifié.*)

7° Blouse en toile bleue fendue sur la poitrine ;

8° Pantalon en treillis écru ;

9° *Equipement* : Sac de chasse, dit *carnier*, avec bandoulière pareille et fourreau de baïonnette ;

10° Bandoulière en buffle jaune, garnie de galons verts, s'adaptant au carnier au moyen de deux doubles boutons de cuivre et d'une boucle de même métal ; (*Modifié.*)

11° Ceinture en buffle jaune, garnie d'une boucle ; (*Modifié.*)

12° Fourreau de baïonnette se rattachant au carnier au moyen d'une boucle et d'un passant ;

13° Plaque ; 14° marteau ; 15° livret ; 16° chaîne métrique ;

17° *Armement* : Couteau de chasse avec ceinturon ;

18° Mousqueton avec sa baïonnette, et bretelle en buffle jaune, garnie de doubles boutons en cuivre. (*Modifié.*)

2° ARRÊTÉ MINISTÉRIEL DU 5 JUIN 1854. — Art. 1er. La tunique est substituée à l'habit pour les brigadiers et gardes forestiers. Elle sera en drap vert-dragon, à jupe plate, avec collet vert, passe-poils et pattes jonquille, boutons blancs estampés en relief d'un aigle surmonté du mot *Forêts*.

Les brigadiers porteront au collet un léger rameau de chêne en argent.

Art. 2. Le képy sera remplacé par un shako en drap vert avec passe-poils jonquille, ganse de même couleur au pourtour supérieur ; calot de cuir noir verni, plaque en métal, cocarde aux couleurs nationales, pompon vert et jaune, bourdalou en cuir verni.

Art. 5. Un ceinturon en cuir noir remplacera, pour le couteau de chasse, le ceinturon en buffle jaune. La même substitution aura lieu pour la bandoulière et la bretelle du mousqueton.

Art. 4. Les dispositions de la décision du 8 août 1840, auxquelles il n'est pas dérogé par le présent, sont et demeurent maintenues.

(Les gardes forestiers de première classe portent au bras gauche un galon jaune jonquille placé en forme de Λ sur le parement de la tunique.) (Circ., n° 767.)

## § 4. — *Dispositions communes aux agents et préposés.*

**31.** Il est interdit aux agents et gardes, sous peine de révocation, de faire le commerce de bois, d'exercer aucune industrie où le bois sera employé comme matière principale, de tenir auberge ou de vendre des boissons en détail. (F. 4, 21.)

**32.** Nul ne pourra exercer un emploi forestier dans l'étendue de la conservation où il fera ses approvisionnements de bois comme propriétaire ou fermier de forges, fourneaux, verreries et autres usines à feu, ou de scieries et autres établissements destinés au travail des bois. (F. 21.)

**33.** Les agents forestiers ne pourront avoir sous leurs ordres leurs parents ou alliés en ligne directe, ni leurs frères ou beaux-frères, oncles ou neveux. (F. 21.)

**34.** Les agents et les gardes forestiers, ainsi que les arpenteurs, seront toujours revêtus de leur uniforme ou des marques distinctives de leur grade dans l'exercice de leurs fonctions.

**35.** Les agents et gardes ne pourront, sous aucun prétexte, rien exiger ni recevoir des communes, des établissements publics et des particuliers, pour les opérations qu'ils auront faites à raison de leurs fonctions. (F. 107, 109.)

**36.** Le marteau royal uniforme destiné aux opérations de balivage et de martelage aura pour empreinte une fleur de lis (⚜) avec le numéro de la conservation.

Il sera déposé chez l'agent chef de service de chaque inspection, et renfermé dans un étui fermant à deux clefs, dont l'une restera entre les mains de cet agent, et l'autre entre les mains de l'agent immédiatement inférieur.

L'agent dépositaire de ce marteau est chargé d'en entretenir l'étui et la monture en bon état, et demeure responsable de son dépôt dans l'étui et de la remise de la seconde clef à l'agent à qui elle doit être confiée.

La direction générale déterminera, sous l'approbation de notre ministre des finances, les mesures propres à prévenir les abus dans l'emploi de ce marteau. (F. 7.)

(*a*) La fleur de lis a été supprimée en exécution d'une ordonnance royale du 14 août 1830.

Le marteau de l'Etat porte actuellement en relief les lettres **A. F.**, avec le numéro de la conservation et celui de l'inspection, le tout entouré d'un cercle. ( Décis. min. 10 mars 1831.)

**37**. Les agents forestiers, les arpenteurs et les gardes seront pourvus chacun d'un marteau particulier dont la direction générale déterminera, sous l'approbation de notre ministre des finances, la forme, l'empreinte et l'emploi, et dont chacun d'eux sera chargé de déposer l'empreinte au greffe des cours et tribunaux, conformément à l'article 7 du Code forestier (*b*).

(*b*) Les actes constatant ce dépôt ne sont passibles d'aucun droit de timbre et d'enregistrement. ( Décis. min. 29 juin 1830 ; circ. nº 242.)

**38**. Les agents et préposés ne pourront être destitués que par l'autorité même à qui appartient le droit de les nommer.

Toutefois le directeur général pourra, dans les cas d'urgence, suspendre de leurs fonctions et remplacer provisoirement les agents qui ne sont pas nommés par lui ; mais il devra en rendre compte immédiatement à notre ministre des finances. (Ord. 17 déc. 1844, art. 84.)

Les conservateurs pourront, dans le même cas, suspendre provisoirement de leurs fonctions les gardes généraux et les préposés sous leurs ordres, mais à charge d'en rendre compte immédiatement au directeur général. (*Id.*, art. 85.)

**39.** Le directeur général, après avoir pris l'avis du Conseil d'administration, pourra dénoncer aux tribunaux les gardes généraux et les préposés forestiers, ou autoriser leur mise en jugement, pour faits relatifs à leurs fonctions.

Notre ministre des finances pourra de même dénoncer aux tribunaux les inspecteurs et sous-inspecteurs des forêts, ou autoriser leur mise en jugement.

Les conservateurs ne pourront être poursuivis devant les tribunaux qu'en vertu d'autorisation accordée par nous en Conseil d'Etat (*a*). (F. 207; O. 7, 8, 12, 38; C. P. 114; Ord. 17 déc. 1844, art. 83 à 85.)

(*a*) ACTE CONSTITUTIONNEL DU 22 FRIMAIRE AN VIII.
Art. 75. Les agents du Gouvernement, autres que les ministres, ne peuvent être poursuivis pour des faits relatifs à leurs fonctions, qu'en vertu d'une décision du Conseil d'Etat ; en ce cas, la poursuite a lieu devant les tribunaux ordinaires.

### Section iii. — *Des Ecoles forestières.*

**40.** Il y aura, sous la surveillance de notre directeur général des forêts :

1° Une Ecole royale destinée à former des sujets pour les emplois d'agent forestier *(a)* ;

2° Des écoles secondaires pour l'instruction d'élèves gardes. (O. 54.)

*(a)* Création de bourses à l'Ecole forestière :

1° Décret du 31 juillet 1856. — Art. 1er. Le ministre des finances est autorisé à créer, dans l'Ecole impériale forestière de Nancy, quatre bourses, en faveur des fils d'agents forestiers.

Art. 2. Ces bourses seront accordées par le ministre des finances, sur la présentation du directeur général des forêts.

2° Arrêté ministériel du 17 septembre 1856.

Art. 1er. Quatre bourses sont instituées en faveur des élèves de l'Ecole impériale forestière.

Art. 2. Les bourses ne pourront être accordées qu'aux fils d'agents forestiers, élèves de l'Ecole ou inscrits, en rang utile, sur la liste d'admissibilité.

Art. 3. Les titres des prétendants aux bourses seront constatés par une délibération du Conseil d'administration des forêts. Cette délibération sera soumise, avec les observations du directeur général, au ministre, qui statuera sur le choix à faire pour chaque concession de bourse.

Art. 4. Les bourses s'appliqueront, non-seulement à la pension annuelle de quinze cents francs que les parents sont tenus de servir à leurs enfants pendant leur séjour à l'Ecole, mais encore à la pension annuelle de six cents francs qu'ils ont à leur servir à la sortie de l'Ecole, en qualité de gardes généraux stagiaires.

Art. 5. Les bourses ne pourront être retirées que par une décision du ministre, rendue sur une délibération du Conseil d'administration des forêts, approuvée par le directeur général.

Art. 6. Les aspirants à l'Ecole qui prétendront au bénéfice des dispositions précédentes, devront adresser leur demande au directeur général, avant le 31 mai de l'année du concours.

3° Décision du ministre des finances du 6 juin 1862.

Le décret du 31 juillet 1836 s'applique aux fils des préposés forestiers comme aux fils des agents.

### § 1. — *Ecole royale.*

**41.** L'enseignement dans l'Ecole royale aura pour objet :

L'histoire naturelle, dans ses rapports avec les forêts ;

Les mathématiques appliquées à la mesure des solides et à la levée des plans ;

La législation et la jurisprudence, tant administratives que judiciaires, en matière forestière ;

L'économie forestière, en ce qui concerne spécialement la culture, l'aménagement et l'exploitation des forêts, et l'éducation des arbres propres aux constructions navales ;

Le dessin ;

La langue allemande.

**42.** Notre ministre des finances nommera, pour être attachés à l'Ecole royale forestière, trois professeurs, savoir :

Un professeur d'histoire naturelle ;

Un professeur de mathématiques ;

Un professeur d'économie forestière, de législation et de jurisprudence.

Les cours seront de deux années. Ils commenceront le 1er novembre de chaque année, et se termineront au 1er septembre suivant.

L'un des trois professeurs remplira les fonctions de directeur de l'Ecole.

Un maître de dessin et un maître d'allemand seront attachés à l'Ecole royale (*a*).

(*a*) Plusieurs dispositions de cet article ont été abrogées ou modifiées par les ordonnances suivantes :

1° ORDONNANCE DU 31 OCTOBRE 1838. — Art. 1er. Les cours de l'Ecole royale forestière sont dirigés par six professeurs, savoir : un professeur d'économie forestière; un professeur de législation et de jurisprudence; un professeur de mathématiques et de physique; un professeur d'histoire naturelle et de chimie ; un professeur de constructions forestières et de dessin : un professeur de langue allemande.

Deux inspecteurs sont attachés à l'Ecole.

Art. 2. Les professeurs et les inspecteurs font partie du jury d'examen institué par l'article 49 de l'ordonnance du 1er août 1827.

Art. 3. Les fonctions d'inspecteurs sont d'assurer l'exécution journalière des règlements concernant la police et l'instruction, et de surveiller les travaux et la conduite des élèves, tant dans l'intérieur qu'à l'extérieur de l'établissement.

Art. 4. Notre ministre des finances déterminera le traitement des professeurs et inspecteurs, et leur avancement dans l'intérieur de l'Ecole. — Ceux de ces fonctionnaires qui seront pris parmi les agents forestiers conserveront leurs droits à l'avancement dans le service actif.

2° ORDONNANCE DU 17 DÉCEMBRE 1844. — Art. 83. Sont nommés par nous, sur la proposition de notre ministre des finances . . . 4° le directeur de l'Ecole forestière. (O. 58.)

3° ARRÊTÉ DU DIRECTEUR GÉNÉRAL DES FORÊTS DU 24 NOVEMBRE 1857. — Art. 1er. A partir du 1er janvier prochain, et jusqu'à nouvel ordre, deux brigadiers seront détachés du service actif et employés à la surveillance des élèves de l'Ecole forestière, en qualité d'adjudants.

Art. 2. Les adjudants sont nommés par le directeur général, sur la proposition du directeur de l'Ecole; ils ont le **rang** et le traitement de gardes généraux adjoints.

**13.** L'Ecole royale forestière sera établie à Nancy.

Il sera affecté à cette école :

1° Une maison pour servir aux cours des professeurs, à l'établissement d'une bibliothèque et d'un cabinet d'histoire naturelle, et au logement du directeur;

2° Un terrain pour les pépinières et cultures forestières nécessaires à l'instruction des élèves.

**44.** Ordonnance du 5 mai 1834. « A l'avenir, le nombre des élèves à admettre à l'Ecole forestière sera fixé chaque année par le ministre des finances, en raison des besoins de l'Administration des forêts (*a*). » (O. 46.)

Ordonnance du 21 décembre 1840. « Les aspirants qui se présentent pour être admis à l'Ecole royale forestière sont examinés, tant à Paris que dans les départements, par quatre examinateurs désignés annuellement par notre ministre des finances.

« Les examens ont lieu d'après le même mode, dans le même temps et les mêmes lieux que ceux pour l'admission aux Ecoles militaires.

« Les candidats ne seront admis au concours que sur la présentation d'une lettre du directeur général de l'Administration des forêts.

« Les demandes d'admission au concours doivent être adressées à l'Administration avant le 30 juin, avec les pièces justificatives suivantes :

« 1° L'acte de naissance, dûment légalisé, constatant que l'aspirant aura, au 1er novembre, dix-neuf ans accomplis (*b*) et n'aura pas plus de vingt-deux ans ; (*Modifié*, décr. 2 janv. 1861.)

« 2° Un certificat d'un docteur en médecine, dûment légalisé, attestant que l'aspirant a été vacciné, qu'il n'a aucun vice de conformation ni infirmité qui le rendrait impropre au service forestier ;

« 3° Le diplôme de bachelier *ès lettres* (*c*) ; (*Modifié*, arr. min. 13 sept. 1852.)

« 4° La preuve que le candidat possède un revenu annuel de 1.500 francs au moins, ou, à défaut, une

7.

obligation par laquelle ses parents s'engagent à lui fournir une pension de pareille somme pendant son séjour à l'Ecole forestière, et une pension de 600 francs comme complément de traitement, depuis le moment où il sortira de l'Ecole jusqu'à l'époque où il sera employé comme garde général en activité [1]. »

(a) 1° DÉCRET DU 1er NOVEMBRE 1852. — Art. 68. Les élèves (de l'Ecole polytechnique) admissibles dans les services publics, qui, faute de place, n'ont pu être désignés pour l'un des services énumérés à l'article 1er du présent décret,... peuvent être reçus à l'Ecole forestière.

2° DÉCISION DU MINISTRE DES FINANCES DU 11 NOVEMBRE 1861.

Des places d'auditeurs libres, au nombre de vingt à vingt-cinq, seront mises, dans les amphithéâtres de l'Ecole impériale forestière, à la disposition des Français ou étrangers qui en feront la demande.

Les demandes devront être adressées, avant le 1er septembre de chaque année, au directeur général des forêts, qui statuera sur la suite à y donner.

[1] *Ancien article* 44. — Le nombre des élèves est fixé à vingt-quatre.

Les aspirants seront examinés, tant à Paris que dans les départements, par les examinateurs des écoles royales militaires, dans le même temps et dans les mêmes lieux. Pour être admis au concours à une place d'élève, chaque aspirant devra adresser au directeur général des forêts :

1° Son acte de naissance, constatant qu'à l'époque du 1er novembre l'aspirant aura dix-neuf ans accomplis et n'aura pas plus de vingt-deux ans ;

2° Un certificat signé d'un docteur en médecine ou en chirurgie, et dûment légalisé, attestant que l'aspirant est d'une bonne constitution, et qu'il a été vacciné ou qu'il a eu la petite vérole ;

3° Un certificat en forme, constatant qu'il a terminé son cours d'humanités ;

4° La preuve qu'il possède un revenu annuel de douze cents francs, ou, à défaut, une obligation par laquelle ses parents s'engagent à lui fournir une pension de pareille somme pendant son séjour à l'Ecole forestière, et une pension de quatre cents francs depuis le moment où il sortira de l'Ecole jusqu'à l'époque où il sera employé comme garde général en activité.

(*b*) Décret du 2 janvier 1861. — Art. 1<sup>er</sup>. A l'avenir nul ne sera admis à concourir pour l'admission à l'Ecole impériale forestière s'il ne fournit la preuve qu'il aura, au 1<sup>er</sup> novembre de l'année du concours, dix-huit ans accomplis et moins de vingt-deux.

(*c*) Le diplôme de bachelier ès sciences est actuellement exigé, par application d'un arrêté pris de concert entre les ministres de la guerre, de la marine, des finances et de l'instruction publique et des cultes, le 13 septembre 1852, en ce qui concerne les épreuves d'admission aux Ecoles spéciales du Gouvernement ( Ecole polytechnique, Ecole militaire, Ecole normale supérieure, Ecole navale et Ecole forestière).

Cet arrêté dispose : Art. 1<sup>er</sup>. Les examens d'admission aux Ecoles spéciales du Gouvernement porteront exclusivement sur les programmes de l'enseignement scientifique donné dans les lycées, et auront pour base les portions de cet enseignement correspondant aux besoins de chaque Ecole...

Art. 3. Les candidats aux Ecoles polytechnique... et forestière devront justifier du diplôme de bachelier ès sciences, tel qu'il a été institué par le décret du 10 avril 1852.


**45.** Ordonnance du 21 décembre 1840. « L'examen d'admission à l'Ecole forestière porte sur les objets ci-après, savoir (*a*) :

« 1° L'arithmétique complète, y compris l'exposition du nouveau système métrique;

« 2° La géométrie élémentaire ;

« 3° La trigonométrie rectiligne ;

« 4° Les éléments d'algèbre ;

« 5° Les éléments de géométrie descriptive ;

« 6° Les éléments de statique ;

« 7° Les éléments de physique ;

« 8° Les éléments de chimie ;

« 9° Le dessin ;

« 10° La langue française ;

« 11° La langue latine ;

« 12° Les premiers éléments de la langue allemande.

« Un programme arrêté par notre ministre des finances déterminera, pour chacun des objets de l'examen, l'étendue des connaissances dont les aspirants doivent justifier [1]. »

(a) Aux termes du règlement pour l'admission à l'Ecole forestière, approuvé par M. le ministre des finances, le 24 février 1864, l'examen des candidats porte sur les objets ci-après, savoir :

1° L'arithmétique complète ; — 2° Les éléments d'algèbre ; — 3° La géométrie élémentaire ; — 4° Les applications de la géométrie ; — 5° La trigonométrie rectiligne ; — 6° Les éléments de physique ; — 7° Les éléments de chimie ; — 8° Les éléments de cosmographie ; — 9° Les éléments de mécanique ; — 10° Les éléments de botanique et de physiologie végétale ; — 11° L'histoire de France et la géographie ; — 12° Le dessin d'imitation, le dessin linéaire et le lavis ; — 13° La langue française ; —14° Les éléments de la langue allemande.

Les épreuves consistent en examens oraux et en compositions écrites. — Les examens oraux sont faits par les examinateurs des aspirants à l'Ecole polytechnique. Ils se divisent en deux parties : examens du premier degré et examens du second degré. — Les compositions sont effectuées, dans chaque centre d'examen, sous la surveillance d'agents forestiers désignés par le directeur général.

---

[1] *Ancien article* 45. — Les candidats seront examinés sur les objets ci-après, savoir :

1° L'arithmétique complète et l'exposition du nouveau système métrique ;

2° La géométrie élémentaire et le dessin ;

3° La langue française ;

4° Ils traduiront, sous les yeux de l'examinateur, un morceau d'un des auteurs latins, poëte ou prosateur, qu'on explique en rhétorique.

Les candidats ne seront examinés que sur les objets indiqués par le programme ; mais on aura égard aux connaissances plus étendues qu'ils pourront posséder, surtout en algèbre, en trigonométrie, en physique et en chimie.

**46**. Les élèves seront nommés par notre ministre des finances, selon le rang d'instruction et de capacité qui aura été assigné aux aspirants d'après le résultat des examens (*a*). Ils auront, pendant la durée de leur séjour à l'Ecole, le rang de *garde à cheval* [1].

Ordonnance du 21 décembre 1840. « A leur arrivée à l'Ecole, les élèves seront soumis à la visite du médecin de l'établissement, à l'effet de constater qu'ils n'ont aucun vice de conformation ni aucune infirmité qui les mettrait hors d'état d'être admis aux cours de l'Ecole ou qui les rendrait impropres au service forestier (*b*). »

(*a*) 1º Ordonnance du 12 octobre 1840. — Art. 1er. Tous les ans, après les tournées d'examen, il sera formé à Paris un jury chargé de prononcer sur l'admission à l'Ecole forestière des candidats examinés dans tout le royaume. Ce jury se composera : du directeur général des forêts, président ; des sous-directeurs de l'Administration ; du directeur de l'Ecole ; des quatre examinateurs d'admission, et du professeur de belles-lettres, qui sera chargé annuellement, par notre ministre des finances, sur la proposition du directeur général, du travail relatif aux compositions littéraires.

Art. 2. Le jury dressera une liste, par ordre de mérite, de tous les candidats jugés admissibles, et notre ministre des finances arrêtera les admissions, suivant l'ordre de cette liste, en raison du nombre des places à remplir.

2º Ordonnance du 17 décembre 1844. — Art. 84. Seront nommés par notre ministre des finances, sur la proposition du directeur général :... 5º les élèves de l'Ecole forestière.

(*b*) Une très-mauvaise vue est considérée comme un cas d'incapacité physique.

**47**. Leur uniforme est réglé ainsi qu'il suit :

Habit et pantalon de drap vert ; boutons de métal blanc, portant les mots : *Ecole royale forestière* ; l'ha-

[1] Le rang de *garde général adjoint*. (Ord. 25 juillet 1844.)

bit boutonné sur la poitrine ; deux légers rameaux de chêne, de la longueur de cinq centimètres, et un gland, brodés en argent, de chaque côté du collet ; le gilet blanc ; le chapeau français, avec ganse en argent [1]. (O. 18.)

**48.** Les élèves feront, chaque année, dans les forêts, aux époques qui seront indiquées par le directeur général, et sous la conduite du professeur qu'il aura désigné, des excursions qui auront pour but la démonstration et l'application sur le terrain des principes qui leur auront été enseignés.

**49.** A la fin de chaque année, un jury composé des trois professeurs, et présidé par le directeur général, ou par l'administrateur qu'il aura délégué, procédera à l'examen des élèves qui auront complété leurs deux années d'étude. (O. 42.)

**50.** Les élèves qui auront satisfait à l'examen de sortie, auront le rang de garde général, et obtiendront, dès qu'ils auront l'âge requis, ou qu'il leur aura été accordé par nous des dispenses d'âge, les premiers emplois vacants dans ce grade [2].

**51.** Si les élèves, après avoir terminé leurs cours et fait preuve des connaissances requises, n'ont pas atteint l'âge de vingt-cinq ans, ni obtenu de nous des dispenses d'âge, ou s'il n'existe point d'emplois de garde général vacants, ils jouiront du traitement de garde à cheval, et seront provisoirement employés, soit près de la direction générale à Paris,

[1] Voir, p. 103, le décret du 17 novembre 1852.
[2] L'article 50 renfermait un deuxième paragraphe ainsi conçu : « Toutefois la moitié de ces emplois demeurera expressément réservée pour l'avancement des gardes à cheval en activité. » — Ce paragraphe a été abrogé par une ordonnance du 15 décembre 1837.

soit près des conservateurs ou des inspecteurs dans les arrondissements les plus importants.

Dès qu'ils auront satisfait à la condition d'âge et que des vacances auront lieu, les premiers emplois de garde général leur seront acquis par préférence aux autres élèves qui auraient postérieurement terminé leurs cours.

**52.** ORDONNANCE DU 15 DÉCEMBRE 1841. « Les élèves qui, après la première ou la seconde année, n'auront point fait preuve, devant le jury d'examen, d'une instruction suffisante seront rayés des cadres de l'Ecole, à moins qu'une maladie grave, dûment constatée, ne leur ait causé pendant l'année une interruption de travail de quarante-cinq jours au moins ; auquel cas ils pourront être admis, sur l'avis du jury, à doubler, soit la première, soit la seconde année.

« La faculté de doubler ne sera d'ailleurs accordée pour nulle autre cause, et, dans aucun cas, les élèves ne pourront séjourner plus de trois ans à l'Ecole [1]. »

Quant à ceux qui, d'après les comptes périodiques rendus au directeur général des forêts par le directeur de l'Ecole, ne suivront pas exactement les cours, ou dont la conduite aura donné lieu à des plaintes graves, il en sera référé à notre ministre des finan-

---

[1] *Ancien § 1 de l'article 52.* — Ceux qui, après les deux années d'études révolues, n'auront point fait preuve, devant le jury d'examen, de l'instruction nécessaire pour exercer des fonctions actives, seront admis à suivre les cours pendant une troisième année ; mais, si, après cette troisième année, ils sont encore reconnus incapables, ils cesseront de faire partie de l'Ecole et de l'administration forestières.

ces, qui ordonnera, s'il y a lieu, leur radiation du tableau des élèves.

**53.** Notre ministre des finances fixera par un règlement spécial la division des cours, le classement des élèves, l'ordre et les heures des leçons, la police de l'Ecole et les attributions du directeur.

### § 2. — *Ecoles secondaires.*

**54.** Il sera établi des Ecoles secondaires dans les régions de la France les plus boisées[1].

Elles seront destinées à former des sujets pour les emplois de garde.

La durée des cours sera de deux ans.

**55.** L'enseignement dans les Ecoles secondaires aura pour objet :

1° L'écriture, la grammaire et les quatre premières règles de l'arithmétique ;

2° La connaissance des arbres forestiers et de leurs qualités et usages, et spécialement celle des arbres propres aux constructions civiles et navales ;

3° Les semis et plantations ;

4° Les principes sur les aménagements, les estimations et les exploitations;

5° La connaissance des dispositions législatives et réglementaires qui concernent les fonctions des gardes, la rédaction des procès-verbaux et les formalités dont ils doivent être revêtus ; les citations ; la tenue d'un livre-journal et l'exercice des droits d'usage.

**56.** Nous déterminerons par une ordonnance spéciale les lieux où les Ecoles secondaires seront

---

[1] Ces écoles n'ont point encore été organisées.

établies, le nombre des élèves, les conditions d'admissibilité, et les moyens de pourvoir à l'entretien et à l'enseignement des élèves de ces Ecoles.

# TITRE II.

### DES BOIS ET FORÊTS QUI FONT PARTIE DU DOMAINE DE L'ÉTAT.

**SECTION Iʳᵉ.** — *De la délimitation et du bornage.*

**57.** Toutes demandes en délimitation et bornage entre les forêts de l'Etat et les propriétés riveraines seront adressées au préfet du département. ( F. 8 à 10.)

**58.** Si les demandes ont pour objet des délimitations partielles, il sera procédé dans les formes ordinaires.

Dans le cas où, les parties étant d'accord pour opérer la délimitation et le bornage, il y aurait lieu à nommer des experts, le préfet, après avoir pris l'avis du conservateur des forêts et du directeur des domaines, nommera un agent forestier pour opérer comme expert dans l'intérêt de l'Etat. (F. 9 ; O. 129, 130, 133.)

**59.** Lorsqu'en exécution de l'article 10 du Code il s'agira d'effectuer la délimitation générale d'une forêt, le préfet nommera, ainsi qu'il est prescrit par l'article précédent, les agents forestiers et les arpenteurs qui devront procéder dans l'intérêt de l'Etat, et indiquera le jour fixé pour le commencement des opérations et le point de départ. (F. 10 ; O. 129, 130, 133.)

**60**. Les maires des communes où devra être affiché l'arrêté destiné à annoncer les opérations relatives à la délimitation générale, seront tenus d'adresser au préfet des certificats constatant que cet arrêté a été publié et affiché dans ces communes. (F. 10, 12.)

**61**. Le procès-verbal de délimitation sera rédigé par les experts suivant l'ordre dans lequel l'opération aura été faite. Il sera divisé en autant d'articles qu'il y aura de propriétaires riverains, et chacun de ces articles sera clos séparément et signé par les parties intéressées.

Si les propriétaires riverains ne peuvent pas signer ou refusent de le faire, si même ils ne se présentent ni en personne ni par un fondé de pouvoirs, il en sera fait mention.

En cas de difficulté sur la fixation des limites, les réquisitions, dires et observations contradictoires seront consignés au procès-verbal.

Toutes les fois que, par un motif quelconque, les lignes de pourtour d'une forêt, telles qu'elles existent actuellement, devront être rectifiées de manière à déterminer l'abandon d'une portion du sol forestier, le procès-verbal devra énoncer les motifs de cette rectification, quand même il n'y aurait à ce sujet aucune contestation entre les experts. (F. 10 s.)

**62**. Dans le délai fixé par l'article 11 du Code forestier, notre ministre des finances nous rendra compte des motifs qui pourront déterminer l'approbation ou le refus d'homologation du procès-verbal de délimitation, et il y sera statué par nous sur son rapport.

A cet effet, aussitôt que le procès-verbal aura été déposé au secrétariat de la préfecture, le préfet en fera faire une copie entière, qu'il adressera sans délai à notre ministre des finances. (F. 11 s.)

**63.** Les intéressés pourront requérir des extraits dûment certifiés du procès-verbal de délimitation, en ce qui concernera leurs propriétés.

Les frais d'expédition de ces extraits seront à la charge des requérants, et réglés à raison de soixante-quinze centimes par rôle d'écriture, conformément à l'article 37 de la loi du 25 juin 1794 (7 messidor an II). (F. 11.)

**64.** Les réclamations que les propriétaires pourront former, soit pendant les opérations, soit dans le délai d'un an, devront être adressées au préfet du département, qui les communiquera au conservateur des forêts et au directeur des domaines, pour avoir leurs observations. (F. 11 s.)

**65.** Les maires justifieront, dans la forme prescrite par l'article 60, de la publication de l'arrêté pris par le préfet pour faire connaître notre résolution relativement au procès-verbal de délimitation. Il en sera de même pour l'arrêté par lequel le préfet appellera les riverains au bornage, conformément à l'article 12 du Code forestier.

**66.** Les frais de délimitation et de bornage seront établis par articles séparés pour chaque propriétaire riverain, et supportés en commun entre l'Administration et lui.

L'état en sera dressé par le conservateur des forêts et visé par le préfet. Il sera remis au receveur des domaines, qui poursuivra par voie de contrainte le payement des sommes à la charge des riverains, sauf l'opposition , sur laquelle il sera statué par les tribunaux conformément aux lois. (F. 13 ; C. N. 646.)

### SECTION II. — *Des aménagements.*

**67**. Il sera procédé à l'aménagement des forêts dont les coupes ne sont pas fixées régulièrement ou conformément à la nature du sol et des essences.

Notre ministre des finances nous présentera, au mois de janvier de chaque année, l'état des aménagements effectués durant l'année révolue. (F. 15.)

**68**. Les aménagements seront réglés principalement dans l'intérêt des produits en matière et de l'éducation des futaies.

En conséquence, l'Administration recherchera les forêts et parties de forêts qui pourront être réservées pour croître en futaie, et elle en proposera l'aménagement, en indiquant celles où le mode d'exploitation par éclaircie pourrait être le plus avantageusement employé. (F. 16 ; O. 125, 134.)

**69**. Dans toutes les forêts qui seront aménagées à l'avenir, l'âge de la coupe des taillis sera fixé à vingt-cinq ans au moins, et il n'y aura d'exception à cette règle que pour les forêts dont les essences dominantes seront le châtaignier et les bois blancs, ou qui seront situées sur des terrains de la dernière qualité.

**70**. Lors de l'exploitation des taillis, il sera réservé cinquante baliveaux de l'âge de la coupe par hectare. En cas d'impossibilité, les causes en seront énoncées aux procès-verbaux de balivage et de martelage.

Les baliveaux modernes et anciens ne pourront

être abattus qu'autant qu'ils seront dépérissants ou hors d'état de prospérer jusqu'à une nouvelle révolution. (O. 134, 137.)

**71.** Seront considérées comme coupes extraordinaires, et ne pourront en conséquence être effectuées qu'en vertu de nos ordonnances spéciales, celles qui intervertiraient l'ordre établi par l'aménagement ou par l'usage observé dans les forêts dont l'aménagement n'aurait pu encore être réglé, toutes les coupes par anticipation, et celles des bois ou portions de bois mis en réserve pour croître en futaie et dont le terme d'exploitation n'aurait pas été fixé par l'ordonnance d'aménagement. (F. 16; O. 174; Ord. 24 déc. 1830.)

**72.** Pour les forêts d'arbres résineux où les coupes se feront en jardinant, l'ordonnance d'aménagement déterminera l'âge ou la grosseur que les arbres devront atteindre avant que la coupe puisse en être ordonnée.

### Section III. — *Des assielles, arpentages, balivages, martelages et adjudications des coupes.*

**73.** Chaque année, les conservateurs adresseront au directeur général les états des coupes ordinaires à asseoir, conformément aux aménagements, ou selon les usages actuellement observés dans les forêts qui ne sont pas encore aménagées.

Ces états seront soumis à l'approbation de notre ministre des finances [1].

---

[1] Ce paragraphe a été modifié par l'ordonnance du 10 mars 1831, portant que les coupes ordinaires de chaque année seront autorisées par le directeur général des forêts après délibération du Conseil d'administration. (Voir p. 94.)

Les conservateurs adresseront pareillement au directeur général, pour chaque coupe extraordinaire à autoriser par nos ordonnances, un procès-verbal qui énoncera les motifs de la coupe proposée, l'état, l'âge, la consistance et la nature des bois qui la composeront, le nombre d'arbres de réserve qu'elle comportera, et les travaux à exécuter dans l'intérêt du sol forestier. (F. 16 ; O. 71.)

**74.** Lorsque les coupes ordinaires et extraordinaires auront été autorisées, les conservateurs désigneront ou feront désigner par les agents forestiers les arbres d'assiette, et feront procéder aux arpentages.

**75.** Les arpenteurs ne pourront, sous peine de révocation et sans préjudice de toutes poursuites en dommages-intérêts, donner aux laies et tranchées qu'ils ouvriront pour le mesurage des coupes plus d'un mètre de largeur.

Les bois qui en proviendront feront partie de l'adjudication de chaque coupe, ou seront vendus suivant la forme des menus marchés. (F. 19 ; O. 102 s.)

**76.** Les coupes seront délimitées par des pieds corniers et parois : lorsqu'il ne se trouvera pas d'arbres sur les angles pour servir de pieds corniers, les arpenteurs y suppléeront par des piquets, et emprunteront au dehors ou au dedans de la coupe les arbres les plus apparents et les plus propres à servir de témoins.

L'arpenteur sera tenu de faire usage au moins de l'un des pieds corniers de la précédente vente.

Tous les arbres de limites seront marqués au pied, et le plus près de terre qu'il sera possible, du marteau de l'arpenteur, savoir : les pieds corniers sur deux faces, l'une dans la direction de la ligne qui sera à droite, et l'autre dans celle de la ligne qui sera à gauche ; et les parois sur une seule face, du côté et en regard de la coupe.

L'arpenteur fera, au-dessus de chaque empreinte de son marteau, dans la même direction, et à la hauteur d'un mètre, une entaille destinée à recevoir l'empreinte du marteau royal. (O. 79; C. P. 456.)

**77.** Les arpenteurs dresseront des plans et procès-verbaux d'arpentage des coupes qu'ils auront mesurées, et ils y indiqueront toutes les circonstances nécessaires pour servir à la reconnaissance des limites de ces coupes lors du récolement.

Ils en enverront immédiatement deux expéditions à l'inspecteur ou à l'agent qui en remplira les fonctions dans l'arrondissement. (F. 50 s.)

**78.** Il sera procédé à chaque opération de balivage et de martelage par deux agents au moins ; le garde du triage devra y assister, et il sera fait au procès-verbal mention de sa présence. (F. 33 s.)

**79.** Les pieds corniers, les parois et les arbres à réserver dans les coupes, seront marqués du marteau royal, savoir : les arbres de limites, à la hauteur d'un mètre ; et les arbres anciens, les modernes et les baliveaux de l'âge du taillis, à la hauteur et de la manière qui seront déterminées par les instructions de l'Administration. (O. 76.)

Les baliveaux de l'âge du taillis pourront être désignés par un simple griffage ou toute autre marque autorisée par l'Administration, lorsque ces arbres seront trop faibles pour recevoir l'empreinte du marteau royal.

Il sera fait mention, dans les affiches et dans le procès-verbal d'adjudication, du mode de martelage ou de désignation des arbres de réserve. (O. 84.)

**80**. Dans les coupes qui s'exploitent en jardinant ou par pieds d'arbre, le marteau royal sera appliqué aux arbres à abattre, et la marque sera faite au corps et à la racine.

**81**. Les procès-verbaux de balivage et de martelage indiqueront le nombre et les espèces d'arbres qui auront été marqués en réserve, avec distinction en baliveaux de l'âge, modernes et anciens, pieds corniers et parois.

Ces procès-verbaux, revêtus de la signature de tous les agents qui auront concouru à l'opération, seront adressés, dans le délai de huit jours, au conservateur.

L'estimation des coupes sera faite par un procès-verbal séparé, qui sera adressé au conservateur dans le même délai.

**82**. Les conditions générales des adjudications seront établies par un cahier des charges délibéré chaque année par la direction générale des forêts, et approuvé par notre ministre des finances.

Les clauses particulières seront arrêtées par les conservateurs. (O. 7; Ord. 4 déc. 1844, art. 1.)

Les clauses et conditions, tant générales que particulières, seront toutes de rigueur, et ne pourront jamais être réputées comminatoires. (F. 37; O. 7, §9.)

**83**. Quinze jours avant l'époque fixée pour l'adjudication, l'agent forestier chef de service fera déposer au secrétariat de l'autorité administrative qui devra présider à la vente :

1° Les procès-verbaux d'arpentage, de balivage et de martelage des coupes ;

2° Une expédition du cahier des charges générales et des clauses particulières et locales.

Le fonctionnaire qui devra présider à la vente apposera son visa au bas de ces pièces pour en constater le dépôt. (F. 17 s.)

**84.** Les affiches indiqueront le lieu, le jour et l'heure où il sera procédé aux ventes ; les fonctionnaires qui devront les présider ; la situation, la nature et la contenance des coupes, et le nombre, la classe et l'essence des arbres marqués en réserve.

Elles seront rédigées par l'agent supérieur de l'arrondissement forestier, approuvées par le conservateur, et apposées, sous l'autorisation du préfet, à la diligence de l'agent forestier, lequel sera tenu de rapporter les certificats d'apposition que les maires délivreront aux gardes ou autres qui les auront placardées.

Les préfets et sous-préfets emploieront au surplus les autres moyens de publication qui seront à leur disposition.

Il sera fait mention, dans les procès-verbaux d'adjudication, des mesures qui auront été prises pour donner aux ventes toute la publicité possible. (F. 17 s. ; O. 79.)

**85.** Il sera fait, dans les affiches et dans les actes de vente des coupes extraordinaires, mention des ordonnances spéciales qui les auront autorisées. (F. 16, 17.)

**86.** Les adjudications des coupes ordinaires et extraordinaires auront lieu par-devant les préfets et sous-préfets, dans les chefs-lieux d'arrondissement.

Toutefois les préfets, sur la proposition des conservateurs, pourront permettre que les coupes dont l'évaluation n'excédera pas 500 francs soient adjugées au chef-lieu d'une des communes voisines des bois et sous la présidence du maire.

Les adjudications se feront, dans tous les cas, en présence des agents forestiers et des receveurs chargés du recouvrement des produits (a). (F. 16, 19.)

(a) 1° ORDONNANCE DU 15 OCTOBRE 1834. — Art. 1er. Notre ministre secrétaire d'Etat des finances pourra, sur la proposition des préfets et de l'Administration des forêts, permettre que des coupes ou portions de coupes affouagères de la valeur de 500 francs et au-dessus [1] soient mises en adjudication dans la commune propriétaire, sous la présidence du maire, mais toujours avec l'intervention des agents forestiers et aux clauses et conditions qui seront indiquées.

2° ORDONNANCE DU 20 MAI 1837. — Art. 1er. Les bois chablis et de délit provenant des forêts domaniales, quelle qu'en soit la valeur, ainsi que les coupes exploitées par économie, pour être vendues en détail et par lots, pourront, par exception aux dispositions de l'article 86 de l'ordonnance réglementaire, être adjugées aux chefs-lieux de canton ou dans les communes voisines de ces forêts.

3° ORDONNANCE DU 15 SEPTEMBRE 1838. — Art. 1er. Notre ordonnance du 20 mai 1837 est rendue applicable aux bois communaux, mais seulement en ce qui concerne la vente des chablis.

4° ORDONNANCE DU 10 JUIN 1840. — Art. 1er. Notre ordonnance du 15 octobre 1834 est rendue applicable aux coupes extraordinaires communales dont les produits auront été préalablement exploités et façonnés sous la direction d'un entrepreneur responsable.

5° ORDONNANCE DU 24 AOUT 1840. — Art. 1er. Lorsque, faute d'offres suffisantes, l'adjudication de coupes communales or-

[1] *Ajouter :* Dont les produits auront été préalablement *exploités* et *façonnés* sous la direction d'un entrepreneur responsable. (Décisions du ministre des finances des 9 février 1843 et 5 mars 1844.)

dinaires ou extraordinaires, d'une valeur supérieure à 500 francs, aura été tentée sans succès au chef-lieu d'arrondissement, le préfet, sur la proposition du conservateur, pourra autoriser l'exploitation de ces coupes par économie et la vente, en bloc ou par lots, des produits façonnés au chef-lieu d'une des communes voisines de la situation des bois.

Art. 2. En cas de dissentiment entre le préfet et le conservateur, il en sera référé au ministre des finances, qui statuera après avoir pris l'avis de l'Administration des forêts.

(Une ordonnance du 2 février 1844 avait abrogé partiellement plusieurs des dispositions qui précèdent, mais elle a été elle-même rapportée par une ordonnance du 14 juillet suivant.)

6° Ordonnance du 13 janvier 1847. — Art. 1er. Les conservateurs pourront, toutes les fois qu'ils le jugeront utile au bien du service, autoriser les agents forestiers à se faire remplacer, par un chef de brigade sous leurs ordres, dans les ventes sur les lieux des produits *principaux* et *accessoires* des bois appartenant aux communes et aux établissements publics, quel que soit le montant de l'estimation de ces produits.

7° Décret du 25 mars 1852. — Art. 3. Les préfets statueront en Conseil de préfecture, sans l'autorisation du ministre des finances, mais sur l'avis ou la proposition des chefs de service... en matières domaniales et forestières, sur les objets déterminés par le tableau C ci-annexé. — *Tableau C...* 9° Vente sur les lieux des produits façonnés provenant des bois des communes et des établissements publics, quelle que soit la valeur de ces produits.

**87.** Les adjudications se feront aux enchères et à l'extinction des feux (*a*).

Avant l'ouverture des enchères, le conservateur, ou l'agent forestier qui le remplacera pour l'adjudication, fera connaître au fonctionnaire qui présidera la vente le montant de l'estimation des coupes, et les feux ne seront allumés que lorsque les offres seront égales à l'estimation.

Si cependant les offres se rapprochaient de l'estimation, les feux pourraient être allumés sur la proposition de l'agent forestier.

(a) ORDONNANCE DU 26 NOVEMBRE 1836. — Art. 1er. A l'avenir, les ventes des coupes ordinaires ou extraordinaires, dans les bois soumis au régime forestier, pourront se faire, soit par adjudication aux enchères et à l'extinction des feux, soit par adjudication au rabais, soit enfin sur soumissions cachetées, suivant que les circonstances l'exigeront.

Art. 2. L'article 87 de l'ordonnance réglementaire du 1er août 1827 est rapporté en ce qu'il a de contraire aux dispositions ci-dessus prescrites.

**88.** Quant aux bois à couper par éclaircie, le directeur général pourra ordonner qu'ils soient exploités et façonnés pour le compte de l'Etat, et l'entreprise en sera adjugée au rabais.

Les bois façonnés seront vendus par lots dans la forme ordinaire des adjudications aux enchères, et à la charge par ceux qui s'en rendront adjudicataires de payer le prix de l'abatage et de la façon desdits bois. (O. 79, 134.)

**89.** Lorsque, faute d'offres suffisantes, les adjudications n'auront pu avoir lieu, elles seront remises, séance tenante, au jour qui sera indiqué par le président, sur la proposition de l'agent forestier.

Le directeur général pourra, au surplus, autoriser le renvoi de l'adjudication à l'année suivante, et même ordonner, s'il y a lieu, et avec l'approbation de notre ministre des finances, que l'exploitation des coupes pour le compte de l'Etat et la vente des bois soient effectuées de la manière qui est autorisée par l'article précédent pour les exploitations par éclaircie.

**90.** Les frais à payer comptant par les adjudicataires seront réglés par le préfet, sur la proposition du conservateur, et l'état en sera affiché dans le lieu des séances, avant l'ouverture et pendant toute la durée de la séance d'adjudication.

**91.** Les procès-verbaux des adjudications seront signés sur-le-champ par tous les fonctionnaires présents et par l'adjudicataire ou son fondé de pouvoirs; et dans le cas d'absence de ces derniers, ou s'ils ne veulent ou ne peuvent signer, il en sera fait mention au procès-verbal.

### Section IV. — *Des exploitations.*

**92.** Le permis d'exploiter sera délivré par l'agent forestier local chef de service, aussitôt que l'adjudicataire lui aura présenté les pièces justificatives exigées à cet effet par le cahier des charges. (F. 30.)

**93.** Dans le mois qui suivra l'adjudication, pour tout délai, et avant que le permis d'exploiter soit délivré, l'adjudicataire pourra exiger qu'il soit procédé, contradictoirement avec lui ou son fondé de pouvoirs, au souchetage et à la reconnaissance des délits qui auraient été commis dans la vente ou à l'ouïe de la cognée. (F. 45, 46.)

Cette opération sera exécutée dans l'intérêt de l'Etat et sans frais par un agent forestier accompagné du garde du triage.

Le procès-verbal qui en sera dressé constatera le nombre des souches qui auront été trouvées, leur essence et leur grosseur. Il sera signé par l'adjudicataire ou son fondé de pouvoirs, ainsi que par l'agent et le garde forestier présent.

Les souches seront marquées du marteau de l'agent forestier.

S.

**94.** Le facteur ou garde-vente de l'adjudicataire tiendra un registre sur papier timbré, coté et paraphé par l'agent forestier; il y inscrira, jour par jour et sans lacune, la mesure et la quantité des bois qu'il aura débités et vendus, ainsi que les noms des personnes auxquelles il les aura livrés. (F. 31; L. 28 avril 1816, art. 62.)

**95.** Tout adjudicataire de coupes dans lesquelles il y aura des arbres à abattre sera tenu d'avoir un marteau dont la forme sera déterminée par l'Administration, et d'en marquer les arbres et bois de charpente qui sortiront de la vente.

Le dépôt de l'empreinte de ce marteau au greffe du tribunal et chez l'agent forestier local devra être effectué dans le délai de dix jours, à dater de la délivrance du permis d'exploiter, sous les peines portées par l'article 32 du Code forestier. Il sera donné acte de ce dépôt à l'adjudicataire par l'agent forestier.

**96.** Les prorogations de délai de coupe ou de vidange ne pourront être accordées que par la direction générale des forêts (a).

Il n'en sera accordé qu'autant que les adjudicataires se soumettront d'avance à payer une indemnité calculée d'après le prix de la feuille et le dommage qui résultera du retard de la coupe ou de la vidange. (F. 40; O. 138.)

(a) DÉCRET DU 31 MAI 1850. — Art. 1er. Les prorogations de délais de coupe ou de vidange seront accordées, à l'avenir, par les conservateurs des forêts, quelle que soit la durée des délais réclamés.

L'ordonnance du 4 décembre 1844 est, en conséquence, modifiée en ce qu'elle a de contraire aux dispositions qui précèdent. (Voir p. 96.)

## Section v. — *Des réarpentages et récolements.*

**97.** Le réarpentage des coupes sera exécuté par un arpenteur autre que celui qui aura fait le premier mesurage, mais en présence de celui-ci, ou lui dûment appelé.

**98.** L'opération du récolement sera faite par deux agents au moins, et le garde du triage y sera appelé.

Les agents forestiers en dresseront un procès-verbal qui sera signé tant par eux que par l'adjudicataire ou son fondé de pouvoirs. (O. 108.)

**99.** Les préfets ne délivreront aux adjudicataires les décharges d'exploitation qu'après avoir pris l'avis des conservateurs. (F. 45 s., 51; O. 108.)

**Section vi.** — *Des adjudications de glandée , panage et paisson, et des ventes de chablis, de bois de délit, et autres menus marchés.*

**100.** Le conservateur fera reconnaître, chaque année, par les agents forestiers locaux, les cantons des bois et forêts où des adjudications de glandée, panage et paisson, pourront avoir lieu sans nuire au repeuplement et à la conservation des forêts. Il autorisera en conséquence ces adjudications. (F. 53 s.; O. 104.)

**101.** Les gardes constateront le nombre, l'essence et la grosseur des arbres abattus ou rompus par les vents, les orages, ou tous autres accidents. Ils en dresseront des procès-verbaux qu'ils remettront à leur chef immédiat dans les dix jours de la rédaction.

La reconnaissance de ces chablis sera faite sàns

délai par un agent forestier, qui les marquera de son marteau. (O. 26, 104.)

**102.** Les conservateurs autoriseront et feront effectuer les adjudications des chablis, ainsi que celles des bois provenant de délits, de recepages, d'élagages ou d'essartements, et qui n'auront pas été vendus sur pied, et généralement tous autres menus marchés. (F. 17 ; O. 104, 174.)

**103.** Les arbres sur pied, quoique endommagés, ébranchés, morts ou dépérissants, ne pourront être abattus et vendus, même comme menus marchés, sans l'autorisation spéciale de notre *ministre des finances* (*a*). (O. 7, 104.)

(*a*) Ordonnance du 4 décembre 1844. — Art. 1er. Les conservateurs autoriseront : 1° la vente, par forme de menus marchés, dans les forêts domaniales et communales, des bois incendiés et abroutis, lorsque les produits présumés n'excéderont pas 500 francs, et l'exploitation des mêmes bois, par entreprise ou par économie, dans les forêts domaniales, lorsque les frais de l'exploitation n'excéderont pas 200 francs. (Voir ci-dessus, p. 95.)

**104.** Les adjudications mentionnées dans les articles 100, 102 et 103 ci-dessus seront effectuées avec les mêmes formalités que les adjudications des coupes ordinaires de bois (*b*). (O. 84, 100, 102, 139.)

(*b*) 1° Ordonnance du 23 juin 1830. — Art. 1er. Ne seront point applicables aux adjudications mentionnées dans les articles 102 et 103 de notre ordonnance du 1er août 1827, la disposition de l'article 17 du Code forestier qui ordonne l'affiche des ventes des coupes ordinaires au chef-lieu du département, celle de l'article 25 de la même loi relative aux surenchères (*les surenchères ont été supprimées par la loi du 4 mai 1837*), la disposition de l'article 83 de l'ordonnance réglementaire qui prescrit le dépôt, au secrétariat de la vente, d'une expédition du cahier des charges, et celle du deuxième paragraphe de l'article 84 qui exige que les affiches soient approuvées par le conservateur des forêts et apposées sous l'autorisation du préfet.

Toutefois, les formalités prescrites pour les adjudications des coupes ordinaires de bois seront observées, lorsque l'évaluation des objets mis en vente excédera la somme de 500 francs.

2º ORDONNANCE DU 3 OCTOBRE 1841. — Art. 1er. Les dispositions de l'article 104 de l'ordonnance réglementaire sont modifiées en ce sens que, lorsque l'estimation des produits accessoires des forêts appartenant aux communes ou aux établissements publics n'excédera pas 100 francs, les agents forestiers pourront se faire remplacer, à la séance d'adjudication, par un des préposés sous leurs ordres.

3º ORDONNANCE DU 13 JANVIER 1847 (ci-dessus, p. 135.)


SECTION VII.— *Des concessions à charge de repeuplement.*


**105.** Lorsqu'au lieu d'opérer par adjudication à prix d'argent ou par économie des semis et plantations dans les forêts, l'Administration jugera convenable d'en concéder temporairement les vides et clairières à charge de repeuplement, les agents forestiers procéderont d'abord à la reconnaissance des lieux, et le procès-verbal qu'ils en dresseront constatera le nombre, l'essence et les dimensions des arbres existant sur les terrains à concéder.

Le conservateur transmettra à la direction générale ce procès-verbal, avec ses observations, et un projet de cahier des charges spécial pour chaque concession, par lequel les concessionnaires devront particulièrement être assujettis aux dispositions des articles 34, 41, 42, 44 et 46 du Code forestier.

**106.** (*Modifié.*) Le directeur général des forêts soumettra à notre ministre des finances les projets de concession avec toutes les pièces à l'appui[1].

**107.** Les concessions de cette nature ne pourront être effectuées que par voie d'adjudication publique, avec les mêmes formalités que les adjudications des coupes de bois. (F. 17; O. 83 s.)

**108.** La réception des travaux, la reconnaissance des lieux et le récolement seront effectués ainsi qu'il est prescrit par les articles 98 et 99 de la présente ordonnance, pour le récolement des coupes de bois.

### Section VIII. — *Des affectations à titre particulier dans les forêts de l'Etat.*

**109.** Lorsque des délivrances en vertu d'affectations à titre particulier devront être faites par coupes ou par pieds d'arbre, les ayant-droit ne pourront en effectuer l'exploitation qu'après que la désignation et la délivrance leur en auront été faites régulièrement et par écrit par l'agent forestier chef de service.

Les opérations d'arpentage, de balivage et de martelage, ainsi que le réarpentage et le récolement, seront effectuées par les agents de l'Administration forestière, de la même manière que pour les coupes des bois de l'Etat et avec les mêmes réserves.

Les possesseurs d'affectations se conformeront, pour l'exploitation des bois qui leur seront ainsi délivrés, à tout ce qui est prescrit aux adjudicataires des bois de l'Etat pour l'usance et la vidange des ventes. (F. 58 ; O. 69, 79.)

[1] Voir, p. 94, les ordonnances des 10 mars 1831, § 7, et 4 déc. 1844, art. 1er, § 5.

**110.** Lorsque les délivrances devront être faites par stères, elles seront imposées comme charges aux adjudicataires des coupes, et les possesseurs d'affectations ne pourront enlever les bois auxquels ils auront droit qu'après que le comptage en aura été fait contradictoirement entre eux et l'adjudicataire, en présence de l'agent forestier local.

**111.** Lorsqu'il y aura lieu d'estimer la valeur des bois à délivrer aux affouagistes, il sera procédé à l'estimation par un agent forestier nommé par le préfet et un expert nommé par l'affouagiste ; en cas de partage, un troisième expert sera nommé par le président du tribunal. (F. 58.)

**Section IX.** — *Des droits d'usage dans les bois de l'État.*

**112.** *Abrogé (a).*
**113.** *Abrogé (a).*
**114.** *Abrogé (a).*
**115.** *Abrogé (a).*
**116.** *Abrogé (a).*

(a) Les articles 112, 113, 114, 115, 116 et 145 ont été remplacés par les dispositions suivantes [1] :
1º Décret du 12 avril 1854. — Art. 1er. Lorsqu'il y a lieu

[1] *Ancien article* 112. — Lorsqu'il y aura lieu d'affranchir les forêts de l'État des droits d'usage en bois au moyen d'un cantonnement, le conservateur en adressera la proposition au directeur général, qui la soumettra à l'approbation de notre ministre des finances.
*Ancien article* 113. — Le ministre des finances prescrira au préfet, s'il y a lieu de procéder aux opérations préparatoires du cantonnement.
À cet effet, un agent forestier désigné par le conservateur, un expert choisi par le directeur des domaines, et un troisième expert nommé par le préfet, estimeront :
1º D'après les titres des usagers, les droits d'usage en bois, en indiquant par une somme fixe en argent la valeur représentative

d'affranchir les forêts de l'Etat de droits d'usage en bois, au moyen d'un cantonnement, le directeur général des forêts en

de ces divers droits, tant en bois de chauffage qu'en bois de construction ;

2° Les parties de bois à abandonner pour le cantonnement, dont ils feront connaître l'assiette, l'abornement, la contenance, l'essence dominante et l'évaluation en fonds et en superficie, en distinguant le taillis de la futaie, et mentionnant les claires-voies, s'il y en a ;

3° Les procès-verbaux indiqueront en outre les routes, rivières ou canaux qui servent aux débouchés, et les villes ou usines à la consommation desquelles les bois sont employés.

La proposition de cantonnement, ainsi fixée provisoirement, sera signifiée par le préfet à l'usager.

*Ancien article* 114. — Si l'usager donne son consentement à cette proposition, il sera passé entre le préfet et lui, et sous la forme administrative, acte de l'engagement pris par l'usager d'accepter sans nulle contestation le cantonnement tel qu'il lui a été proposé, sauf notre homologation.

Cet acte, avec toutes les pièces à l'appui, sera transmis par le préfet à notre ministre des finances, qui, après avoir pris l'avis des directions générales des domaines et des forêts, soumettra le projet de cantonnement à notre homologation.

*Ancien article* 115. — Si l'usager refuse de consentir au cantonnement qui lui est proposé, et élève des réclamations, soit sur l'évaluation de ses droits d'usage, soit sur l'assiette et la valeur du cantonnement, le préfet en référera à notre ministre des finances, lequel lui prescrira, s'il y a lieu, d'intenter une action contre l'usager devant les tribunaux, conformément à l'article 63 du Code forestier.

*Ancien article* 116. — Lorsqu'il y aura lieu d'effectuer le rachat d'un droit d'usage quelconque, autre que l'usage en bois, suivant la faculté accordée au Gouvernement par l'article 64 du Code forestier, il sera procédé de la manière prescrite pour le cantonnement des usages en bois par les art. 112, 113, 114 et 115 ci-dessus.

Toutefois, si le droit d'usage appartient à une commune, notre ministre des finances, avant de prononcer sur la proposition de l'Administration forestière, la communiquera au préfet, lequel donnera des renseignements précis et son avis motivé sur l'absolue nécessité de l'usage pour les habitants.

Lorsque le ministre aura prononcé, le préfet, avant de faire procéder à l'estimation préparatoire, notifiera la proposition de rachat au maire de la commune usagère, en lui prescrivant de faire délibérer le Conseil municipal, pour qu'il exerce, s'il le juge à propos, le pourvoi qui lui est réservé par le paragraphe 2 de l'article 64 du Code forestier.

Le procès-verbal des experts ne contiendra que l'évaluation en argent des droits des usagers, d'après leurs titres.

adresse la proposition à notre ministre des finances, qui statue sur l'opportunité, après avoir pris l'avis de l'Administration des domaines. (Décr. 19 mai 1857, art. 1.)

Si cette opportunité est reconnue, il est procédé par deux agents forestiers aux études nécessaires pour déterminer les offres à faire à l'usager.

Art. 2. Les offres sont soumises par l'Administration des forêts à notre ministre des finances, qui, après avoir pris l'avis de la direction générale des domaines, prescrit, s'il y a lieu, au préfet de les signifier à l'usager.

Art. 3. Si l'usager déclare accepter les offres, il est passé, entre le préfet et lui, en la forme administrative, un acte constatant son engagement, sous réserve de notre homologation.

Art. 4. Si l'usager propose des modifications au projet qui lui a été signifié, ou refuse absolument d'y adhérer, il en est référé au ministre des finances, qui satue et ordonne. s'il y a lieu, au préfet d'intenter l'action en cantonnement.

Art. 5. Lorsqu'il y a lieu d'effectuer le rachat d'un droit d'usage quelconque, autre que l'usage en bois, suivant la faculté accordée au gouvernement par l'article 64 du Code forestier, il est statué sur l'opportunité de ce rachat par notre ministre des finances, sur la proposition de l'Administration des forêts, après avoir pris l'avis de l'Administration des do - maines.

Si le droit d'usage appartient à une commune, le préfet est préalablement appelé à donner son avis motivé sur l'absolue nécessité de l'usage pour les habitants.

Lorsque le ministre des finances a déclaré l'opportunité, le préfet notifie la décision au maire de la commune usagère, en lui prescrivant de faire délibérer le Conseil municipal pour qu'il exerce, s'il le juge à propos, le pourvoi qui lui est réservé par le paragraphe 2 de l'article 64 du Code forestier.

Il est ensuite procédé conformément aux dispositions de l'article 1, § 2, et des articles 2, 3 et 4 du présent décret.

Art. 6. Les communes ou établissements publics qui veulent affranchir leurs bois des droits d'usage quelconques, par voie de cantonnement ou de rachat. en adressent la demande au préfet. qui statue sur l'opportunité, après avoir pris l'avis des agents forestiers.

S'il s'agit d'un droit rachetable à prix d'argent, prévu au paragraphe 2, article 64 du Code forestier, il est procédé conformément aux dispositions des paragraphes 2 et 3 de l'article 5 du présent décret.

Art. 7. Les études préalables pour déterminer les offres de cantonnement ou de rachat sont faites suivant le mode tracé par l'article 1, § 2, du présent décret.

Toutefois, sur la demande de la commune ou de l'établissement propriétaire, il est adjoint aux deux agents forestiers un troisième expert, dont la désignation appartient à la commune ou à l'établissement. Ce troisième expert fait, concurremment avec les agents forestiers, les études nécessaires pour la détermination des offres.

La commune ou l'établissement propriétaire est appelé par le préfet à déclarer s'il entend donner suite aux offres de cantonnement ou de rachat. Sur sa déclaration affirmative, les offres sont soumises à notre ministre de l'intérieur. En cas d'avis favorable, le ministre des finances statue sur la convenance et l'opportunité des offres.

Il est ensuite procédé conformément aux articles 3 et 4 du présent décret.

Toutefois, les modifications qui seraient proposées par l'usager, dans le cas prévu par l'article 4, doivent être acceptées par la commune ou l'établissement propriétaire, et approuvées par le ministre de l'intérieur, avant d'être soumises à notre homologation par le ministre des finances. Si l'usager refuse d'adhérer aux offres, l'action devant les tribunaux ne peut être intentée que par le maire ou les administrateurs, suivant les formes prescrites par les lois.

Les indemnités et frais auxquels les agents forestiers seraient reconnus avoir droit, et les vacations du troisième expert, seront supportés en entier par les communes ou établissements publics.

Art. 8. Les articles 112, 113, 114, 115, 116 et 145 de l'ordonnance royale du 1er août 1827 sont abrogés.

Art 9. Notre ministre secrétaire d'État au département des finances est chargé de l'exécution du présent décret, qui sera inséré au *Bulletin des lois.*

2o DÉCRET DU 19 MAI 1857. — Art. 1er. Les propositions tendant à faire déclarer l'opportunité des cantonnements seront adressées par le conservateur des forêts au préfet, qui, après avoir pris l'avis du directeur des domaines, transmettra le tout, avec son propre avis, au ministre des finances.

Il sera ensuite procédé conformément à l'article 1 du décret du 12 avril 1854.

Art. 2. Dans l'évaluation de l'émolument usager, chaque espèce de droits à servir donnera lieu à une estimation distincte.

Art. 3. Pour évaluer l'émolument annuel en bois de maronage, on déterminera le volume total des bois des espèces dues que comporte l'ensemble des bâtiments usagers, et on divisera ce volume par le nombre d'années formant la durée moyenne desdits bois, eu égard aux essences employées, à l'âge des bois, à leurs dimensions et aux circonstances locales, telles que climat, situation, usages locaux, etc.

Toutefois, dans le cas où, depuis un grand nombre d'années, les délivrances de bois de maronage auraient été constamment effectuées dans des proportions ordinaires, la moyenne des délivrances connues pourra être prise pour évaluation de l'émolument annuel du droit.

Pour tenir compte des chances d'incendie, on ajoutera à la valeur en argent de l'émolument annuel en maronage la somme à laquelle les bâtiments usagers auront été ou pourront être annuellement taxés à titre de prime d'assurance.

Art. 4. La quotité annuelle de l'affouage, toutes les fois qu'elle ne consistera pas en une délivrance fixe, et l'émolument annuel de tous droits d'usage en bois, autres que le maronage, seront déterminés par les moyennes calculées sur le lus grand nombre d'années possible.

Art. 5. Toutes les fois que les délivrances stipulées par les titres dépasseront la possibilité de la forêt, la détermination de cette possibilité formera l'évaluation de l'émolument annuel usager.

Cette règle s'appliquera à l'évaluation de chacune des espèces de droits à servir.

Art. 6. La valeur en argent des délivrances annuelles sera fixée d'après le prix courant des marchandises dans la localité.

Art. 7. Il sera défalqué de la somme représentant la valeur annuelle des délivrances :

1º Les redevances payées ou dues par les usagers, en vertu des titres ;

2º La part des frais de garde payée annuellement par eux ;

3º Les frais d'exploitation des bois délivrés, si ces frais ne se trouvent pas défalqués dans l'évaluation des délivrances ;

4° La valeur, s'il y a lieu, des travaux mis en charge sur les coupes usagères.

Il ne sera fait aucune déduction à raison de la contribution foncière, à moins que le payement n'en ait été mis à la charge des usagers par une stipulation expresse du titre.

Les frais de timbre des actes relatifs aux délivrances ne seront pas non plus défalqués.

Art. 8. Les produits en bois que les usagers retirent annuellement de leurs propres forêts ne seront pas précomptés en déduction de l'émolument du droit d'usage, sauf le cas où, soit d'après les stipulations expresses du titre, soit d'après des faits de jouissance équivalents à titre, les délivrances ne devraient être faites aux usagers qu'après emploi de leurs propres ressources en bois et en complément de ces mêmes ressources.

Art. 9. Le revenu net du droit d'usage sera capitalisé au denier vingt.

Art. 10. A la valeur ainsi déterminée de l'émolument du droit d'usage, il sera ajouté à titre de concession :

1° Une somme égale à 15 pour 100 de ladite valeur:

2° Le capital au denier vingt des frais de garde et d'impôt que les usagers, une fois cantonnés, auront à supporter comme propriétaires.

Art. 11. Lorsque la forêt à affranchir de droits d'usage en bois sera grevée en outre de droits de parcours, pour tenir compte à l'usager de ces droits en tant que grevant la partie de forêt attribuée en cantonnement, il sera ajouté au capital de l'émolument usager une somme égale au produit de la capitalisation au denier vingt du revenu annuel qui pourrait être retiré du parcours sur ladite portion de forêt.

Art. 12. Le cantonnement sera assis autant que possible à la convenance des usagers.

Art. 13. La superficie entière du cantonnement sera estimée à sa valeur vénale actuelle.

Les bois trop jeunes pour avoir une valeur actuellement commerçable seront estimés d'après leur produit présumé à l'âge où ils commenceront à remplir cette condition.

Art. 14. Le sol sera estimé d'après la valeur des sols boisés similaires dans la localité.

Cette valeur sera déterminée au moyen des transactions qui pourront être connues. A défaut de transactions connues, le sol sera estimé directement par des calculs basés sur le produit net dont ce sol serait susceptible, étant cultivé en nature de bois, à l'exploitabilité déterminée par le maximum d'intérêt annuel en argent du capital engagé.

Dans l'un et l'autre cas, le produit du pâturage sera compté parmi les éléments de revenu du sol.

Il ne sera pas tenu compte du droit de chasse et de pêche.

Le taux d'intérêt à employer dans les calculs sera celui des placements en biens fonds similaires dans la localité.

Art. 15. Les procès-verbaux contenant proposition de cantonnement seront dressés en double expédition. Il y sera joint un plan de cantonnement, sur lequel la portion de forêt représentant les concessions faites à l'usager sera distinctement figurée.

Art. 16. Notre ministre secrétaire d'Etat des finances est chargé de l'exécution du présent décret.

**117.** En cas de contestation sur l'état et la possibilité des forêts et sur le refus d'admettre les animaux au pâturage et au panage dans certains cantons déclarés non défensables, le pourvoi contre les décisions rendues par les Conseils de préfecture, en exécution des articles 65 et 67 du Code forestier, aura effet suspensif jusqu'à la décision rendue par nous en Conseil d'Etat.

**118.** Les maires des communes et les particuliers jouissant du droit de pâturage ou de panage dans les forêts de l'Etat remettront annuellement à l'agent forestier local, avant le 31 décembre pour le pâturage et avant le 30 juin pour le panage, l'état des bestiaux que chaque usager possède, avec la distinction de ceux qui servent à son propre usage et de ceux dont il fait commerce. (F. 69, 70.)

**119.** Chaque année, les agents forestiers locaux constateront par des procès-verbaux, d'après la nature, l'âge et la situation des bois, l'état des cantons qui pourront être délivrés pour le pâturage, la glandée et le panage dans les forêts soumises à ces droits ; ils indiqueront le nombre des animaux qui pourront y être admis, et les époques où l'exercice de ces droits d'usage pourra commencer et devra finir.

Les propositions des agents forestiers seront soumises à l'approbation du conservateur avant le 1er février pour le pâturage, et avant le 1er août pour le panage et la glandée. (F. 66 à 69.)

**120.** Les pâtres des communes usagères seront choisis par le maire et agréés par le Conseil municipal. (F. 66 à 69.)

**121.** Le dépôt du fer servant à la marque des animaux, et de l'empreinte de ce fer, devra être effectué par l'usager, ainsi que le prescrit l'article 74 du Code forestier, avant l'époque fixée pour l'ouverture du pâturage ou du panage, sous les peines portées par cet article.

L'agent forestier local donnera acte de ce dépôt à l'usager. (F. 56, 73 s.; O. 146.)

**122.** Les bois de chauffage qui se délivrent par stères seront mis en charge sur les coupes adjugées et fournis aux usagers par les adjudicataires, aux époques fixées par le cahier des charges.

Pour les communes usagères, la délivrance des bois de chauffage sera faite au maire, qui en fera effectuer le partage entre les habitants. (F. 105.)

Lorsque les bois de chauffage se délivreront par coupes, l'entrepreneur de l'exploitation sera agréé par l'agent forestier local. (F. 81, 82.)

**123.** Aucune délivrance de bois pour constructions ou réparations ne sera faite aux usagers que sur la présentation de devis dressés par des gens de l'art et constatant les besoins.

Ces devis seront remis, avant le 1er février de

chaque année, à l'agent forestier local, qui en donnera reçu ; et le conservateur, après avoir fait effectuer les vérifications qu'il jugera nécessaires, adressera l'état de toutes les demandes de cette nature au directeur général, en même temps que l'état général des coupes ordinaires, pour être revêtus de son approbation.

La délivrance de ces bois sera mise en charge sur les coupes en adjudication, et sera faite à l'usager par l'adjudicataire, à l'époque fixée par le cahier des charges.

Dans le cas d'urgence (*a*) constatée par le maire de la commune, la délivrance pourra être faite en vertu d'un arrêté du préfet, rendu sur l'avis du conservateur. L'abatage et le façonnage des arbres auront lieu aux frais de l'usager, et les branchages et remanents seront vendus comme menus marchés.

(*a*) Les cas d'urgence ne comprennent que ceux d'incendie, d'inondation ou de ruine imminente. (Décis. min. 11 décembre 1819.)

## TITRE III.

### DES BOIS ET FORÊTS QUI FONT PARTIE DU DOMAINE DE LA COURONNE.

**124.** Toutes les dispositions de la présente ordonnance concernant les forêts de l'Etat seront applicables aux bois et forêts de la couronne, sauf les exceptions qui résultent du titre IV du Code forestier. (F. 86 s. ; O. 57 à 123.)

## TITRE IV.

### DES BOIS ET FORÊTS QUI SONT POSSÉDÉS PAR LES PRINCES A TITRE D'APANAGE, ET PAR DES PARTICULIERS A TITRE DE MAJORATS RÉVERSIBLES A L'ÉTAT.

**125.** Toutes les dispositions des première et deuxième sections du titre II de la présente ordonnance, relativement à la délimitation, au bornage et à l'aménagement des forêts de l'Etat, à l'exception de l'article 68, sont applicables aux bois et forêts qui sont possédés par les princes à titre d'apanage, ou par des particuliers à titre de majorats réversibles à l'Etat (F. 89 : O. 57 à 67, 69 à 72.)

**126.** Les possesseurs auront droit d'intervenir comme parties intéressées dans tous débats et actions relativement à la propriété.

**127.** Les visites que l'article 89 du Code forestier prescrit à l'Administration de faire faire dans ces bois et forêts, auront pour objet de vérifier s'ils sont régis et administrés conformément aux dispositions de ce Code, aux titres constitutifs des apanages ou majorats, et aux états ou procès-verbaux qui ont été ou seront dressés en exécution de ces titres.

Ces visites ne seront faites que par des agents forestiers qui seront désignés par le conservateur local ou par le directeur général des forêts. Elles auront lieu au moins une fois par an.

Les agents dresseront des procès-verbaux du résultat de leurs visites, et remettront ces procès-verbaux au conservateur, qui les transmettra sans délai, avec ses observations, au directeur général des forêts.

# TITRE V.

## DES BOIS DES COMMUNES ET DES ÉTABLISSEMENTS PUBLICS.

**128.** L'Administration forestière dressera incessamment un état général des bois appartenant à des communes ou établissements publics, et qui doivent être soumis au régime forestier, aux termes des articles 1er et 90 du Code, comme étant susceptibles d'aménagement ou d'une exploitation régulière.

S'il y a contestation à ce sujet de la part des communes ou établissements propriétaires, la vérification de l'état des bois sera faite par les agents forestiers, contradictoirement avec les maires ou administrateurs.

Le procès-verbal de cette vérification sera envoyé par le conservateur au préfet, qui fera délibérer les Conseils municipaux des communes ou les administrateurs des établissements propriétaires, et transmettra le tout, avec son avis, à notre ministre des finances, sur le rapport duquel il sera statué par nous. (F. 8 s. ; O. 131 s.)

**129.** Lorsqu'il y aura lieu d'opérer la délimitation des bois des communes et des établissements publics, il sera procédé de la manière prescrite par la première section du titre II de la présente ordonnance pour la délimitation et le bornage des forêts de l'État, sauf les modifications des articles suivants (*a*). (F. 8 s. ; O. 57, 66, 131.)

(*a*) ARRÊTÉ DU MINISTRE DES FINANCES DU 7 JANVIER 1863. — Art. 1er. Les dispositions des décret et arrêté des 25 et 28 août 1861 [1], sont applicables aux délimitations générales exécutées par les agents du service ordinaire dans les bois des communes et des établissements publics, ainsi qu'aux bornages et expertises nécessités par ces délimitations. (O. 135.)

**130.** Dans les cas prévus par les articles 58 et 59, le préfet, avant de nommer les agents forestiers chargés d'opérer comme experts dans l'intérêt des communes ou établissements propriétaires, prendra l'avis des conservateurs des forêts et celui des maires et administrateurs. (O. 57.)

**131.** Le maire de la commune, ou l'un des administrateurs de l'établissement propriétaire, aura droit d'assister à toutes les opérations, conjointement avec l'agent forestier nommé par le préfet. Ses dires, observations et oppositions seront exactement consignés au procès-verbal.

Le Conseil municipal ou les administrateurs seront appelés à délibérer sur les résultats du procès-verbal avant qu'il soit soumis à notre homologation.

**132.** Lorsqu'il s'élèvera des contestations ou des oppositions, les communes ou établissements propriétaires seront autorisés à intenter action ou à défendre, s'il y a lieu, et les actions seront suivies par les maires ou administrateurs, dans la forme ordinaire (*a*). (F. 13.)

(*a*) Loi du 18 juillet 1837. — Art. 10. Le maire est chargé, sous la surveillance de l'autorité supérieure... 8º de représenter la commune en justice, soit en demandant, soit en défendant.

Art. 19. Le Conseil municipal délibère sur les objets suivants:... 10º les actions judiciaires et transactions.

Art. 49. Nulle commune ou section de commune ne peut

[1] Voir ci-après, sous l'article 135, le décret du 25 août 1861 et l'arrêté ministériel du 28 du même mois.

introduire une action en justice sans être autorisée par le Conseil de préfecture.

**133.** L'état des frais de délimitation et de bornage, dressé par le conservateur et visé par le préfet, sera remis au receveur de la commune ou de l'établissement propriétaire, qui percevra le montant des sommes mises à la charge des riverains, et, en cas de refus, en poursuivra le payement par toutes les voies de droit au profit et pour le compte de ceux à qui ces frais seront dus (*a*). (F. 14; O. 66.)

(*a*) ORDONNANCE DU 23 MARS 1845. — Art. 1er. Les communes et établissements publics qui auront requis des délimitations ou des bornages partiels ou généraux payeront directement et intégralement aux ayants droits, *autres que les agents forestiers*, les frais de ces opérations, et recouvreront ensuite, sur les propriétaires riverains, le montant des frais tombant à la charge de chacun d'eux.

Art. 2. Lorsque les délimitations ou les bornages de bois communaux ou d'établissements publics auront été requis par les riverains, il sera procédé conformément aux dispositions de l'article 133 de l'ordonnance réglementaire du 1er août 1827.

Art. 3. Dans l'un et l'autre cas, les frais de la coopération des agents du service des travaux d'art, réglés d'après un tarif arrêté par notre ministre des finances, seront versés par les receveurs des communes ou des établissements publics dans les caisses des domaines, à titre de remboursement d'avances et comme produits accessoires des forêts.

Les frais alloués pour le concours des agents chargés d'opérer comme experts, dans l'intérêt des communes ou des établissements publics, ainsi que les frais du recouvrement des sommes mises à la charge des riverains, seront supportés en entier par lesdits établissements et communes.

**134.** Toutes les dispositions des deuxième, troisième, quatrième, cinquième et sixième sections du titre II de la présente ordonnance sont applicables aux bois des communes et des établissements publics, à l'exception des articles 68 et 88, et sauf les modifications qui résultent du titre VI du Code forestier et des dispositions du présent titre. (O. 67 s., 139.)

**135.** Nos ordonnances d'aménagement ne seront rendues qu'après que les conseils municipaux ou les administrateurs des établissements propriétaires auront été consultés sur les propositions d'aménagement, et que les préfets auront donné leur avis (*a*). (F. 15, 16; O 67 à 72.)

(*a*) 1º ORDONNANCE DU 2 DÉCEMBRE 1845. — Art. 1er. Les agents des travaux d'art pourront être chargés des opérations d'aménagement des bois appartenant à des communes ou à des établissements publics.

Les dispositions de l'article 3, § 1, de l'ordonnance royale du 25 mars 1845 seront applicables aux frais relatifs à ces opérations. (O. 135.)

2º DÉCRET DU 25 AOUT 1861. — Art. 1er. Les agents forestiers du service ordinaire pourront être chargés des travaux d'aménagement des bois appartenant à des communes ou à des établissements publics.

Les frais de ces opérations seront à la charge des communes et des établissements publics. Ils seront réglés suivant le tarif et dans les proportions arrêtées par notre ministre des finances, qui déterminera la part à attribuer à l'Etat en remboursement de la portion du traitement des agents afférente au temps employé par eux au service dont il s'agit, et celle qui sera due aux agents eux-mêmes à titre d'indemnité de déplacement.

Art. 2. Il sera fourni, pour la part revenant à l'Etat et pour celle qui devra être comptée aux agents, deux décomptes distincts indiquant la somme à payer par chaque commune, section de commune ou établissement public.

Ces états, dressés par les conservateurs, seront rendus exécutoires par les préfets pour être recouvrés, savoir : — En ce qui concerne les restitutions à l'Etat, par les receveurs des domaines à titre de remboursements d'avances et comme produits accessoires des forêts ; — En ce qui concerne les frais dus aux agents, par les receveurs des finances, à titre de *cotisations* municipales, pour être ensuite mandatés par les préfets au profit des agents créanciers.

3° ARRÊTÉ DU MINISTRE DES FINANCES DU 28 AOUT 1861.

Art. 1er. Les frais de coopération des agents de tout grade, du service ordinaire, aux travaux d'aménagement dans les bois, des communes et des établissements publics, sont fixés à 6 francs pour chaque journée employée au cabinet, et à 11 francs pour chaque journée employée sur le terrain.

Art. 2. La portion attribuée au Trésor dans les sommes fixées par l'article précédent est : — De 2 francs par journée de travail au cabinet; — De 4 francs par journée de travail sur le terrain. — L'autre portion est attribuée aux agents chargés de l'opération. Elle est recouvrée et ordonnancée conformément à l'article 2 du décret du 25 août 1861.

**136**. Les mêmes formalités seront observées lorsqu'il s'agira de faire effectuer des travaux extraordinaires, tels que recepages, repeuplements, clôtures, routes, constructions de loges pour les gardes, et autres travaux d'amélioration.

Si les communes ou établissements propriétaires n'élèvent aucune objection contre les travaux projetés, ces travaux pourront être autorisés par le préfet, sur la proposition du conservateur. Dans le cas contraire, il sera statué par nous sur le rapport de notre ministre des finances (*a*).

(*a*) DÉCRET DU 25 MARS 1852. — Art. 5. Les préfets statueront en Conseil de préfecture, sans l'autorisation du ministre des finances, mais sur l'avis ou la proposition des chefs de service, en matières domaniales et forestières, sur les objets déterminés par le tableau C ci-annexé. — *Tableau C...* 10° Travaux à exécuter dans les forêts communales ou d'établissements publics, pour la recherche ou la conduite des eaux, la construction des récipients et autres ouvrages analogues, lorsque ces travaux auront un but d'utilité communale.

**137.** Dans les coupes des bois des communes et des établissements publics, la réserve prescrite par l'article 70 de la présente ordonnance sera de quarante baliveaux au moins et de cinquante au plus par hectare.

Lors de la coupe des quarts en réserve, le nombre des arbres à conserver sera de soixante au moins et de cent au plus par hectare. (F. 93; O. 131.)

**138.** Les indemnités que les adjudicataires des bois des communes et des établissements publics devront payer, en exécution de l'article 96 de la présente ordonnance, lorsqu'il leur sera accordé des délais de coupe et de vidange, seront versées dans les caisses des receveurs des communes ou établissements propriétaires. (O. 7: Décr. 31 mai 1830.)

**139.** Il ne pourra être fait, dans les bois des communes et des établissements publics, aucune adjudication de glandée, panage ou paisson, qu'en vertu d'autorisation spéciale du préfet, qui devra consulter à ce sujet les communes ou établissements propriétaires et prendre l'avis de l'agent forestier local. (F. 53 s.; O. 100 à 104, 134.)

**140.** Hors le cas de dépérissement des quarts en réserve, l'autorisation de les couper ne sera accordée que pour cause de nécessité bien constatée, et à défaut d'autres moyens d'y pourvoir.

Les demandes de cette nature, appuyées de l'avis des préfets, ne nous seront soumises par notre ministre des finances qu'après avoir été par lui communiquées à notre ministre de l'intérieur[1]. (F. 93.)

---

[1] Voir l'article 2 de l'ordonnance du 10 mars 1831, rapportée à la suite de l'article 15 de la présente ordonnance.

**141.** Les communes qui ne sont pas dans l'usage d'employer la totalité des bois de leurs coupes à leur propre consommation feront connaître à l'agent forestier local la quantité de bois qui leur sera nécessaire, tant pour chauffage que pour constructions et réparations, et il en sera fait délivrance, soit par l'adjudicataire de la coupe, soit au moyen d'une réserve sur cette coupe, le tout conformément à leur demande et aux clauses du cahier des charges de l'adjudication. (F. 103 à 105.)

**142.** Les administrateurs des établissements publics donneront chaque année un état des quantités de bois, tant de chauffage que de construction, dont ces établissements auront besoin. Cet état sera visé par le sous-préfet, et transmis par lui à l'agent forestier local.

Les quantités de bois ainsi déterminées seront mises en charge lors de la vente des coupes, et délivrées à l'établissement par l'adjudicataire, aux époques qui seront fixées par le cahier des charges. (F. 102.)

**143.** Lorsqu'il y aura lieu à l'expertise prévue par l'article 105 du Code forestier, cette expertise sera faite, dans le procès-verbal même de la délivrance, par le maire de la commune ou son délégué, par l'agent forestier, et par un expert au choix de la partie prenante.

Le procès-verbal sera remis au receveur municipal par l'agent forestier.

**144.** Dans le cas prévu par le paragraphe 2 de l'article 109 du Code, le préfet, sur les propositions de l'agent forestier local et du maire de la commune, déterminera la portion de coupe affouagère qui devra être vendue aux enchères pour acquitter les frais de garde, la contribution foncière et l'indemnité attribuée au Trésor par l'article 106 du Code.

Le produit de cette vente sera versé dans la caisse du receveur municipal, pour être employé à l'acquittement de ces charges.

**145**. *Abrogé*[1].

**146**. Toutes les dispositions de la section ix du titre II de la présente ordonnance, sur l'exercice des droits d'usage dans les bois de l'Etat, sont applicables à la jouissance des communes et des établissements publics dans leurs propres bois, sauf les modifications qui résultent du présent titre, et à l'exception des articles 121 et 123.

[1] Cet article a été abrogé par le décret du 12 avril 1854, rapporté à la suite de l'article 116 de la présente ordonnance.

*Ancien article* 145. — Lorsqu'il y aura lieu d'user de la faculté accordée par le Code forestier aux communes et aux établissements publics, d'affranchir leurs bois de droits d'usage, le conseil municipal ou les administrateurs de la commune et de l'établissement propriétaire seront d'abord consultés sur la convenance et l'utilité soit du cantonnement, soit du rachat, et le préfet soumettra leur délibération, avec les observations de l'agent forestier et son propre avis en forme d'arrêté, à notre ministre des finances, qui nous soumettra un projet d'ordonnance, après s'être concerté avec notre ministre de l'intérieur.

Il sera ensuite procédé de la manière prescrite par les articles 113, 114 et 116 de la présente ordonnance : mais le second expert, au lieu d'être nommé par le directeur des domaines, sera choisi par le maire, sauf l'approbation du conseil municipal, ou par les administrateurs de l'établissement.

S'il s'élève des contestations, il sera procédé conformément à l'article 115 de la présente ordonnance. Toutefois, les actions seront suivies devant les tribunaux par le maire ou les administrateurs, suivant les formes prescrites par les lois.

# TITRE VI.

### DES BOIS INDIVIS QUI SONT SOUMIS AU RÉGIME FORESTIER.

**147**. En exécution des articles 1er et 113 du Code forestier, toutes les dispositions de la présente ordonnance relatives aux forêts de l'Etat sont applicables aux bois dans lesquels l'Etat a des droits de propriété indivis, soit avec des communes ou des établissements publics, soit avec des particuliers.

Ces dispositions sont également applicables aux bois indivis entre le domaine de la couronne et les particuliers, sauf les modifications qui résultent du titre IV du Code forestier et du titre III de la présente ordonnance.

Quant aux bois indivis entre des communes ou des établissements publics et les particuliers, ils seront régis conformément aux dispositions du titre VI du Code forestier et du titre V de la présente ordonnance. (F. 90 à 112 ; O. 128 à 146.)

**148**. Lorsqu'il y aura lieu d'effectuer des travaux extraordinaires, pour l'amélioration des bois indivis, le conservateur communiquera aux copropriétaires les propositions et projets de travaux.

**149**. L'Administration des forêts soumettra incessamment à notre ministre des finances le relevé de tous les bois indivis entre l'Etat et d'autres propriétaires, en indiquant quels sont ceux dont le partage peut être effectué sans inconvénient. (C. N. 815.)

Notre ministre des finances décidera s'il y a lieu de provoquer le partage, et l'action sera, en conséquence, intentée et suivie conformément au droit commun et dans les formes ordinaires. (Pr. 59, 69.)

Lorsque les parties auront à nommer des experts, ces experts seront nommés :

Dans l'intérêt de l'Etat, par le préfet, sur la proposition du directeur des domaines, qui devra se concerter à ce sujet avec le conservateur pour désigner un agent forestier;

Dans l'intérêt des communes, par le maire, sauf l'approbation du conseil municipal;

Dans l'intérêt des établissements publics, par les administrateurs de ces établissements.

## TITRE VII.

### DES BOIS DES PARTICULIERS.

**150**. Les gardes des bois des particuliers ne seront admis à prêter serment qu'après que leurs commissions auront été visées par le sous-préfet de l'arrondissement.

Si le sous-préfet croit devoir refuser son visa, il en rendra compte au préfet, en lui indiquant les motifs de son refus.

Ces commissions seront inscrites dans les sous-préfectures, sur un registre où seront relatés les noms et demeures des propriétaires et des gardes, ainsi que la désignation et la situation des bois. (F. 117.)

**151**. Lorsque les propriétaires ou les usagers seront dans le cas de requérir l'intervention d'un agent forestier pour visiter les bois des particuliers, à l'effet d'en constater l'état et la possibilité ou de déclarer s'ils sont défensables, ils en adresseront la demande au conservateur, qui [désignera un agent forestier pour procéder à cette visite.

L'agent forestier ainsi désigné dressera procès-verbal de ses opérations, en énonçant toutes les circonstances sur lesquelles sa déclaration sera fondée.

Il déposera ce procès-verbal à la sous-préfecture, où les parties pourront en réclamer des expéditions. (F. 119.)

## TITRE VIII.

DES AFFECTATIONS SPÉCIALES DE BOIS A DES SERVICES PUBLICS [1].

—

SECTION Ire. — *Des bois destinés au service de la marine* [2].

**152.** Dans les bois dont la régie est confiée à l'administration forestière, aussitôt après la désignation et l'assiette des coupes ordinaires ou extraordinaires, le conservateur en adressera l'état au directeur ou au sous-directeur de la marine.

Dès que le balivage et le martelage des coupes auront été effectués, les agents forestiers chefs de service dans chaque inspection en donneront avis aux ingénieurs, maîtres ou contre-maîtres de la marine, qui procéderont immédiatement à la re-

[1] Voir page 171, à la suite du titre VIII, l'ordonnance du 24 décembre 1830, concernant le mode de délivrance des bois pour l'armement des places fortes.

[2] L'exercice du droit de martelage a été suspendu indéfiniment par une ordonnance royale du 14 décembre 1838. — Par un décret du 18 octobre 1853, rapporté à la suite de la présente section, le ministre des finances a été autorisé à faire réserver et livrer directement chaque année, par l'administration des forêts, à la marine impériale, les bois extraits des forêts dépendant du domaine de l'Etat et propres aux constructions navales.

cherche et au martelage des bois propres au service de la marine royale.

Outre l'expédition des procès-verbaux de martelage que les agents de la marine doivent, aux termes de l'article 126 du Code forestier, faire viser par le maire et déposer à la mairie de la commune où le martelage aura eu lieu, ils en remettront immédiatement une seconde expédition aux agents forestiers chefs de service.

Le résultat des opérations des agents de la marine sera toujours porté sur les affiches des ventes, et tout martelage effectué ou signifié aux agents forestiers après l'apposition des affiches sera considéré comme nul. (F. 122.)

**153.** Quant aux arbres épars qui devront être abattus sur les propriétés des communes ou des établissements publics non soumises au régime forestier, les maires et administrateurs en feront la déclaration telle qu'elle est prescrite par les articles 124 et 125 du Code forestier.

**154.** Les déclarations prescrites par l'article 125 du Code indiqueront l'arrondissement, le canton et la commune de la situation des bois, les noms et demeures des propriétaires, le nom du bois et la contenance, la situation et l'étendue du terrain sur lequel se trouveront les arbres, le nombre et les espèces d'arbres qu'on se proposera d'abattre, et leur grosseur approximative.

Elles seront faites et déposées à la sous-préfecture, en double minute, dont l'une, visée par le sous-préfet, sera remise au déclarant.

Les sous-préfets qui auront reçu les déclarations les feront enregistrer, les transmettront immédiate-

ment au directeur du service forestier de la marine,
et en donneront avis à l'agent forestier local.

**155**. Dès que les déclarations leur seront par-
venues, les agents de la marine procéderont à la
reconnaissance et au martelage des arbres propres
aux constructions navales, et se conformeront exactement aux dispositions de l'article 126 du Code
forestier pour les procès-verbaux qu'ils doivent
dresser de cette opération.

**156**. Les arbres qui auront été marqués pour le
service de la marine devront être abattus du 1er octobre au 1er avril.

La notification de l'abatage de ces arbres sera
faite à la sous-préfecture et transmise aux agents
de la marine de la manière qui est prescrite par
l'article 154 ci-dessus pour les déclarations de
volonté d'abattre.

**157**. Dès que la notification de l'abatage leur
sera parvenue, les agents de la marine feront la
visite des arbres abattus, et en dresseront un procès-
verbal dont ils déposeront une copie à la mairie de
la commune où les bois sont situés.

**158**. Les arbres qui auront été marqués pour le
service de la marine dans les bois soumis au régime forestier, comme sur toute propriété privée,
seront livrés en grume et en forêt; mais les adjudicataires ou les propriétaires pourront traiter de gré
à gré avec les agents de la marine, relativement au
mode de livraison des bois, à leur équarrissage, et
à leur transport sur les ports flottables ou autres
lieux de dépôt.

**159**. Dans les cas prévus par l'article 131 du
Code forestier, le maire, sur la réquisition du pro-

priétaire des arbres sujets à déclaration pour le service de la marine, constatera par un procès-verbal le nombre d'arbres dont ce propriétaire aura réellement besoin pour constructions ou réparations, l'âge et les dimensions de ces arbres.

Ce procès-verbal sera déposé à la sous-préfecture et transmis aux agents de la marine de la manière qui est prescrite par l'article 154 de la présente ordonnance pour les déclarations de volonté d'abattre.

**160.** Les procès-verbaux que les agents de la marine sont autorisés par l'article 134 du Code à dresser pour constater les délits et les contraventions concernant le service de la marine, seront remis par eux, dans le délai prescrit par les articles 15 et 18 du Code d'instruction criminelle, aux agents forestiers chargés de la poursuite devant les tribunaux. (F. 159.)

**161.** Notre ministre de la marine présentera incessamment à notre approbation l'état des départements, arrondissements et cantons qui ne seront point soumis à l'exercice du droit de martelage pour les constructions navales : cet état, approuvé par nous, sera inséré au *Bulletin des lois* [1].

Les mêmes formalités seront observées lorsqu'il y aura lieu d'assujettir de nouveau à l'exercice du droit de martelage l'un des départements, arrondissements ou cantons qui en auront été ainsi affranchis. Nos ordonnances à ce sujet seront toujours publiées avant le 1er mars pour l'ordinaire suivant. (F. 124, 135.)

---

[1] Il a été satisfait aux prescriptions de cet article par une ordonnance du 27 février 1833, dont la reproduction est aujourd'hui sans utilité.

## APPENDICE A LA SECTION 1re.

Dispositions concernant les fournitures de bois pour le service de la marine :

1° ORDONNANCE DU 14 DÉCEMBRE 1838.—LOUIS-PHILIPPE, etc. ; — Considérant :... que le département de la marine a pu s'approvisionner, depuis quelques années, en bois de chêne, pour les constructions navales, sans le secours du martelage, en laissant aux adjudicataires des fournitures le soin de rechercher eux-mêmes les arbres nécessaires à leurs exploitations, tant dans les bois soumis au régime forestier que dans les bois des particuliers ; — Que ce mode paraît pouvoir être continué sans inconvénient pendant la paix ; etc.

Art. 1er. Le service de la surveillance des fournitures de bois de marine, institué par notre ordonnance du 7 septembre 1832, sera supprimé à dater du 1er janvier 1839.

2° DÉCRET DU 16 OCTOBRE 1858 — Art. 1er. Notre ministre des finances est autorisé à faire réserver et livrer directement, chaque année, par l'Administration des forêts, à la marine impériale les bois extraits des forêts dépendant du domaine de l'État et propres aux constructions navales, en se conformant aux prescriptions ci-après.

Art. 2. Chaque année, avant le 1er février, la direction générale des forêts fera connaître au ministre de la marine, par départements et arrondissements, les forêts domaniales renfermant des arbres de marine et dans lesquelles des coupes devront avoir lieu.

Il sera accusé réception de ce document par le département de la marine, qui, dans le délai d'un mois, sera tenu d'indiquer à la direction générale des forêts, par départements et arrondissements, les coupes dans lesquelles la marine désirera que des arbres lui soient réservés. A cet état en sera joint un autre donnant le détail des espèces et signaux dont les constructions navales auraient plus spécialement besoin, et des espèces et signaux qu'il serait au contraire inutile de comprendre dans le martelage.

Art. 3. Les arbres réservés pour la marine impériale porteront l'empreinte d'un marteau spécial et d'un numéro de série, appliquée par les agents de l'Administration des forêts.

Cette administration fera dresser de ce martelage un procès-verbal, contenant toutes les indications propres à faire juger de l'importance approximative de chaque arbre. Copie de ce procès-verbal, dûment certifiée, sera transmise à notre ministre de la marine.

Art. 4. Les arbres réservés pour la marine ne seront compris dans les ventes que pour les houpiers, et en général pour toutes les parties non réservées, dont le détail sera donné sur les affiches de ventes.

Les adjudicataires seront chargés de l'abatage, de l'écorçage et du transport des arbres martelés, à un point déterminé de la forêt, dont la distance au centre de chaque vente sera indiquée sur les affiches susdites.

Art. 5. Aussitôt après que les arbres auront été réunis sur les lieux de concentration, l'Administration des forêts en donnera avis aux ingénieurs de la marine préposés à la surveillance des fournitures de bois, qui prendront des mesures pour que l'examen des arbres commence dans un délai qui n'excédera pas un mois. Ils informeront l'Administration forestière du jour fixé pour le début des opérations.

Art. 6. En procédant à cette visite, et afin de ne faire choix que de pièces propres à la construction des navires, la marine pourra faire ébouter les arbres et en faire sonder les nœuds ou autres défauts, à la hache ou à la tarière.

Dans le cas où les pièces rebutées auraient subi une dépréciation par suite des sondages, il en sera tenu compte au département des finances.

Art. 7. Les pièces dont la marine aura fait choix seront marquées de son marteau ; elles seront ensuite découpées et équarries par ses soins et à ses frais. La marine ne devra au département des finances que le prix des pièces équarries, en raison de leur cube et de leur nature par espèce, ce cube étant calculé suivant les procédés de recette de la marine.

Les pièces rebutées, de même que les remanents de toute nature, resteront à la charge de l'Administration des forêts qui en opérera la vente suivant les formes ordinaires.

Art. 8. Un procès-verbal, dressé contradictoirement par l'ingénieur de la marine et l'agent forestier, constatera :

1° Le nombre et les dimensions des pièces livrées à la marine, ainsi que l'essence des bois ;

2° La valeur de ces pièces, estimées isolément;

3° Le montant de l'indemnité qui pourra être due par la marine, pour la dépréciation causée par les sondages aux pièces rebutées.

Ce procès-verbal contiendra l'avis distinct de l'ingénieur de la marine et de l'agent forestier ; en cas de désaccord en-tre eux sur le montant des prix ou des indemnités. il sera dressé en double minute, dont l'une sera adressée au dépar-tement de la marine, et l'autre à la direction générale des forêts.

Les bois ne pourront être enlevés par les agents de la ma-rine qu'après la rédaction du procès-verbal susénoncé.

Art. 9. Une commission nommée par le ministre des finances et le ministre de la marine sera chargée, chaque an-née, d'arrêter définitivement le compte des sommes dues par le département de la marine.

Ces sommes seront payées au département des finances, selon le mode indiqué par l'article 19 de l'ordonnance du 31 mai 1838 ; elles figureront en recette au budget de l'Admi-nistration des forêts.

Art. 10. Nos ministres secrétaires d'Etat aux départements des finances et de la marine sont chargés de l'exécution du présent décret.

SECTION II. — *Des bois destinés au service des ponts et chaussées pour le fascinage du Rhin.*

**162.** Chaque année, avant le 1er août, le con-servateur fournira aux préfets des départements du Haut et du Bas-Rhin un tableau des coupes des bois de l'Etat, des communes et des établissements publics qui devront avoir lieu dans ces départements, sur les rives et à la distance de cinq kilomètres du fleuve.

Ce tableau, divisé en deux parties, dont l'une comprendra les bois de l'Etat, et l'autre, ceux des communes et des établissements publics, indiquera la situation de chaque coupe, et les ressources qu'elle pourra produire pour les travaux d'endi-guage et de fascinage. (F. 136.)

**163.** Les déclarations prescrites aux propriétaires par l'article 137 du Code forestier seront faites dans les formes et de la manière qui sont déterminées par l'article 154 de la présente ordonnance pour le service de la marine.

Elles seront transmises immédiatement aux préfets par les sous-préfets.

**164.** Le préfet, sur le rapport des ingénieurs des ponts et chaussées constatant l'urgence, prendra un arrêté pour désigner, à proximité du lieu où le danger se manifestera, les propriétés où seront coupés les bois nécessaires pour les travaux.

Il adressera cet arrêté à l'agent forestier supérieur de l'arrondissement et à l'ingénieur en chef des ponts et chaussées.

**165.** Lorsque la réquisition portera sur des bois régis par l'Administration forestière, les agents forestiers locaux procéderont sur-le-champ, et dans les formes ordinaires, à la désignation du canton où la coupe devra être faite et aux opérations de balivage et de martelage.

Lorsque les bois sur lesquels frappera la réquisition appartiendront à des particuliers, l'agent forestier en fera faire par un garde la signification au propriétaire.

**166.** La déclaration à laquelle est tenu, en vertu de l'article 140 du Code forestier, le propriétaire qui préférera exploiter lui-même les bois requis, sera faite à la sous-préfecture, et dans les formes qui sont prescrites pour les déclarations de volonté d'abattre par l'article 143 de la présente ordonnance.

Le sous-préfet en donnera avis immédiatement au préfet et à l'ingénieur des ponts et chaussées chargé de l'exécution des travaux.

**167.** Dans le cas d'urgence prévu par l'article 138 du Code forestier, le propriétaire qui, pour des besoins personnels, serait obligé de faire couper sans délai des bois soumis à la déclaration, devra faire constater l'urgence de la manière qui est prescrite par l'article 159 de la présente ordonnance.

Le procès-verbal sera transmis au préfet par le sous-préfet.

**168.** Pour l'exécution des dispositions de l'article 141 du Code forestier, l'abatage des bois requis sera constaté, dans les bois régis par l'Administration forestière, par un procès-verbal d'un agent forestier, et dans les autres bois, par un procès-verbal dressé par le maire de la commune.

Lorsqu'il y aura lieu de nommer des experts pour la fixation des indemnités, l'expert dans l'intérêt de l'administration des ponts et chaussées sera nommé par le préfet.

Les ingénieurs des ponts et chaussées ne délivreront aux entrepreneurs des travaux le certificat à fin de payement pour solde, qu'autant qu'ils justifieront avoir entièrement payé les sommes mises à leur charge pour le prix des bois requis et livrés.

### APPENDICE AU TITRE VIII.

Ordonnance du 24 décembre 1830, concernant le mode des délivrances des bois pour l'armement des places fortes.

Art. 1. Les bois destinés à la confection des palissades, liteaux, piquets, fascines, clayons, barrières, blindages, ponts, radeaux et autres ouvrages nécessaires pour la mise en état de défense des places fortes situées sur la frontière, depuis la Manche jusqu'à la Méditerranée, en suivant la ligne du nord et de l'est, et sur la frontière des Pyrénées, seront coupés dans les forêts de l'État, à moins qu'à raison des distances à parcourir jusqu'aux lieux de destination, et des frais de transport qui en résulteraient, il ne soit dans l'intérêt de l'Etat de se les procurer par la voie du commerce.

Art. 2. Lorsque les fournitures devront être faites dans les forêts de l'Etat, les officiers du génie militaire feront connaître aux agents forestiers les besoins en bois de toute nature, c'est-à-dire les espèces, qualités, dimensions et quantités de bois applicables à chaque genre d'ouvrage.

Art. 3. Les agents forestiers, de concert avec les officiers du génie, désigneront, dans les forêts les plus rapprochées des places fortes, les cantons où les coupes devront avoir lieu, et procéderont immédiatement aux opérations de martelage.

Les arbres à abattre seront pris de préférence dans les coupes usées des trois derniers ordinaires et dans celles des trois ordinaires suivants.

Pour ménager les bois de construction, les délivrances se feront, autant que possible, en bois qui auront seulement les dimensions reconnues suffisantes pour les travaux auxquels ils seront destinés.

Art. 4. Les bois seront délivrés sur pied.

Si les délivrances se font pour le compte direct du ministre de la guerre, les officiers du génie concourront avec les agents forestiers à leur estimation ; et, dans le cas où les délivrances seraient faites à un fournisseur, il sera procédé à l'estimation par trois experts : un agent forestier, l'expert du fournisseur, et un troisième expert nommé par le président du tribunal de première instance de la situation des bois.

Art. 5. L'abatage, le façonnage et le transport des bois seront à la charge du département de la guerre ou de son fournisseur.

Art. 6. Les remanents et branchages provenant du façonnage des bois destinés à la défense des places seront vendus par adjudication publique, suivant les formes déterminées par les règlements forestiers pour les adjudications de coupes de bois ; et le produit de ces ventes sera déduit, sur le budget des dépenses de la guerre, du montant des estimations des bois délivrés sur pied.

Art. 7. Nos ministres secrétaires d'Etat des finances et de la guerre sont chargés de l'exécution de la présente ordonnance, qui sera insérée au *Bulletin des lois*.

# TITRE IX.

## POLICE ET CONSERVATION DES BOIS ET FORÊTS QUI SONT RÉGIS PAR L'ADMINISTRATION FORESTIÈRE.

**169**. ORDONNANCE DU 4 DÉCEMBRE 1844. « Dans les bois et forêts qui sont régis par l'Administration forestière, l'extraction de produits quelconques du sol forestier ne pourra avoir lieu qu'en vertu d'une autorisation formelle délivrée par le conservateur des forêts, s'il s'agit des bois de l'Etat ; et, s'il s'agit de ceux des communes et des établissements publics, par les maires ou administrateurs des communes ou établissements propriétaires, sauf l'approbation du conservateur des forêts, qui, dans tous les cas, réglera les conditions et le mode d'extraction.

« Quant au prix, il sera fixé, pour les bois de l'Etat, par le conservateur des forêts, et, pour les bois des communes et des établissements publics, par le préfet, sur les propositions des maires et administrateurs[1]. (F. 144.)

**170**. Lorsque les extractions de matériaux auront pour objet des travaux publics, les ingénieurs des

---

[1] *Ancien article* 169. — Dans les bois et forêts qui sont régis par l'Administration forestière, l'extraction de productions quelconques du sol forestier ne pourra avoir lieu qu'en vertu d'une autorisation formelle délivrée par le directeur général des forêts, s'il s'agit des bois de l'Etat, et, s'il s'agit de ceux des communes et des établissements publics, par les maires ou administrateurs des communes ou établissements propriétaires, sauf l'approbation du directeur général des forêts, qui, dans tous les cas, réglera les conditions et le mode d'extraction.

Quant au prix, il sera fixé, pour les bois de l'Etat, par le directeur général des forêts, et pour les bois des communes et des établissements publics, par le préfet, sur les propositions des maires ou administrateurs.

ponts et chaussées, avant de dresser le cahier des charges des travaux, désigneront à l'agent forestier supérieur de l'arrondissement les lieux où ces extractions devront être faites.

Les agents forestiers, de concert avec les ingénieurs ou conducteurs des ponts et chaussées, procéderont à la reconnaissance des lieux, détermineront les limites du terrain où l'extraction pourra être effectuée, le nombre, l'espèce et les dimensions des arbres dont elle pourra nécessiter l'abatage, et désigneront les chemins à suivre pour le transport des matériaux. En cas de contestation sur ces divers objets, il sera statué par le préfet (*a*). (F. 145.)

(*a*) 1° Loi du 21 mai 1836 sur les chemins vicinaux.

Art. 17. Les extractions de matériaux, les dépôts ou enlèvements de terre, les occupations temporaires de terrains, seront autorisés par arrêté du préfet, lequel désignera les lieux ; cet arrêté sera notifié aux parties intéressées au moins dix jours avant que son exécution puisse être commencée.

Si l'indemnité ne peut être fixée à l'amiable, elle sera réglée par le Conseil de préfecture, sur le rapport d'experts nommés, l'un par le sous-préfet, et l'autre par le propriétaire. — En cas de discord, le tiers expert sera nommé par e Conseil de préfecture.

2° Ordonnance du 8 août 1845, rendue sur l'avis du Conseil d'Etat.

Art. 1. Les extractions de matériaux ayant pour objet les travaux des chemins vicinaux, lorsqu'elles devront avoir lieu dans des bois régis par l'Administration des forêts, seront soumises à l'observation des formalités indiquées ci-après.

Art. 2. Les lieux d'extraction devront être désignés préalablement à l'agent forestier supérieur de l'arrondissement.

Les agents forestiers, de concert avec les agents chargés du service vicinal, ou, à défaut de ceux-ci, avec le maire, procéderont à la reconnaissance du terrain et en détermineront les limites.

Ils indiqueront également le nombre, l'espèce et les dimensions des arbres dont l'abatage sera reconnu nécessaire, ainsi que les chemins à suivre pour le transport des matériaux.

En cas de contestation sur ces divers objets, il sera statué par le préfet.

Art. 3. Les clauses et conditions qui devront, en conséquence des dispositions de l'article précédent, être imposées, tant pour le mode d'extraction que pour le rétablissement des lieux en l'état, seront rédigées par les agents forestiers, et remises par eux au préfet, qui les fera insérer au cahier des charges des travaux.

Un arrêté spécial réglera les conditions, lorsque les travaux s'exécuteront par économie.

Dans tous les cas, les communes demeureront responsables du payement de tous dommages et indemnités.

Art. 4. L'évaluation des indemnités dues à raison de l'occupation ou de la fouille des terrains et des dégâts causés par l'extraction sera faite, conformément au deuxième paragraphe de l'article 17 de la loi du 21 mai 1836.

L'agent forestier supérieur de l'arrondissement remplira fonctions d'expert, dans l'intérêt de l'Etat.

Art. 5. Les agents forestiers, les agents du service vicinal et les maires sont expressément chargés de veiller à ce que les matériaux provenant des extractions ne soient pas employés à des travaux autres que ceux pour lesquels les extractions auront été autorisées.

Les agents forestiers exerceront contre les contrevenants toutes poursuites de droit.

Art. 6. Les arbres abattus seront vendus comme menus marchés, sur l'autorisation du conservateur.

Art. 7. Les contestations qui pourront s'élever relativement à l'exécution des travaux d'extraction et à l'évaluation des indemnités seront soumises au Conseil de préfecture, conformément à l'article 4 de la loi du 28 pluviôse an VIII et à l'article 17 de la loi du 21 mai 1836. (O. 175.)

Art. 8. Nos ministres secrétaires d'Etat aux départements de l'intérieur et des finances sont chargés de l'exécution de la présente ordonnance.


**171.** Les diverses clauses et conditions qui devront, en conséquence des dispositions de l'article précédent, être imposées aux entrepreneurs, tant pour le mode d'extraction que pour le rétablissement des lieux en bon état, seront rédigées par les agents forestiers, et remises par eux au préfet, qui les fera insérer au cahier des charges des travaux.

**172.** L'évaluation des indemnités dues à raison de l'occupation ou de la fouille des terrains et des dégâts causés par l'extraction sera faite conformément aux articles 55 et 56 de la loi du 16 septembre 1807 [1].

L'agent forestier supérieur de l'arrondissement remplira les fonctions d'expert dans l'intérêt de l'Etat ; et les experts dans l'intérêt des communes ou des établissements publics seront nommés par les maires ou les administrateurs. (F. 144, 145.)

**173.** Les agents forestiers et les ingénieurs et conducteurs des ponts et chaussées sont expressément chargés de veiller à ce que les entrepreneurs n'emploient pas les matériaux provenant des extractions à d'autres travaux que ceux pour lesquels elles auront été autorisées.

Les agents forestiers exerceront contre les contrevenants toutes poursuites de droit. (F. 144, 145.)

**174.** Les arbres et portions de bois qu'il serait indispensable d'abattre pour effectuer les extractions, seront vendus comme menus marchés, sur l'autorisation du conservateur. (O. 102 s., 170.)

**175.** Les réclamations qui pourront s'élever relativement à l'exécution des travaux d'extraction et à l'évaluation des indemnités, seront soumises aux Conseils de préfecture, conformément à l'article 4

---

[1] Voir ces articles à la suite de l'article 145 du Code forestier.

de la loi du 17 février 1800 (28 pluviôse an VIII) (*a*).

(*a*) LOI DU **28** PLUVIÔSE AN VIII. — TITRE II, SECTION 1re.
Art. 4. Le Conseil de préfecture prononcera :...
Sur les difficultés qui pourraient s'élever entre les entrepreneurs de travaux publics et l'Administration, concernant le sens ou l'exécution des clauses de leurs marchés ;
Sur les réclamations des particuliers qui se plaindront de torts et dommages procédant du fait personnel des entrepreneurs et non du fait de l'Administration ;
Sur les demandes et contestations concernant les indemnités dues aux particuliers, à raison des terrains pris ou fouillés pour la confection des chemins, canaux et autres ouvrages publics.

**176.** Quand les arbres de lisière qui ont actuellement plus de trente ans, auront été abattus, les arbres qui les remplaceront devront être élagués, conformément à l'article 672 du Code civil, lorsque l'élagage en sera requis par les riverains. (F. 150.)

Les plantations ou réserves destinées à remplacer les arbres actuels de lisière seront effectuées en arrière de la ligne de délimitation des forêts, à la distance prescrite par l'article 671 du Code civil [1].

**177.** Les établissements et constructions mentionnés dans les articles 151, 152, 153, 154 et 155 du Code forestier ne pourront être autorisés que par nos ordonnances spéciales (*a*).

Lorsqu'il s'agira des fours à chaux ou à plâtre, des briqueteries et des tuileries dont il est fait mention en l'article 151 de ce code, il sera d'abord statué par nous sur la demande d'autorisation, sans préjudice des droits des tiers et des oppositions qui

[1] Voir, p. 54, les articles 671 et 672 du Code Napoléon.

pourraient s'élever. Il sera ensuite procédé suivant les formes prescrites par le décret du 15 octobre 1810 et par nos ordonnances des 14 janvier 1815 et 29 juillet 1818.

(*a*) Décret du 25 mars 1852. — Art. 3. Les préfets statueront en Conseil de préfecture, sans l'autorisation du ministre des finances, mais sur l'avis ou la proposition des chefs de service..., en matières domaniales et forestières, sur les objets déterminés par le tableau C ci-annexé. — *Tableau C...* 8° Demandes en autorisation concernant les établissements et constructions mentionnés dans les articles 151, 152, 153, 154 et 155 du Code forestier.

**178**. Les demandes à fin d'autorisation pour construction de maisons ou fermes, en exécution des paragraphes 1er et 2 de l'article 153 du Code, seront remises à l'agent forestier supérieur de l'arrondissement, en double minute, dont l'une, revêtue du visa de cet agent, sera rendue au déclarant.

**179**. Dans le délai de six mois, à dater de la publication de la présente ordonnance, les propriétaires des usines et constructions mentionnées dans les articles 151, 152 et 155 du Code forestier, et non comprises dans les dispositions exceptionnelles de l'article 156 du même code, seront tenus de remettre aux conservateurs les titres en vertu desquels ces usines ou constructions ont été établies.

Les conservateurs adresseront ces titres, avec leurs observations, à la direction générale des forêts, qui les soumettra à notre ministre des finances.

Si les propriétaires ne font pas le dépôt de leurs titres dans le délai ci-dessus fixé, ou si les titres ne justifient pas suffisamment de leurs droits, l'Administration forestière poursuivra la démolition de leurs usines et constructions, en vertu des lois et règlements antérieurs à la publication du Code forestier, ainsi qu'il est prescrit par le paragraphe 2 de l'article 218 de ce code.

**180.** Les possesseurs des scieries dont il est fait mention en l'article 155 du Code forestier, seront tenus, chaque fois qu'ils voudront faire transporter dans ces scieries, ou dans les bâtiments et enclos qui en dépendent, des arbres, billes ou tronces, d'en remettre à l'agent forestier local une déclaration détaillée, en indiquant de quelles propriétés ces bois proviennent.

Ces déclarations énonceront le nombre et le lieu de dépôt des bois : elles seront faites en double minute, dont une sera visée et remise au déclarant par l'agent forestier, qui en tiendra un registre spécial.

Les arbres, billes ou tronces seront marqués, sans frais, par le garde forestier du canton ou par un des agents forestiers locaux, dans le délai de cinq jours après la déclaration. (F. 158.)

## TITRE X.

### DES POURSUITES EXERCÉES AU NOM DE L'ADMINISTRATION FORESTIÈRE.

**181.** Les agents et les gardes dresseront, jour par jour, des procès-verbaux des délits et contraventions qu'ils auront reconnus.

Ils se conformeront, pour la rédaction et la remise de ces procès-verbaux, aux articles 16 et 18 du Code d'instruction criminelle (*a*). (F. 160, 165, 166 ; O. 24.)

(*a*) Code d'instruction criminelle. — Art. 16. Les gardes champêtres et les gardes forestiers, considérés comme officiers de police judiciaire, sont chargés de rechercher, chacun dans le territoire pour lequel ils auront été assermentés, les délits et les contraventions de police qui auront porté atteinte aux propriétés rurales et forestières.

Ils dresseront des procès-verbaux à l'effet de constater la nature, les circonstances, le temps, le lieu des délits et des contraventions, ainsi que les preuves et les indices qu'ils auront pu en recueillir.

Ils suivront les choses enlevées dans les lieux où elles auront été transportées et les mettront en séquestre : ils ne pourront néanmoins s'introduire dans les maisons, ateliers, bâtiments, cours adjacentes et enclos, si ce n'est en présence, soit du juge de paix, soit de son suppléant, soit du commissaire de police, soit du maire du lieu, soit de son adjoint ; et le procès-verbal qui devra en être dressé sera signé par celui en présence duquel il aura été fait.

Ils arrêteront et conduiront devant le juge de paix ou devant le maire tout individu qu'ils auront surpris en flagrant délit ou qui sera dénoncé par la clameur publique, lorsque ce délit emportera la peine d'emprisonnement ou une peine plus grave.

Ils se feront donner, pour cet effet, main-forte par le maire ou par l'adjoint du maire du lieu, qui ne pourra s'y refuser.

Art. 18. Les gardes forestiers de l'Administration, des communes et des établissements publics, remettront leurs procès-verbaux au conservateur, inspecteur ou sous-inspecteur forestier, dans le délai fixé par l'article 15 (c'est-à-dire dans les *trois jours* au plus tard, y compris celui où ils ont reconnu le fait).

L'officier qui aura reçu l'affirmation sera tenu, dans la huitaine, d'en donner avis au procureur impérial.

[ Les procès verbaux une fois dressés, les gardes ne peuvent les retenir ni les annuler, sous peine de prévarication. ]

**182.** Dans le cas où les officiers de police judiciaire désignés dans l'article 161 du Code forestier refuseraient, après avoir été légalement requis, d'accompagner les gardes dans leurs visites et perquisitions, les gardes rédigeront procès-verbal du refus, et adresseront sur-le-champ ce procès-verbal à l'agent forestier, qui en rendra compte à notre procureur près le tribunal de première instance.

Il en sera de même dans le cas où l'un des fonctionnaires dénommés dans l'article 165 du même Code aurait négligé ou refusé de recevoir l'affirmation des procès-verbaux dans le délai prescrit par la loi. (F. 161, 162, 165.)

**183.** Lorsque les procès-verbaux porteront saisie, l'expédition qui, aux termes de l'article 167 du Code forestier, doit en être déposée au greffe de la justice de paix dans les vingt-quatre heures après l'affirmation, sera signée et remise par l'agent ou le garde qui aura dressé le procès-verbal. (F. 168.)

**184.** Lorsque le juge de paix aura accordé la main-levée provisoire des objets saisis, il en donnera avis à l'agent forestier local. (F. 168.)

**185.** Aux audiences tenues dans nos cours et tribunaux pour le jugement des délits et contraventions poursuivis à la requête de la direction générale des forêts, l'agent chargé de la poursuite aura une place particulière à la suite du parquet de nos procureurs et de leurs substituts. Il y assistera en uniforme et se tiendra découvert pendant l'audience. (F. 174.)

**186.** Les agents forestiers dresseront, pour le ressort de chaque tribunal de police correctionnelle et au commencement de chaque trimestre, un mémoire, en triple expédition, des citations et significations faites par les gardes pendant le trimestre précédent ; cet état sera rendu exécutoire, visé et ordonnancé conformément au règlement du 18 juin 1811.

**187**. A la fin de chaque trimestre, les conservateurs adresseront au directeur général des forêts un état des jugements et arrêts rendus à la requête de l'Administration forestière, avec une indication sommaire de la situation des poursuites intentées et sur lesquelles il n'aura pas encore été statué.

# TITRE XI.

### DE L'EXÉCUTION DES JUGEMENTS
### RENDUS A LA REQUÊTE DE L'ADMINISTRATION FORESTIÈRE
### OU DU MINISTÈRE PUBLIC.

**188**. Les extraits des jugements par défaut seront remis par les greffiers de nos cours et tribunaux aux agents forestiers, dans les *trois jours* (*a*) après celui où les jugements auront été prononcés.

L'agent forestier supérieur de l'arrondissement les fera signifier immédiatement aux condamnés, et remettra en même temps au receveur des domaines un état indiquant les noms des condamnés, la date de la signification des jugements, et le montant des condamnations en amendes, dommages-intérêts et frais.

Quinze jours après la signification du jugement, l'agent forestier remettra les originaux des exploits de signification au receveur des domaines, qui procédera alors contre les condamnés, conformément aux dispositions de l'article 211 du Code forestier.

Si, durant ce délai, le condamné interjette appel ou forme opposition, l'agent forestier en donnera avis au receveur. (F. 209 s.)

(a) ORDONNANCE DU 19 OCTOBRE 1841. — Art. 1er. Le délai de *trois jours* que l'article 188 de l'ordonnance du 1er août 1827 accorde aux greffiers de nos cours et tribunaux, pour la remise des extraits des arrêts et jugements par défaut, sera désormais fixé à *dix jours*.

**189.** Quant aux jugements contradictoires, lorsqu'il n'aura été fait par les condamnés aucune déclaration d'appel, les greffiers en remettront l'extrait directement aux receveurs des domaines dix jours après celui où le jugement aura été prononcé, et les receveurs procéderont contre les condamnés conformément aux dispositions de l'article 211 du Code forestier.

L'extrait des arrêts ou jugements rendus sur appel sera remis directement aux receveurs des domaines par les greffiers de nos cours et tribunaux d'appel quatre jours après celui où le jugement aura été prononcé, si le condamné ne s'est point pourvu en cassation.

**190.** A la fin de chaque trimestre, les directeurs des domaines remettront au directeur général de l'enregistrement et des domaines un état indiquant les recouvrements effectués en exécution de jugements correctionnels en matière forestière, et les condamnations pécuniaires tombées en non-valeur par suite de l'insolvabilité des condamnés.

**191.** Les condamnés qui, en raison de leur insolvabilité, invoqueront l'application de l'article 213 du Code forestier, présenteront leur requête, accompagnée des pièces justificatives prescrites par l'article 420 du Code d'instruction criminelle, à nos procureurs, qui ordonneront, s'il y a lieu, que les condamnés soient mis en liberté à l'expiration des délais fixés par l'article 213 du Code forestier, et en donneront avis aux receveurs des domaines.

## TITRE XII.

### DISPOSITIONS SUR LE DÉFRICHEMENT DES BOIS[1].

#### ( *Décret du 22 novembre* 1859.)

**192.** « Les déclarations prescrites par l'article 219 du Code forestier indiqueront la dénomination, la situation et l'étendue des bois que les particuliers

---

[1] Ancien titre **XII**, abrogé par le décret du 22 novembre 1859.

*Dispositions transitoires sur le défrichement des bois.*

Art. 192. Les déclarations prescrites par l'article 219 du Code forestier indiqueront le nom, la situation et l'étendue des bois que les particuliers se proposeront de défricher. Elles seront faites en double minute, et remises à la sous-préfecture, où il en sera tenu registre.

L'une des minutes, visée par le sous-préfet, sera rendue au déclarant, et l'autre sera transmise par le sous-préfet à l'agent forestier supérieur de l'arrondissement.

Art. 193. L'agent forestier procédera à la reconnaissance de l'état et de la situation des bois, et en dressera un procès-verbal, auquel il joindra un rapport détaillé indiquant les motifs d'intérêt public qui seraient de nature à influer sur la détermination à prendre à cet égard. Il remettra le tout sans délai au conservateur, avec la déclaration du propriétaire.

Art. 194. Si le conservateur estime que le bois ne doit pas être défriché, il fera signifier au propriétaire une opposition au défrichement, et en référera au préfet, en lui transmettant les pièces avec ses observations.

Dans le cas contraire, le conservateur en référera, sans délai, au directeur général des forêts, qui en rendra compte à notre ministre des finances.

Art. 195. Le préfet statuera sur l'opposition, dans le délai d'un mois, par un arrêté énonçant les motifs de sa décision.

Dans le délai de huit jours, le préfet fera signifier cet arrêté à

se proposeront de défricher ; elles contiendront, en outre, élection de domicile dans le canton de la situation de ces bois ; elles seront faites en double minute et remises à la sous-préfecture, où il en sera tenu registre.

« Elles seront visées par le sous-préfet, qui rendra l'une des minutes au déclarant et transmettra l'autre immédiatement à l'agent forestier supérieur de l'arrondissement.

**193.** « Avant de procéder à la reconnaissance de l'état et de la situation des bois, et huit jours au moins à l'avance, l'un des agents désignés en l'article 219 du Code forestier adressera à la partie intéressée, au domicile élu par elle, un avertissement indiquant le jour où il sera procédé à ladite reconnaissance et contenant invitation d'assister à l'opération ou de s'y faire représenter.

**194.** « Le procès-verbal dressé par l'agent forestier contiendra toutes les constatations et renseignements de nature à faire apprécier s'il y a lieu de s'opposer au défrichement par l'un des motifs énumérés dans l'article 220 du Code forestier ; en outre,

l'agent forestier supérieur de l'arrondissement, ainsi qu'au propriétaire des bois, et le soumettra, avec les pièces à l'appui, à notre ministre des finances, qui rendra et fera signifier au propriétaire sa décision définitive, dans les six mois à dater du jour de la signification de l'opposition.

Art. 196. Lorsque des maires et adjoints auront dressé des procès-verbaux pour constater des défrichements effectués en contravention au titre XV du Code forestier, ils seront tenus, indépendamment de la remise qu'ils en doivent faire à nos procureurs, d'en adresser une copie certifiée à l'agent forestier local.

Art. 197. Nos ministres secrétaires d'Etat aux départements de la justice, de l'intérieur, de la marine et des finances, sont chargés, chacun en ce qui le concerne, de l'exécution de la présente ordonnance, qui sera insérée au *Bulletin des lois.*

s'il s'agit d'un bois compris dans la partie de la zone frontière où le défrichement ne peut avoir lieu sans autorisation, ce fait sera simplement énoncé au procès-verbal.

**195.** « Le procès-verbal sera transmis avec les pièces au conservateur, qui, avant de former opposition, en fera notifier copie à la partie intéressée, avec invitation de présenter des observations.

**196.** « Si le conservateur estime que le bois ne doit pas être défriché, il fera signifier au propriétaire une opposition au défrichement, et il en référera immédiatement au préfet, en lui transmettant les pièces avec ses observations.

« Dans le cas contraire, le conservateur en référera sans délai au directeur général des forêts, qui en rendra compte à notre ministre des finances.

**197.** « Dans le délai d'un mois, le préfet, en Conseil de préfecture, donnera son avis motivé sur l'opposition.

« Dans les huit jours qui suivront cet avis, le préfet le fera notifier au propriétaire des bois, ainsi qu'au conservateur, et, à défaut de conservateur dans le département, à l'agent forestier supérieur dans la circonscription duquel les bois se trouvent situés.

« Dans le même délai, le préfet transmettra son avis, avec les pièces à l'appui, à notre ministre des finances, qui prononcera, la section des finances du Conseil d'Etat préalablement entendue.

« La décision ministérielle sera signifiée au propriétaire dans les six mois à dater du jour de la signification de l'opposition.

**198.** « Lorsque des maires et adjoints auront

dressé des procès-verbaux pour constater des défrichements effectués en contravention au titre XV du Code forestier, ils seront tenus, indépendamment de la remise qu'ils en doivent faire à nos procureurs, d'en adresser une copie certifiée à l'agent forestier local.

**199**. « Le conservateur rendra compte au directeur géneral des forêts des condamnations prononcées dans le cas prévu par le paragraphe 1$^{er}$ de l'article 221 du Code forestier, et donnera son **avis** sur la nécessité de rétablir les lieux en nature de bois.

« La décision ministérielle qui ordonnera le reboisement sera signifiée à la partie intéressée par la voie administrative. »

## TABLEAU DE LA DIVISION DE LA FRANCE
### *en 35 conservations forestières* [1]. *(O. 10.)*

| NUMÉROS ET CHEFS-LIEUX DES CONSERVATIONS. | DÉPARTEMENTS. | CHEFS-LIEUX. |
|---|---|---|
| 1 Paris | Oise | Beauvais. |
| | Seine | Paris. |
| | Seine-et Marne | Melun. |
| | Seine-et-Oise | Versailles. |
| 2 Rouen | Eure | Evreux. |
| | Seine–Inférieure | Rouen. |
| 3 Dijon | Côte-d'Or | Dijon. |
| 4 Nancy | Meurthe | Nancy. |
| 5 Strasbourg | Bas-Rhin | Strasbourg. |
| 6 Colmar | Haut-Rhin | Colmar. |

[1] Fixé d'abord à vingt par l'ordonnance réglementaire du 1$^{er}$ août 1827, le nombre des conservations a été plusieurs fois modifié. L'organisation actuelle résulte des décrets des 29 avril 1849, 28 décembre 1853, 3 mai 1854, 25 août 1861 et 2 sept. 1862.

| NUMÉROS ET CHEFS-LIEUX DES CONSERVATIONS. | DÉPARTEMENTS. | CHEFS-LIEUX. |
| --- | --- | --- |
| 7 Amiens | Aisne | Laon. |
| | Nord | Lille. |
| | Pas-de-Calais | Arras. |
| | Somme | Amiens. |
| 8 Troyes | Aube | Troyes. |
| | Yonne | Auxerre. |
| 9 Epinal | Vosges | Epinal. |
| 10 Châlons | Ardennes | Mézières. |
| | Marne | Châlons. |
| 11 Metz | Moselle | Metz. |
| 12 Besançon | Doubs | Besançon. |
| 13 Lons-le-Saunier | Jura | Lons-le-Saunier. |
| 14 Grenoble | Isère | Grenoble. |
| | Loire | Saint-Etienne. |
| | Rhône | Lyon. |
| 15 Alençon | Calvados | Caen. |
| | Eure-et-Loir | Chartres. |
| | Manche | Saint-Lô. |
| | Mayenne | Laval. |
| | Orne | Alençon. |
| | Sarthe | Le Mans. |
| 16 Bar-le-Duc | Meuse | Bar-le-Duc. |
| 17 Mâcon | Ain | Bourg. |
| | Saône-et-Loire | Mâcon. |
| 18 Toulouse | Ariége | Foix. |
| | Haute-Garonne | Toulouse. |
| | Lot | Cahors. |
| | Tarn-et-Garonne | Montauban. |
| 19 Tours | Indre-et-Loire | Tours. |
| | Loir-et-Cher | Blois. |
| | Loiret | Orléans. |
| 20 Bourges | Cher | Bourges. |
| | Indre | Châteauroux. |
| | Nièvre | Nevers. |

| NUMÉROS ET CHEFS-LIEUX DES CONSERVATIONS. | DÉPARTEMENTS. | CHEFS-LIEUX. |
|---|---|---|
| 21 Moulins......... | Allier............. | Moulins. |
| | Creuse .......... | Guéret. |
| | Puy-de-Dôme..... | Clerm.-Ferrand. |
| 22 Pau............. | Basses-Pyrénées... | Pau. |
| | Gers............. | Auch. |
| | Hautes-Pyrénées.. | Tarbes. |
| 23 Rennes......... | Côtes-du-Nord.... | Saint-Brieuc. |
| | Finistère......... | Quimper. |
| | Ille-et-Vilaine.... | Rennes. |
| | Loire-Inférieure.. | Nantes. |
| | Maine-et-Loire.... | Angers. |
| | Morbihan......... | Vannes. |
| 24 Niort.......... | Charente......... | Angoulême. |
| | Charente-Infér.... | La Rochelle. |
| | Deux-Sèvres...... | Niort. |
| | Vendée........... | Napoléon. |
| | Vienne........... | Poitiers. |
| 25 Carcassonne.... | Aude............. | Carcassonne. |
| | Pyrénées-Orient .. | Perpignan. |
| | Tarn............. | Albi. |
| 26 Aix............ | Basses-Alpes..... | Digne. |
| | B.-du-Rhône..... | Marseille. |
| | Vaucluse......... | Avignon. |
| 27 Nîmes......... | Ardèche.......... | Privas. |
| | Gard............. | Nîmes. |
| | Hérault.......... | Montpellier. |
| | Lozère........... | Mende. |
| 28 Aurillac........ | Aveyron.......... | Rodez. |
| | Cantal........... | Aurillac. |
| | Corrèze.......... | Tulle. |
| | Haute-Loire...... | Le Puy. |
| | Haute-Vienne..... | Limoges. |
| 29 Bordeaux....... | Dordogne........ | Périgueux. |
| | Gironde.......... | Bordeaux. |
| | Landes........... | Mont-de-Marsan. |
| | Lot-et-Garonne... | Agen. |

| NUMÉROS ET CHEFS-LIEUX DES CONSERVATIONS. | DÉPARTEMENTS. | CHEFS-LIEUX. |
|---|---|---|
| 30 Ajaccio.......... | Corse.............. | Ajaccio. |
| 31 Chaumont. ..... | Haute-Marne..... | Chaumont. |
| 32 Vesoul........... | Haute-Saône...... | Vesoul. |
| 33 Chambéry. ..... | Haute-Savoie..... | Annecy. |
| | Savoie............ | Chambéry. |
| 34 Nice .......... | Alpes-Maritimes... | Nice. |
| | Var............. | Draguignan. |
| 35 Valence ..... .. | Drôme........... | Valence. |
| | Hautes-Alpes. .... | Gap. |

# CODE

## DU REBOISEMENT DES MONTAGNES.

### LOI DU 28 JUILLET 1860

#### sur le reboisement des montagnes.

Art. **1**. Des subventions peuvent être accordées aux communes, aux établissements publics et aux particuliers pour le reboisement des terrains situés sur le sommet ou sur la pente des montagnes. (L. G. 2.)

**2**. Ces subventions consistent, soit en délivrances de graines ou de plants, soit en primes d'argent.

Elles sont accordées en raison de l'utilité des travaux au point de vue de l'intérêt général et en ayant égard, pour les communes et les établissements publics, à leurs ressources, à leurs sacrifices et à leurs besoins, ainsi qu'aux sommes allouées par les conseils généraux pour le reboisement. (L. G. 2.)

**3**. Les primes en argent accordées à des particuliers ne peuvent être délivrées qu'après l'exécution des travaux.

**4**. Dans le cas où l'intérêt public exige que les travaux de reboisement soient rendus obligatoires, par suite de l'état du sol et des dangers qui en résultent pour les terrains inférieurs, il est procédé dans les formes suivantes. (L. G. 1, 2.)

**5.** Un décret impérial, rendu en Conseil d'Etat, déclare l'utilité publique des travaux, fixe le périmètre des terrains dans lesquels il est nécessaire d'exécuter le reboisement et règle les délais d'exécution.

Ce décret est précédé : 1º d'une enquête ouverte dans chacune des communes intéressées; 2º d'une délibération des conseils municipaux de ces communes, prise avec l'adjonction des plus imposés; 3º de l'avis d'une commission spéciale composée du préfet du département ou de son délégué, d'un membre du conseil général, d'un membre du conseil d'arrondissement, d'un ingénieur des ponts et chaussées ou des mines, d'un agent forestier et de deux propriétaires appartenant aux communes intéressées ; 4º de l'avis du conseil d'arrondissement et de celui du conseil général. (D. R. 10.)

Le procès-verbal de reconnaissance des terrains, le plan des lieux et l'avant-projet des travaux, préparés par l'Administration forestière avec le concours d'un ingénieur des ponts et chaussées ou des mines, restent déposés à la mairie pendant l'enquête, dont la durée est fixée à un mois. Ce délai court à partir de la publication de l'arrêté préfectoral qui prescrit l'ouverture de l'enquête et la convocation du conseil municipal. (L. G. 2.)

**6.** Le décret impérial est publié et affiché dans les communes intéressées.

Le préfet fait, en outre, notifier aux communes, aux établissements publics et aux particuliers un extrait du décret impérial contenant les indications relatives aux terrains qui leur appartiennent.

L'acte de notification fait connaître le délai dans lequel les travaux de reboisement doivent être exécutés, et, s'il y a lieu, les offres de subvention de l'Administration ou les avances qu'elle est disposée à consentir. (L. G. 2; D. R. 12.)

**7.** Si les terrains compris dans le périmètre déterminé par le décret impérial appartiennent à des particuliers, ceux-ci doivent déclarer s'ils entendent effectuer eux-mêmes le reboisement, et, dans ce cas, ils sont tenus d'exécuter les travaux dans les délais fixés par le décret.

En cas de refus ou d'inexécution de l'engagement pris, il peut être procédé à l'expropriation pour cause d'utilité publique, en remplissant les formalités prescrites par les titres II et suivants de la loi du 3 mai 1841.

Le propriétaire exproprié en exécution du présent article a le droit d'obtenir sa réintégration dans sa propriété après le reboisement, à la charge de restituer l'indemnité d'expropriation et le prix des travaux, en principal et intérêts.

Il peut s'exonérer du remboursement du prix des travaux en abandonnant la moitié de sa propriété. (L. R. 9.)

Si le propriétaire veut obtenir sa réintégration, il doit en faire la déclaration à la sous-préfecture, dans les cinq années qui suivront la notification à lui faite de l'achèvement des travaux de reboisement, à peine de déchéance (L. G. 2, 5; D. R. 13, 17 à 19.)

**8.** Si les communes ou établissements publics refusent d'exécuter les travaux sur les terrains qui leur appartiennent, ou s'ils sont dans l'impossibilité de les exécuter en tout ou en partie, l'Etat peut, soit acquérir à l'amiable la partie des terrains qu'ils ne voudront pas ou ne pourront pas reboiser, soit prendre tous les travaux à sa charge. Dans ce dernier cas, il conserve l'administration et la jouissance des terrains reboisés jusqu'au remboursement de ses avances en principal et intérêts. Néanmoins, la commune jouira du droit de pâturage sur les terrains reboisés, dès que ces bois auront été reconnus défensables. (L. G. 2; D. R. 4, 20, 23.)

**9.** Les communes et établissements publics peuvent, dans tous les cas, s'exonérer de toute répétition de l'Etat, en abandonnant la propriété de la moitié des terrains reboisés. (L. R. 7.)

Cet abandon doit être fait, à peine de déchéance, dans un délai de dix ans, à partir de la notification de l'achèvement des travaux. (L. G. 3 ; D. R. 30 s.)

**10.** Les ensemencements ou plantations ne peuvent être faits annuellement, dans chaque commune, que sur le vingtième au plus en superficie de ses terrains, à moins qu'une délibération du conseil municipal n'autorise les travaux sur une étendue plus considérable. (L. G. 4; D. R. 9.)

**11.** Des gardes forestiers de l'Etat peuvent être préposés à la surveillance des semis et plantations dans les périmètres fixés par les décrets impériaux. Les délits constatés par ces gardes, dans l'étendue de ces périmètres, sont poursuivis comme délits commis dans les bois soumis au régime forestier. L'exécution des jugements est poursuivie conformément aux articles 209, 211, 212 et aux paragraphes 1 et 2 de l'article 210 du Code forestier. (F. 159 ; L. G. 2.)

**12.** Le paragraphe 1er de l'article 224 du Code

forestier n'est pas applicable aux reboisements effectués avec subvention ou prime accordée par l'Etat en exécution de la présente loi.

Les propriétaires de terrains reboisés avec prime ou subvention de l'Etat ne peuvent y faire paître leurs bestiaux sans une autorisation spéciale de l'Administration des forêts, jusqu'à l'époque où les bois auront été reconnus défensables par ladite Administration. (F. 199.)

**13.** Un règlement d'administration publique déterminera :

1° Les mesures à prendre pour la fixation du périmètre indiqué dans l'article 5 de la présente loi ;

2° Les règles à observer pour l'exécution et la conservation des travaux de reboisement ; (D. R. 13 s.)

3° Le mode de constatation des avances faites par l'Etat, les mesures propres à en assurer le remboursement, en principal et intérêts, et les règles à suivre pour l'abandon des terrains que l'article 9 autorise les communes à faire à l'Etat. (L. G. 6 ; D. R. 24 s.)

**14.** Une somme de dix millions est affectée au payement des dépenses autorisées par la présente loi, jusqu'à concurrence d'un million par année.

Le ministre des finances est autorisé à aliéner, avec faculté de défrichement, s'il y a lieu, des bois de l'Etat, jusqu'à concurrence de cinq millions de francs.

Ces bois ne pourront être pris que parmi ceux portés au tableau B annexé à la présente loi. Les aliénations auront lieu successivement, dans un délai qui ne pourra excéder dix années, à partir du 1er janvier 1861.

Le ministre des finances est également autorisé à vendre à des communes, sur estimation contradictoire et aux conditions déterminées par un règlement d'administration publique, les bois ci-dessus mentionnés. (L. 20 mai 1836, 1, 4.)

Il sera pourvu aux cinq millions de francs nécessaires pour compléter les dépenses autorisées par la présente loi, au moyen de coupes extraordinaires et, au besoin, des ressources ordinaires du budget. (L. G. 7.)

## LOI DU 8 JUIN 1864

### sur le gazonnement des montagnes.

Art. **1.** Les terrains situés en montagne et dont la consolidation est, aux termes de la loi du 28 juillet 1860, reconnue nécessaire par suite de l'état du sol et des dangers qui en résultent pour les terrains inférieurs, peuvent être, suivant les besoins de l'intérêt public : — ou gazonnés sur toute leur étendue, — ou en partie gazonnés et en partie reboisés, — ou reboisés en totalité. (L. R. 4.)

**2.** Sont applicables aux travaux de gazonnement, en ce qu'ils n'ont pas de contraire à la présente loi, les articles 1 à 8 et l'article 11 de la loi du 28 juillet 1860, sur le reboisement des montagnes. (D. R. 10, 12, 20, 23.)

Toutefois, à l'égard des terrains compris dans des périmètres de reboisement obligatoire antérieurement à la promulgation de la présente loi, l'Administration des forêts est autorisée, après avis conforme du conseil municipal des communes intéressées, à substituer des travaux de gazonnement aux travaux de reboisement, dans la mesure qu'elle jugera convenable.

Les communes, les établissements publics et les particuliers peuvent provoquer cette substitution. En cas de refus de la part de l'Administration des forêts, il sera statué par le préfet, en conseil de préfecture, après l'accomplissement des formalités ordonnées par les nos 3 et 4 du 2e paragraphe de l'article 5 de la loi du 28 juillet 1860.

La décision du préfet peut être déférée au ministre des finances, qui statuera après avoir pris l'avis de la section des finances du Conseil d'Etat. (D. R. 23.)

**3.** Les communes et les établissements publics peuvent, dans tous les cas, s'exonérer de toute répétition de l'Etat, en abandonnant la jouissance de moitié au plus des terrains gazonnés, pendant tout le temps nécessaire pour couvrir l'Etat, en principal et en intérêts, des avances qu'il aura faites pour travaux utiles, ou, à leur choix, par l'abandon de la propriété d'une partie de ces terrains, laquelle ne pourra jamais en excéder le quart; le tout à dire d'experts. (L. R. 9; D. R. 30 s.)

**4.** Les travaux et mises en défends ne peuvent avoir lieu simultanément, dans chaque commune, que sur le tiers au plus, en superficie, des terrains à gazonner qui lui appartiennent, à moins qu'une délibération du conseil municipal n'autorise les travaux sur une étendue plus considérable. (L. R. 10; D. R. 9.)

**5.** Le propriétaire exproprié en exécution de la présente loi a le droit d'obtenir sa réintégration dans sa propriété, après le gazonnement, à la charge de restituer l'indemnité d'expropriation et le prix des travaux en principal et intérêts. Il peut s'exonérer du remboursement du prix des travaux en abandonnant le quart de sa propriété. (L. R. 7; D. R. 13 à 19.)

**6**. Un règlement d'administration publique déterminera :

1° Les mesures à prendre pour la désignation des terrains indiqués dans l'article 1er de la présente loi ; (D. R. 6 s.)

2° Les règles à observer pour l'exécution et la conservation des travaux de gazonnement; (D. R. 13 s.)

3° Le mode de constatation des avances faites par l'Etat, les mesures propres à en assurer le remboursement, en principal et intérêts, et les règles à suivre pour la cession ou l'abandon de jouissance ou de propriété de terrains qui pourront être faits à l'Etat ; (L. R. 13; D. R. 24 s.)

4° Le mode de fixation et d'allocation des indemnités qui, suivant les circonstances, pourront être allouées aux communes en cas de privation temporaire du pâturage sur les terrains communaux qui seront l'objet de travaux de reboisement ou de gazonnement. (D. R. 34, 35 s.)

**7**. Une somme de 5 millions est affectée au payement des dépenses autorisées par la présente loi, jusqu'à concurrence de 500,000 francs par année.

Il y sera pourvu au moyen de coupes extraordinaires dans les bois de l'Etat et, au besoin, à l'aide des ressources ordinaires du budget. (L. R. 14.)

# DÉCRET DU 10 NOVEMBRE 1864

**Portant règlement d'administration publique pour l'exécution des deux lois du 28 juillet 1860 et du 8 juin 1864, sur le reboisement et le gazonnement des montagnes.**

Napoléon, etc. ; — Sur le rapport de notre ministre secrétaire d'Etat au département des finances ; — Vu la loi du 28 juillet 1860, sur le reboisement des montagnes, notamment l'article 13 de ladite loi ; — Vu la loi du 8 juin 1864, qui complète, en ce qui concerne le gazonnement, la loi sur le reboisement des montagnes, notamment l'article 6 de cette loi ; — Vu le Code forestier et l'ordonnance réglementaire de ce Code, en date du 1<sup>er</sup> août 1827 ; — Vu la loi du 18 juillet 1837, sur l'administration municipale ; — Vu le décret du 25 mars 1852, sur la décentralisation administrative ; — Notre Conseil d'Etat entendu, — Avons décrété et décrétons ce qui suit :

## TITRE I<sup>er</sup>. — REBOISEMENTS ET GAZONNEMENTS FACULTATIFS.

Art. 1. Les propriétaires de terrains situés sur le sommet ou la pente des montagnes, qui désirent prendre part aux subventions à accorder par l'Etat, aux termes des articles 1 et 2 de la loi du 28 juillet 1860 et du paragraphe 1<sup>er</sup> de l'article 2 de la loi du 8 juin 1864, doivent en adresser la demande au conservateur des forêts.

S'il s'agit d'une commune ou d'un établissement public, la demande doit être adressée au préfet, qui la transmet au conservateur avec son avis motivé.

**2.** Les terrains appartenant aux communes ou établissements publics, sur lesquels des travaux de reboisement ou de gazonnement sont entrepris à l'aide de subventions allouées par l'Etat, sont de plein droit soumis, savoir : les parties reboisées, au régime forestier, et les parties gazonnées, à la réglementation du pâturage prescrite par l'article 21 du présent décret. (F. 1, 67 s.; O. 117 s.; L. R. 11 ; L. G. 2.)

Ces travaux, ainsi que ceux de conservation et d'entretien, sont exécutés sous le contrôle et la surveillance des agents forestiers.

**3.** Si les terrains appartiennent à plusieurs communes, et que le succès des reboisements ou des gazonnements exige des travaux d'ensemble, il est créé, conformément aux articles 70, 71 et 72 de la loi du 18 juillet 1837, une commission syndicale à l'effet de poursuivre l'exécution des travaux. (D. R. 23.)

En cas soit d'inexécution des travaux, soit de mauvaise exécution constatée par les agents forestiers, ou faute par les communes et par les établissements publics de se conformer aux décisions portant réglementation du parcours, le préfet prend un arrêté qui ordonne la restitution à l'Etat des subventions qui auraient été allouées.

**4.** Les primes en argent obtenues par des particuliers sont payées après l'exécution des travaux, sur le vu d'un procès-verbal de réception des travaux, dressé par l'agent forestier local, dans la forme des procès-verbaux de réception définitive des travaux d'amélioration dans les forêts domaniales, et sur les avis de l'inspecteur et du conservateur.

Les subventions en graines ou plants, délivrées aux particuliers avant l'exécution des travaux, sont estimées en argent. L'estimation est notifiée au propriétaire et acceptée par lui. Le montant peut en être répété par l'Etat, en cas d'inexécution des travaux, de détournement d'une partie des graines ou plants et de mauvaise exécution constatée. (L. R. 8 ; L. G. 5.)

**5**. Il est statué par notre ministre des finances sur l'allocation des subventions dépassant une valeur de 500 francs, et par le directeur général des forêts sur l'allocation de celles d'une valeur de 500 francs et au-dessous. (O. 7, 8.)

TITRE II. — REBOISEMENTS ET GAZONNEMENTS OBLIGATOIRES. — FIXATION DU PÉRIMÈTRE DES TERRAINS DANS LESQUELS IL EST NÉCESSAIRE D'EXÉCUTER LE REBOISEMENT OU LE REGAZONNEMENT.

**6**. Lorsque l'Administration des forêts estime qu'il y a lieu de procéder à la fixation du périmètre des terrains dans lesquels il est nécessaire d'exécuter des travaux de reboisement ou de gazonnement, le directeur général des forêts fait connaître au préfet les agents forestiers désignés pour préparer le procès-verbal de reconnaissance des terrains, le plan des lieux et l'avant-projet des travaux.

Le préfet désigne l'ingénieur des ponts et chaussées ou des mines chargé de concourir à l'opération.

**7**. Le procès-verbal de reconnaissance est accompagné d'un mémoire descriptif indiquant le but de l'entreprise et les avantages que l'on doit en attendre.

Le plan des lieux est dressé d'après le cadastre. Il indique, pour chaque parcelle, le numéro de la matrice cadastrale, la contenance, le nom du propriétaire, et, s'il s'agit d'une commune ou d'un établissement public, la contenance totale des terrains appartenant à la commune ou à l'établissement.

Le périmètre est tracé à l'aide d'un liséré continu de couleur uniforme. Les terrains à regazonner et les terrains à reboiser sont représentés par des teintes plates, de couleur différente pour chacune de ces deux catégories.

L'avant-projet des travaux indique les terrains destinés à être reboisés et ceux destinés à être regazonnés. Il fixe les délais dans lesquels les travaux doivent être effectués, et contient :

1° L'évaluation approximative de la dépense et un projet de répartition de cette dépense entre les divers propriétaires ;

2° L'indication de la subvention qui pourra être offerte à chaque propriétaire ;

3° L'estimation du revenu actuel de chaque parcelle et sa valeur en fonds et superficie ;

4° L'indication, s'il y a lieu, de l'indemnité qui pourra être allouée à chaque commune en cas de privation temporaire du pâturage sur les terrains appartenant à cette commune compris dans le périmètre ;

5° Et tous autres renseignements statistiques qu'il pourra être utile de connaître.

**8.** Les pièces énoncées en l'article précédent sont adressées par l'Administration des forêts au préfet, qui procède, dans chaque commune, à l'ouverture de l'enquête prescrite par l'article 5 de la loi du 28 juillet 1860 et le paragraphe 1er de l'article 2 de la loi du 8 juin 1864.

Le projet reste déposé à la mairie pendant un mois ; à l'expiration de ce délai, un commissaire désigné par le préfet reçoit à la mairie, pendant trois jours consécutifs, les déclarations des habitants sur l'utilité publique des travaux projetés.

Ce délai court à partir de l'avertissement donné par voie de publications et d'affiches.

Il est justifié de l'accomplissement de cette formalité, ainsi que de la publication de l'arrêté du préfet qui prescrit l'ouverture de l'enquête, par un certificat du maire.

Après avoir clos et signé le registre des déclarations, le commissaire le transmet immédiatement au préfet, avec son avis motivé et les autres pièces de l'instruction qui ont servi de base à l'enquête.

**9.** Le conseil municipal de chaque commune intéressée, convoqué à cet effet par arrêté préfectoral, examine les pièces de l'enquête, et, dans le délai d'un mois, émet son avis par une délibération prise avec l'adjonction des plus imposés, en nombre égal à celui des conseillers municipaux en exercice. Cette délibération fait connaître, s'il y a lieu, si le conseil municipal autorise les travaux de reboisement sur une étendue plus considérable que celle déterminée par l'article 10 de la loi du 28 juillet 1860, et les travaux de gazonnement et mises en défends sur une étendue plus considérable que celle fixée par l'article 4 de la loi du 8 juin 1864.

Le procès-verbal de cette délibération est joint aux pièces de l'enquête.

**10.** La commission instituée par le paragraphe 2 de l'article 5 de la loi du 28 juillet 1860 et le paragraphe 1<sup>er</sup> de l'article 2 de la loi du 8 juin 1864 est formée par le préfet dans chacun des départements que la ligne des travaux doit traverser.

Cette commission se réunit au lieu indiqué par l'arrêté préfectoral et dans la quinzaine de la date de cet arrêté. Elle examine les pièces de l'instruction, les déclarations consignées au registre de l'enquête ; et, après avoir recueilli auprès de toutes les personnes qu'elle juge utile de consulter les renseignements dont elle croit avoir besoin, elle donne son avis motivé, tant sur l'utilité de l'entreprise que sur les diverses questions qui auraient été posées par l'Administration.

Ces diverses opérations, dont il est dressé procès-verbal, doivent être terminées dans un nouveau délai d'un mois.

**11.** Le préfet, après avoir pris l'avis du conseil d'arrondissement et du conseil général, adresse toutes les pièces de l'instruction, avec son avis motivé, à notre ministre des finances, qui, après avoir consulté préalablement notre ministre de l'agriculture, du commerce et des travaux publics, et notre ministre de l'intérieur, s'il y a lieu, nous soumet son rapport.

Il est ensuite statué par nous sur la question d'utilité publique des travaux, notre Conseil d'Etat entendu.

**12.** Ampliation du décret qui déclare l'utilité publique des travaux est transmise par le directeur général des forêts au préfet, qui reste chargé de l'accomplissement des formalités prescrites par l'article 6 de la loi du 28 juillet 1860 et le paragraphe 1er de l'article 2 de la loi du 8 juin 1864.

En même temps, l'Administration des forèts fait connaître au préfet, pour chaque parcelle cadastrale, les travaux à effectuer, les conditions et délais fixés pour leur exécution, les offres de subvention de l'Administration ou les avances qu'elle est disposée à consentir, et enfin, s'il y a lieu, les indemnités allouées pour privation temporaire de pâturage.

## TITRE III. — DE L'EXÉCUTION ET DE LA CONSERVATION DES TRAVAUX.

---

CHAPITRE Ier. — TERRAINS COMPRIS DANS LES PÉRIMÈTRES DÉTERMINÉS PAR LES DÉCRETS DÉCLARATIFS DE L'UTILITÉ PUBLIQUE ET APPARTENANT A DES PARTICULIERS.

**13.** Dans le délai d'un mois, à compter de la notification qui lui est faite du décret déclaratif de l'utilité publique, le particulier propriétaire de terrains compris dans le périmètre déclare s'il entend effectuer lui-mème les travaux ou en abandonner l'exécution à l'Administration forestière.

Cette déclaration est faite en double minute et remise à la sous-préfecture de la situation des lieux, où il en est tenu registre.

Ces minutes sont visées par le sous-préfet, qui rend l'une au déclarant et transmet l'autre immédiatement au préfet.

Si le particulier veut exécuter lui-mème les travaux, sa déclaration contient, en outre, la justification des moyens d'exécution.

**14.** A défaut de déclaration dans le délai ci-dessus, le particulier est réputé avoir refusé de prendre les travaux à sa charge.

**15.** Les travaux effectués par le particulier, avec ou sans subvention, sont soumis à la surveillance de l'Administration des forêts. (L. R. 6.)

**16.** L'Administration des forêts procède à l'exécution des travaux à effectuer sur les terrains des propriétaires expropriés.

L'achèvement des travaux est notifié par l'Administration des forêts au propriétaire exproprié ; cette notification contient en outre :

1° Le compte détaillé, en principal et intérêts, du montant des travaux exécutés depuis l'époque de l'expropriation ;

2° L'évaluation de la dépense annuelle présumée nécessaire pour leur conservation et leur entretien.

**17.** Lorsqu'en exécution des articles 7 de la loi du 28 juillet 1860 et 5 de la loi du 8 juin 1864, le propriétaire exproprié veut user du droit d'obtenir sa réintégration, il en fait la déclaration à la sous-préfecture dans les cinq ans qui suivent la notification à lui faite, aux termes de l'article précédent, et fait connaître, par cet acte, s'il entend obtenir sa réintégration en remboursant l'Etat de ses avances ou en lui abandonnant la moitié de sa propriété, s'il s'agit de reboisement, ou le quart, s'il s'agit de gazonnement.

Il est tenu registre de ces déclarations et il en est donné acte.

**18.** Si le propriétaire opte pour le remboursement des avances faites par l'Etat, il produit, à l'appui de ses déclarations, les justifications nécessaires pour établir qu'il est en mesure de rembour-

ser l'indemnité d'expropriation et le prix des travaux,
tant de premier établissement que d'entretien, en
principal et intérêts.

La déclaration et les justifications à l'appui sont
adressées, dans le délai d'un mois, à notre ministre
des finances, qui statue et détermine les formes et les
délais dans lesquels le propriétaire sera réintégré.

**19.** Si le propriétaire offre d'abandonner la
moitié ou le quart de sa propriété, selon que les
terrains ont été reboisés ou regazonnés, il est procédé, par un agent forestier et par le propriétaire
ou son délégué, à la division du terrain, savoir :
s'il a été reboisé, en deux lots d'égale valeur, et s'il
a été gazonné, en deux lots équivalant, l'un aux
trois quarts et l'autre au quart de la valeur totale.

En cas de contestation sur la formation des lots,
il est procédé par un tiers expert, nommé par le président du tribunal.

Si une partie des travaux a été exécutée par le
propriétaire, il lui en est tenu compte dans le partage par une déduction proportionnelle sur le lot
échu à l'Etat.

Pour les terrains reboisés, l'attribution des lots a
lieu par voie de tirage au sort, si les parties n'ont
pu s'entendre à l'amiable.

**CHAPITRE II.** — TERRAINS COMPRIS DANS LES PÉRIMÈTRES
DÉTERMINÉS PAR LES DÉCRETS DÉCLARATIFS DE L'UTILITÉ
PUBLIQUE ET APPARTENANT A DES COMMUNES OU A DES ÉTA-
BLISSEMENTS PUBLICS.

**SECTION Iᵉ.** — *Exécution des travaux à effectuer sur
les terrains des communes ou établissements publics.*

**20.** Dans le délai d'un mois, à compter du décret déclaratif de l'utilité publique, les communes et établissements publics propriétaires de terrains compris dans les périmètres font connaître aux préfets, par une délibération motivée, si leur intention est :

D'exécuter, avec leurs propres ressources, tout ou partie des travaux aux conditions prescrites,

Ou de laisser à l'Etat le soin de se charger des travaux à ses frais, sauf remboursement,

Ou, enfin, de céder à l'amiable à l'Etat tout ou partie de leurs terrains compris dans le périmètre.

Faute par les communes ou les établissements publics d'avoir fait connaître leurs intentions dans le délai susénoncé, l'Etat prend les travaux à sa charge, conformément aux dispositions de l'article 8 de la loi du 28 juillet 1860 et du paragraphe 1$^{er}$ de l'article 2 de la loi du 8 juin 1864.

**21.** Les terrains reboisés ou à reboiser appartenant aux communes ou aux établissements publics compris dans les périmètres fixés par les décrets déclaratifs de l'utilité publique sont de plein droit soumis au régime forestier. (F. 1, 90.)

Les terrains gazonnés ou à gazonner compris dans les mêmes périmètres tombent sous l'application de celles des dispositions de la huitième section du titre III du Code forestier et de la neuvième section du titre II de l'ordonnance du 1$^{er}$ août 1827 qui sont relatives à la réglementation des pâturages. (F. 67 s.; O. 117 s.; D. R. 2.)

**22.** Lorsque la commune ou l'établissement public aura fait connaître son intention d'exécuter les travaux, le conseil municipal ou la commission administrative allouera, chaque année, les fonds jugés nécessaires tant pour l'exécution des travaux neufs que pour l'entretien des travaux effectués.

**23.** L'exécution des travaux a lieu sous la surveillance des agents forestiers.

En cas d'inexécution ou de mauvaise exécution constatée par le conservateur, une décision de notre ministre des finances ordonne, s'il y a lieu, que l'Etat prendra les travaux à sa charge, aux termes de l'article 8 de la loi du 28 juillet 1860 et du paragraphe 1er de l'article 2 de la loi du 8 juin 1864.

Lorsque les terrains appartiennent à plusieurs communes et que le succès des reboisements ou des gazonnements exige des travaux d'ensemble, il est créé, si tous les conseils municipaux déclarent se charger de l'opération, une commission syndicale à l'effet de poursuivre l'exécution de ces travaux, conformément aux articles 70, 71 et 72 de la loi du 18 juillet 1837. (D. R. 3, 25.)

**SECTION II.** — *Constatation des avances faites par l'Etat aux communes et aux établissements publics, et mesures propres à en assurer le remboursement.*

**24.** Lorsque les communes ou établissements publics déclarent laisser les travaux à la charge de l'Etat, l'Administration des forêts les fait exécuter, en suivant les formes usitées en matière de travaux d'amélioration dans les forêts domaniales.

Les états des dépenses sont dressés conformément aux règles de la comptabilité de l'Administration des forêts.

Il en est de même des états annuels des dépenses d'entretien.

**25**. Si les travaux intéressent plusieurs communes, la répartition de la dépense est faite dans la forme réglée par l'article 72 de la loi du 18 juillet 1837. (D. R. 3, 23.)

Chaque année, il est délivré à chacune des parties intéressées un état des dépenses faites pour son compte par l'Administration.

Après l'achèvement des travaux, le compte général de la dépense est arrêté par le ministre des finances; il en est délivré copie aux parties intéressées.

Les sommes principales formant le montant de ce compte portent de plein droit intérêt simple à 5 pour 100, à partir de l'achèvement des travaux.

**26**. Les travaux effectués par l'Etat sont entretenus par les soins de l'Administration des forêts.

Les avances de l'Etat pour cet objet, arrêtées chaque année par notre ministre des finances, portent également de plein droit intérêt simple à 5 pour 100 par an.

Copie de ce compte est délivré aux parties intéressées avec l'état des dépenses antérieures.

**27**. Les demandes en révision ou rectification des comptes annuels des dépenses d'établissement ou d'entretien des travaux doivent, à peine de déchéance, être portées devant les conseils de préfecture dans le délai de six mois, à partir de la notification desdits comptes.

Passé ce délai, ces comptes deviennent définitifs.

**28**. Le compte des produits et celui des dépenses sont faits et arrêtés chaque année par le ministre des finances; copie en est notifiée aux parties intéressées.

Dans les six mois de cette notification, les parties intéressées peuvent, comme pour le compte des travaux, exercer le recours indiqué dans l'article précédent.

La valeur de ces produits est imputée sur les intérêts dus à l'Etat, et subsidiairement sur les dépenses principales faites tant pour travaux de premier établissement que pour travaux d'entretien.

**29.** Lorsque l'Etat est entièrement remboursé de ses avances au moyen, soit des produits qu'il a perçus, soit des payements faits par les parties intéressées, celles-ci sont immédiatement remises en possession des terrains administrés pour elles par l'Etat, sous les réserves résultant de la soumission au régime forestier, en ce qui concerne les parties reboisées, et de l'application des dispositions rappelées dans l'article 21 du présent règlement, en ce qui touche les parties gazonnées. (D. R. 2, 21.)

Si les communes et les établissements publics déclarent vouloir rembourser à l'Etat le montant de ses avances, ils doivent justifier de leurs ressources et faire à l'Etat telles délégations que de droit.

**SECTION III.** — *Règles à suivre pour l'abandon de jouissance ou de propriété des terrains que les articles 9 de la loi du 28 juillet 1860 et 3 de la loi du 8 juin 1864 autorisent les communes et les établissements publics à faire à l'Etat.*

**30.** Si la commune ou l'établissement public veut s'exonérer de toute répétition de l'Etat. en abandonnant, soit la propriété de la moitié des terrains reboisés, soit la jouissance de moitié au plus, ou la propriété du quart au plus des terrains gazonnés, le conseil municipal ou la commission administrative prend une délibération motivée, qui est notifiée au préfet.

**31.** En ce qui concerne les terrains reboisés, il est procédé par un expert nommé par le préfet, et un agent forestier désigné par l'Administration des forêts, à la division en deux lots d'égale valeur.

L'attribution des lots a lieu par voie de tirage au sort, si les parties intéressées n'ont pu s'entendre à l'amiable à ce sujet. Il est procédé à cette opération devant le sous-préfet de l'arrondissement.

Si une partie des travaux a été exécutée par la commune ou l'établissement public, il lui en est tenu compte dans le partage par une réduction proportionnelle sur le lot échu à l'Etat.

**32.** En ce qui concerne les terrains gazonnés, il est procédé, par un expert nommé par le préfet, et un agent désigné par l'Administration des forêts, à l'évaluation des travaux utiles effectués par l'Etat, ainsi qu'à la détermination des portions de terrains à lui abandonner en jouissance ou en propriété.

En cas de contestation, il est procédé par un expert nommé par le président du tribunal.

**33.** Il est tenu, par les soins de l'Administration des forêts, un compte annuel, par commune, du produit des terrains dont la jouissance aura été abandonnée à l'Etat.

Les dispositions de la section 2e, chapitre II, titre III, du présent règlement, sont applicables à ce compte.

SECTION IV. — *Mode de fixation et d'allocation des indemnités qui pourront être accordées aux communes, en cas de privation temporaire du pâturage sur les terrains communaux qui seront l'objet de travaux de reboisement ou de gazonnement.*

**34.** Les indemnités en cas de privation temporaire du pâturage sur les terrains communaux qui seront l'objet de travaux de reboisement ou de gazonnement sont accordées en ayant égard aux ressources et aux sacrifices des communes, aux besoins des habitants nécessiteux, ainsi qu'aux sommes allouées par les conseils généraux pour le reboisement ou le gazonnement. (L. G. 6, § 4.)

Il est tenu compte de l'engagement que peuvent prendre les communes de supprimer, en tout ou en partie, le pâturage des chèvres.

**35.** Ces indemnités sont fixées par les décrets déclaratifs de l'utilité publique.

Elles courent à dater du jour de la suppression du pâturage, et sont versées dans la caisse communale à l'expiration de chaque année.

Elles figurent parmi les recettes extraordinaires, à titre de recette accidentelle, et l'emploi en est réglé par le conseil municipal, dans la forme des dépenses facultatives.

### CHAPITRE III. — DISPOSITIONS GÉNÉRALES.

**36.** Avant de commencer les travaux dans l'étendue des périmètres fixés par les décrets impériaux, il est procédé, aux frais de l'Etat, à la délimitation et, au besoin, au bornage desdits périmètres.

**37.** Est rapporté notre décret du 27 avril 1861,

portant règlement d'administration publique pour l'exécution de la loi du 28 juillet 1860, sur le reboisement des montagnes.

**38**. Nos ministres secrétaires d'Etat au département des finances, au département de l'intérieur et au département de l'agriculture, du commerce et des travaux publics, sont chargés, chacun en ce qui le concerne, de l'exécution du présent décret.

# CODE DES DUNES [1].

ARRÊTÉ DU 13 MESSIDOR AN IX (2 juillet 1801)

## Relatif à la plantation en bois des dunes des côtes de la Gascogne.

Les Consuls de la République ; — Sur le rapport du ministre de l'intérieur, le Conseil d'Etat entendu, ARRÊTENT :

Art. 1. Il sera pris des mesures pour continuer de fixer et planter en bois les dunes des côtes de la Gascogne, en commençant par celles de La Teste, d'après les plans présentés par le citoyen Brémontier, ingénieur, et le préfet du département de la Gironde (a).

(a) Arrêté du 3e jour complémentaire an IX.

Art. 1er. Les mesures prescrites par l'article 1er de l'arrêté du 13 messidor an IX pour la fixation et la plantation des dunes des côtes de la Gascogne seront, en ce qui concerne les clayonnages et autres ouvrages d'art qu'elles exigeront, délibérées sur les plans du citoyen Brémontier, ingénieur en chef, et approuvées par le préfet du département de la Gironde, et en ce qui aura rapport aux semis et plantations, ces mesures seront concertées avec l'Administration des forêts.

Art. 2. Les dépenses pour les clayonnages et autres ouvrages d'art seront faites sur les fonds du département de l'intérieur, et celles pour les plantations et traitements des agents forestiers sur les fonds affectés aux forêts.

2. Il sera, à cet effet, établi une commission composée de l'ingénieur en chef du département, qui la présidera, d'un administrateur forestier et

1 Extrait du *Répertoire de législation et de jurisprudence forestières*, par M. Ch. Deville, t. I, p. 233 à 238.

de trois membres pris dans la Société des sciences, arts et belles-lettres de Bordeaux, section de l'agriculture, lesquels seront nommés par le préfet et sur la présentation de la Société.

Ladite commission dirigera et surveillera l'exécution des travaux, ainsi que l'emploi des fonds qui y seront affectés, le tout sous l'autorité et sauf l'approbation du préfet... (a).

(a) Décret du 12 juillet 1808. — Art. 22. Il sera établi dans le département des Landes une commission pour la plantation des dunes.

Cette commission sera organisée de la même manière que celle qui a été établie à Bordeaux, en exécution de notre décret du 13 messidor an IX.

# DÉCRET DU 14 DÉCEMBRE 1810

### Relatif à la plantation des dunes [1].

Napoléon, etc.; — Sur le rapport de notre ministre de l'intérieur ; — Notre Conseil d'Etat entendu, avons décrété et décrétons ce qui suit :

Art. 1. Dans les départements maritimes, il sera pris des mesures pour l'ensemencement, la plantation et la culture des végétaux reconnus les plus favorables à la fixation des dunes.

2. A cet effet, les préfets de tous les départements dans lesquels se trouvent des dunes, feront dresser, dans leurs départements respectifs, par les ingénieurs des ponts et chaussées, un plan des dunes qui sont susceptibles d'être fixées par des plantations appropriées à leur nature ; ils feront distin-

[1] Décret promulgué le 27 novembre 1847, B. 1434, n° 13959.

guer, sur ce plan, les dunes qui appartiennent au domaine, celles qui appartiennent aux communes, et celles enfin qui sont la propriété des particuliers. (Décr. 29 avril 1862, art. 2.)

**3.** Chaque préfet rédigera ou fera rédiger, à l'appui de ces plans, un mémoire sur la manière la plus avantageuse de procéder, suivant les localités, à l'ensemencement et à la plantation des dunes ; il joindra à ce rapport un projet de règlement, lequel contiendra les mesures d'administration publique les plus appropriées à son département, et qui pourront être utilement employées pour arriver au but désiré.

**4.** Les plans, mémoires et projets de règlements, levés et rédigés en exécution des articles précédents, seront envoyés par les préfets à notre ministre de l'intérieur, lequel pourra, sur le rapport de notre directeur général des ponts et chaussées, ordonner la plantation, si les dunes ne renferment aucune propriété privée, et, dans le cas contraire, nous en fera son rapport, pour être par nous statué en Conseil d'Etat, dans la forme adoptée pour les règlements d'administration publique.

**5.** Dans les cas où les dunes seraient la propriété de particuliers ou de communes, les plans devront être publiés et affichés dans les formes prescrites par la loi du 8 mars 1810[1] ; et si lesdits particuliers ou communes se trouvaient hors d'état d'exécuter les travaux commandés, ou s'y refusaient, l'administration publique pourra être autorisée à pourvoir à la plantation à ses frais ; alors elle conservera la jouissance des dunes, et recueillera les

_______________
[1] La loi actuellement applicable est celle du 3 mai 1841, sur l'expropriation pour cause d'utilité publique.

fruits des coupes qui pourront y être faites jusqu'à l'entier recouvrement des dépenses qu'elle aura été dans le cas de faire et des intérêts ; après quoi, lesdites dunes retourneront aux propriétaires, à charge d'entretenir convenablement les plantations.

**6.** A l'avenir, aucune coupe de plants d'oyats, roseaux de sable, épines maritimes, pins, sapins, mélèzes et autres plantes aréneuses conservatrices des dunes, ne pourra être faite que d'après une autorisation spéciale du directeur général des ponts et chaussées, et sur l'avis des préfets.

**7.** Il pourra être établi des gardes pour la conservation des plantations existant actuellement sur les dunes, ou qui y seraient faites à l'avenir ; leur nomination, leur nombre, leurs fonctions, leur traitement, leur uniforme seront réglés d'après le mode usité pour les gardes des bois communaux.

Les délits seront poursuivis devant les tribunaux et punis conformément aux dispositions du Code pénal.

**8.** N'entendons en rien innover, par le présent décret, à ce qui se pratique pour les plantations qui s'exécutent sur les dunes du département des Landes et du département de la Gironde.

**9.** Nos ministres de l'intérieur et des finances sont chargés, chacun en ce qui le concerne, de l'exécution du présent décret.

## ORDONNANCE DU 5 FÉVRIER 1817

**relative à la fixation et à l'ensemencement des dunes dans les départements de la Gironde et des Landes.**

Louis, etc. ; — Sur les rapports de nos ministres secrétaires d'Etat aux départements de l'intérieur et des finances, notre Conseil d'Etat entendu, nous avons ordonné et ordonnons ce qui suit :

Art. 1er. Les travaux de fixation et d'ensemencement des dunes, dans les départements de la Gironde et des Landes, seront repris en 1817.

Ces travaux seront, à compter de cet exercice, dirigés par notre directeur général des ponts et chaussées, sous l'autorité de notre ministre de l'intérieur.

2. Les fonds nécessaires pour cette opération seront imputés sur le budget des ponts et chaussées, le crédit annuel ne pourra être au-dessous de 90,000 francs pour les deux départements.

3. Les travaux seront exécutés, les dépenses faites et les comptes rendus d'après le mode adopté pour le service des ponts et chaussées.

4. A mesure que les semis atteindront un âge qui sera ultérieurement fixé, ils cesseront d'être confiés à la direction des ponts et chaussées, qui en fera la remise à l'administration générale des forêts.

5. L'administration générale des forêts fournira gratuitement à la direction des ponts et chaussées les graines, jeunes arbres et branchages provenant des forêts qu'elle administre, qui seront nécessaires pour la fixation et l'ensemencement des dunes.

6. Les ingénieurs des ponts et chaussées sont autorisés à requérir l'assistance des agents et gardes forestiers dans les tournées qu'ils auront à faire sur toute l'étendue des dunes.

7. Il sera ultérieurement statué sur les mesures spéciales à prendre pour prévenir et réprimer les délits qui tendraient à détruire ou à détériorer les travaux d'ensemencement des dunes.

**8.** Un règlement de notre directeur général des ponts et chaussées, approuvé par notre ministre secrétaire d'Etat de l'intérieur, déterminera la marche des travaux, leur portée et leur surveillance[1].

**9.** Les arrêtés des 2 juillet et 20 septembre 1801 sont abrogés, ainsi que toutes autres dispositions contraires à la présente ordonnance.

**10.** Notre ministre secrétaire d'Etat de l'intérieur est chargé de l'exécution de la présente ordonnance.

## DÉCRET DU 29 AVRIL 1862

**qui place le service des dunes dans les attributions du ministre des finances [2].**

Art. **2.** Les travaux de fixation, d'entretien, de conservation et d'exploitation des dunes sur le littoral maritime sont placés dans les attributions de notre ministre secrétaire d'Etat des finances et confiés à l'administration des forêts.

**3.** Ces dispositions recevront leur exécution à partir du 1er juillet 1862.

**4.** Nos ministres d'Etat, des finances, et de l'agriculture, du commerce et des travaux publics, sont chargés, chacun en ce qui le concerne, de l'exécution du présent décret, qui sera inséré au *Bulletin des lois.*

[1] Il a été satisfait à ces prescriptions par un règlement approuvé par le ministre de l'intérieur le 7 octobre 1817.

[2] Voir ci-après, p. 262, l'article 1er de ce décret qui place le service de la pêche dans les attributions du ministère de l'agriculture, du commerce et des travaux publics.

# CODE DE LA CHASSE.

## LOI DU 3 MAI 1844

### sur la police de la chasse[1].

SECTION I<sup>re</sup>. — *De l'exercice du droit de chasse.*

**Art. 1<sup>er</sup>.** Nul ne pourra chasser, sauf les exceptions ci-après, si la chasse n'est pas ouverte, et s'il ne lui a pas été délivré un permis de chasse par l'autorité compétente. (Ch. 2, 3, 5 à 8.)

Nul n'aura la faculté de chasser sur la propriété d'autrui sans le consentement du propriétaire ou de ses ayants droit (*a*).

(*a*) Dispositions concernant la mise en ferme de la chasse dans les bois domaniaux et communaux :

1º LOI DU 24 AVRIL 1833. — Art. 5. A partir du 1<sup>er</sup> septembre 1833, le droit de chasse dans les forêts de l'Etat pourra être affermé et mis en adjudication.

Le gouvernement est chargé de faire tous les règlements nécessaires pour assurer l'exécution de cette disposition.

2º ORDONNANCE DU 20 JUIN 1845[2]. — Art. 1. A l'avenir, le droit de chasse dans les forêts domaniales sera affermé, soit par adjudication aux enchères et à l'extinction des feux, soit par adjudication au rabais, soit enfin sur soumissions cachetées, suivant que les circonstances l'exigeront.

---

[1] Loi promulguée le 4 mai 1844, B. 1094, nº 11257.

[2] Cette ordonnance reproduit, sous diverses modifications, l'ordonnance du 24 juillet 1832, rendue pour l'exécution de l'article 5 de la loi de finances du 21 avril 1832 portant : « A partir du 1<sup>er</sup> septembre 1832, le droit de chasse dans les forêts de l'Etat sera affermé et mis en adjudication. »

Art. 2. Les baux pourront être consentis pour une durée de neuf années.

Art. 3. Un cahier des charges approuvé par notre ministre des finances, réglera les conditions auxquelles les fermiers seront assujettis.

Il devra contenir les dispositions nécessaires à l'effet d'assurer la destruction des animaux nuisibles, tant dans l'intérêt de la conservation des forêts qu'en vue de préserver de tous dommages les propriétés particulières.

Art. 4. Les fermiers de la chasse, ainsi que leurs associés, seront tenus de concourir aux chasses et battues qui seront ordonnées par les préfets, pour la destruction des animaux nuisibles.

3º Décret du 25 prairial an XIII (14 juin 1805).

Art. 1. Les maires des communes sont autorisés à affermer le droit de chasse dans les bois communaux, à la charge de faire approuver la mise en ferme par les préfets et le ministre de l'intérieur.

**2.** Le propriétaire ou possesseur peut chasser ou faire chasser en tout temps, sans permis de chasse, dans ses possessions attenant à une habitation et entourées d'une clôture continue faisant obstacle à toute communication avec les héritages voisins.

**3.** Les préfets détermineront, par des arrêtés publiés au moins dix jours à l'avance, l'époque de l'ouverture et celle de la clôture de la chasse, dans chaque département. (Ch. 9.)

**4.** Dans chaque département il est interdit de mettre en vente, de vendre, d'acheter, de transporter et de colporter du gibier pendant le temps où la chasse n'y est pas permise. (Ch. 3, 12.)

En cas d'infraction à cette disposition, le gibier sera saisi, et immédiatement livré à l'établissement de bienfaisance le plus voisin, en vertu soit d'une ordonnance du juge de paix, si la saisie a eu lieu au chef-lieu de canton, soit d'une autorisation du maire, si le juge de paix est absent, ou si la saisie a été faite dans une commune autre que celle du chef-lieu. Cette ordonnance ou cette autorisation sera délivrée sur la requête des agents ou gardes qui auront opéré la saisie, et sur la présentation du procès-verbal régulièrement dressé.

La recherche du gibier ne pourra être faite à domicile que chez les aubergistes, chez les marchands de comestibles et dans les lieux ouverts au public. (Ch. 23.)

Il est interdit de prendre ou de détruire, sur le terrain d'autrui, des œufs et des couvées de faisans, de perdrix et de cailles. (Ch. 11, 14.)

**5.** Les permis de chasse seront délivrés, sur l'avis du maire et du sous-préfet, par le préfet du département dans lequel celui qui en fera la demande aura sa résidence ou son domicile (a).

La délivrance des permis de chasse donnera lieu au payement d'un droit de quinze francs (15 fr.) au profit de l'Etat, et de dix francs (10 fr.) au profit de la commune dont le maire aura donné l'avis énoncé au paragraphe précédent.

Les permis de chasse seront personnels; ils seront valables pour toute la Franee, et pour un an seulement.

(a) Décret du 13 avril 1861. — Art. 6. Les sous-préfets statueront désormais, soit directement, soit par délégation des préfets, sur les affaires qui, jusqu'à ce jour, exigeaient la décision préfectorale, et dont la nomenclature suit :... 3° Délivrance des permis de chasse.

**6.** Le préfet pourra refuser le permis de chasse, 1° A tout individu majeur qui ne sera point personnellement inscrit, ou dont le père ou la mère ne serait pas inscrit au rôle des contributions ;

2° A tout individu qui, par une condamnation judiciaire, a été privé de l'un ou de plusieurs des droits énumérés dans l'article 42 du Code pénal, autres que le droit de port d'armes ;

3° A tout condamné à un emprisonnement de plus de six mois pour rébellion ou violence envers les agents de l'autorité publique ;

4° A tout condamné pour délit d'association illicite, de fabrication, débit, distribution de poudre, armes ou autres munitions de guerre ; de menaces écrites ou de menaces verbales avec ordre ou sous condition ; d'entraves à la circulation des grains ; de dévastations d'arbres ou de récoltes sur pied, de plants venus naturellement ou faits de main d'homme. (F. 195.)

5° A ceux qui auront été condamnés pour vagabondage, mendicité, vol, escroquerie ou abus de confiance.

La faculté de refuser le permis de chasse aux condamnés dont il est question dans les paragraphes 3, 4 et 5 cessera cinq ans après l'expiration de la peine.

**7.** Le permis de chasse ne sera pas délivré,

1° Aux mineurs qui n'auront pas seize ans accomplis ;

2° Aux mineurs de seize à vingt et un ans, à moins que le permis ne soit demandé pour eux par leurs père, mère, tuteur ou curateur, porté au rôle des contributions ;

3° Aux interdits ;

4° Aux gardes champêtres ou forestiers des communes et établissements publics, ainsi qu'aux gardes forestiers de l'Etat et aux gardes-pêche. (Ch. 12.)

**8.** Le permis de chasse ne sera pas accordé,

1° A ceux qui, par suite de condamnations, sont privés du droit de port d'armes; (Ch. 18 ; C. P. 42.)

2° A ceux qui n'auront pas exécuté les condamnations prononcées contre eux pour l'un des délits prévus par la présente loi ;

3° A tout condamné placé sous la surveillance de la haute police. (C. P. 44.)

**9.** Dans le temps où la chasse est ouverte, le permis donne, à celui qui l'a obtenu, le droit de chasser de jour, à tir et à courre, sur ses propres terres, et sur les terres d'autrui avec le consentement de celui à qui le droit de chasse appartient. (Ch. 1, 11 à 16.)

Tous autres moyens de chasse, à l'exception des furets et des bourses destinés à prendre le lapin, sont formellement prohibés. (Ch. 12, 16.)

Néanmoins les préfets des départements, sur l'avis des conseils généraux, prendront des arrêtés pour déterminer,

1° L'époque de la chasse des oiseaux de passage, autres que la caille, et les modes et procédés de cette chasse ; (Ch. 11.)

2° Le temps pendant lequel il sera permis de chasser le gibier d'eau, dans les marais, sur les étangs, fleuves et rivières ; (Ch. 11.)

3° Les espèces d'animaux malfaisants ou nuisibles que le propriétaire, possesseur ou fermier, pourra en tout temps détruire sur ses terres, et les conditions de l'exercice de ce droit, sans préjudice du droit appartenant au propriétaire ou au fermier de repousser ou de détruire, même avec des armes à

13.

feu, les bêtes fauves qui porteraient dommage à ses propriétés. (Ch. 11.)

Ils pourront prendre également des arrêtés,

1° Pour prévenir la destruction des oiseaux ;

2° Pour autoriser l'emploi des chiens lévriers pour la destruction des animaux malfaisants ou nuisibles ;

3° Pour interdire la chasse pendant les temps de neige. (Ch. 11, 16.)

**10**. Des ordonnances royales détermineront la gratification qui sera accordée aux gardes et gendarmes rédacteurs des procès-verbaux ayant pour objet de constater les délits (*a*). (Ch. 19.)

(*a*) ORDONNANCE DU 5 MAI 1845. — Art. 1. La gratification accordée aux gendarmes, gardes forestiers [1], gardes champêtres, gardes-pêche et gardes assermentés des particuliers, qui constateront des infractions à la loi du 3 mai 1844, sur la police de la chasse, est fixée ainsi qu'il suit :

8 francs pour les délits prévus par l'article 11 ;

15 francs pour les délits prévus par l'article 12 et l'article 13, § 1er ;

25 francs pour les délits prévus par l'article 13, § 2.

Art. 2. La gratification est due pour chaque amende prononcée ; elle sera acquittée par les receveurs de l'enregistrement, suivant le mode actuel et les règles de la comptabilité ordinaire.

Art. 3. *Décret du 4 août* 1852. « Les receveurs de l'enregistrement tiendront un compte spécial, par commune, du recouvrement des amendes : ce compte sera réglé chaque année. Après prélèvement des gratifications, et de 5 pour 100 pour frais de régie, le produit restant des amendes recouvrées sera compté à la commune sur le territoire de laquelle l'infraction aura été commise.

« En cas d'excédant de dépense à l'époque du règlement,

---

[1] Les *brigadiers* et *gardes à cheval* sont compris sous la dénomination de *gardes forestiers* et de *gardes-pêche*. (Déc. min. 20 juin 1845.)

il ne sera exercé aucun recours contre la commune; mais cet excédant sera reporté au compte ouvert pour l'année suivante, dans lequel il formera le premier article de la dépense.

« Les frais de poursuites tombés en non-valeur seront remboursés conformément à l'article 6 de l'ordonnance du 30 décembre 1823 [1]. »

Art. 4. Il ne pourra être alloué qu'une seule gratification, lors même que plusieurs agents auraient concouru à la rédaction du procès-verbal constatant le délit.

Art. 5. La présente ordonnance est applicable aux amendes qui auront été déjà prononcées en vertu de la loi du 3 mai 1844.

### Section II. — *Des peines.*

**11.** Seront punis d'une amende de seize à cent francs,

1° Ceux qui auront chassé sans permis de chasse; (Ch. 1, 5 à 8, 14, 16.)

2° Ceux qui auront chassé sur le terrain d'autrui sans le consentement du propriétaire. (Ch. 1, 14.)

L'amende pourra être portée au double si le délit a été commis sur des terres non dépouillées de leurs fruits, ou s'il a été commis sur un terrain entouré d'une clôture continue faisant obstacle à toute communication avec les héritages voisins, mais non attenant à une habitation. (Ch. 2, 13.)

Pourra ne pas être considéré comme délit de chasse le fait du passage des chiens courants sur l'héritage d'autrui, lorsque ces chiens seront à la suite d'un gibier lancé sur la propriété de leur maître, sauf l'action civile, s'il y a lieu, en cas de dommage; (C. N. 1385.) (a).

3° Ceux qui auront contrevenu aux arrêtés des

[1] C'est-à-dire qu'ils seront imputés sur le fonds commun formé par le produit des amendes versé à la caisse des receveurs des finances.

préfets concernant les oiseaux de passage, le gibier d'eau, la chasse en temps de neige, l'emploi des chiens lévriers, ou aux arrêtés concernant la destruction des oiseaux et celle des animaux nuisibles ou malfaisants; (Ch. 9, 14.)

4° Ceux qui auront pris ou détruit, sur le terrain d'autrui, des œufs ou couvées de faisans, de perdrix ou de cailles; (Ch. 4, 14.)

5° Les fermiers de la chasse, soit dans les bois soumis au régime forestier, soit sur les propriétés dont la chasse est louée au profit des communes ou établissements publics, qui auront contrevenu aux clauses et conditions de leurs cahiers de charges relatives à la chasse. (Ch. 1, 14.)

(a) Code Napoléon. — Art. 1385. Le propriétaire d'un animal, ou celui qui s'en sert, pendant qu'il est à son usage, est responsable du dommage que l'animal a causé, soit que l'animal fût sous sa garde, soit qu'il fût égaré ou échappé.

**12.** Seront punis d'une amende de cinquante à deux cents francs, et pourront, en outre, l'être d'un emprisonnement de six jours à deux mois, (Ch. 14, 16.)

1° Ceux qui auront chassé en temps prohibé; (Ch. 3.)

2° Ceux qui auront chassé pendant la nuit ou à l'aide d'engins et instruments prohibés, ou par d'autres moyens que ceux qui sont autorisés par l'article 9; (F. 201; P. F. 70.)

3° Ceux qui seront détenteurs ou ceux qui seront trouvés munis ou porteurs, hors de leur domicile, de filets, engins ou autres instruments de chasse prohibés; (Ch. 9; P. F. 41.)

4° Ceux qui, en temps où la chasse est prohibée, auront mis en vente, vendu, acheté, transporté ou colporté du gibier ; (Ch. 4.)

5° Ceux qui auront employé des drogues ou appâts qui sont de nature à enivrer le gibier ou à le détruire ; (Ch. 9 ; P. F. 25.)

6° Ceux qui auront chassé avec appeaux, appelants ou chanterelles. (Ch. 9.)

Les peines déterminées par le présent article pourront être portées au double contre ceux qui auront chassé pendant la nuit sur le terrain d'autrui et par l'un des moyens spécifiés au paragraphe 2, si les chasseurs étaient munis d'une arme apparente ou cachée. (Ch. 1, 11 ; F. 201 ; P. F. 69.)

Les peines déterminées par l'article 11 et par le présent article seront toujours portées au maximum, lorsque les délits auront été commis par les gardes champêtres ou forestiers des communes, ainsi que par les gardes forestiers de l'Etat et des établissements publics. (Ch. 7.)

**13.** Celui qui aura chassé sur le terrain d'autrui sans son consentement, si ce terrain est attenant à une maison habitée ou servant à l'habitation, et s'il est entouré d'une clôture continue faisant obstacle à toute communication avec les héritages voisins, sera puni d'une amende de cinquante à trois cents francs, et pourra l'être d'un emprisonnement de six jours à trois mois. (Ch. 1, 2, 11, 12, 14, 16.)

Si le délit a été commis pendant la nuit, le délinquant sera puni d'une amende de cent francs à mille francs, et pourra l'être d'un emprisonnement de trois mois à deux ans, sans préjudice, dans l'un et l'autre cas, s'il y a lieu, de plus fortes peines prononcées par le Code pénal. (Ch. 1, 11, 12; C. P. 444 s.)

**14.** Les peines déterminées par les trois articles qui précèdent pourront être portées au double si le délinquant était en état de récidive, et s'il était déguisé ou masqué, s'il a pris un faux nom, s'il a usé de violence envers les personnes, ou s'il a fait des menaces, sans préjudice, s'il y a lieu, de plus fortes peines prononcées par la loi. (C. P. 305 s.)

Lorsqu'il y aura récidive, dans les cas prévus en l'article 11, la peine de l'emprisonnement de six jours à trois mois pourra être appliquée si le délinquant n'a pas satisfait aux condamnations précédentes. (F. 201 ; P. F. 69.)

**15.** Il y a récidive lorsque, dans les douze mois qui ont précédé l'infraction, le délinquant a été condamné en vertu de la présente loi. (F. 201 ; P. F. 69.)

**16.** Tout jugement de condamnation prononcera la confiscation des filets, engins et autres instruments de chasse. Il ordonnera, en outre, la destruction des instruments de chasse prohibés. (C. P. 11.)

Il prononcera également la confiscation des armes, excepté dans le cas où le délit aura été commis par un individu muni d'un permis de chasse, dans le temps où la chasse est autorisée.

Si les armes, filets, engins ou autres instruments de chasse n'ont pas été saisis, le délinquant sera condamné à les représenter ou à en payer la valeur, suivant la fixation qui en sera faite par le jugement, sans qu'elle puisse être au-dessous de cinquante francs.

Les armes, engins ou autres instruments de chasse,

abandonnés par les délinquants restés inconnus, seront saisis et déposés au greffe du tribunal compétent. La confiscation et, s'il y a lieu, la destruction en seront ordonnées sur le vu du procès-verbal. (F. 198 ; P. F. 41.)

Dans tous les cas, la quotité des dommages-intérêts est laissée à l'appréciation des tribunaux. (F. 202; P. F. 71 ; C. P. 51.)

**17.** En cas de conviction de plusieurs délits prévus par la présente loi, par le Code pénal ordinaire ou par les lois spéciales, la peine la plus forte sera seule prononcée. (I. Cr. 365.)

Les peines encourues pour des faits postérieurs à la déclaration du procès-verbal de contravention pourront être cumulées, s'il y a lieu, sans préjudice des peines de la récidive. (Ch. 14.)

**18.** En cas de condamnation pour délits prévus par la présente loi, les tribunaux pourront priver le délinquant du droit d'obtenir un permis de chasse pour un temps qui n'excédera pas cinq ans. (Ch. 8.)

**19.** La gratification mentionnée en l'article 10 sera prélevée sur le produit des amendes.

Le surplus desdites amendes sera attribué aux communes sur le territoire desquelles les infractions auront été commises. (F. 204 ; P. F. 73.)

**20.** L'article 463 du Code pénal ne sera pas applicable aux délits prévus par la présente loi. (F. 203; P. F. 72.)


Section III. — *De la poursuite et du jugement.*

**21.** Les délits prévus par la présente loi seront prouvés, soit par procès-verbaux ou rapports, soit

par témoins, à défaut de rapports et procès-verbaux,
ou à leur appui. (F. 175; O.182; P. F. 52; I. Cr. 16 s.)

**22.** Les procès-verbaux des maires et adjoints,
commissaires de police, officier, maréchal des logis
ou brigadier de gendarmerie, gendarmes, gardes
forestiers, gardes-pêche, gardes champêtres ou gardes assermentés des particuliers, feront foi jusqu'à
preuve contraire. (F. 176 à 178 ; P. F. 53 à 55, 66.)

**23.** Les procès-verbaux des employés des contributions indirectes et des octrois feront également
foi jusqu'à preuve contraire, lorsque, dans la limite
de leurs attributions respectives, ces agents rechercheront et constateront les délits prévus par le paragraphe 1er de l'article 4.

**24.** Dans les vingt-quatre heures du délit, les
procès-verbaux des gardes seront, à peine de nullité,
affirmés par les rédacteurs devant le juge de paix
ou l'un de ses suppléants, ou devant le maire ou
l'adjoint, soit de la commune de leur résidence,
soit de celle où le délit aura été commis. (F. 165.)

**25.** Les délinquants ne pourront être saisis ni
désarmés ; néanmoins, s'ils sont déguisés ou masqués, s'ils refusent de faire connaître leurs noms,
ou s'ils n'ont pas de domicile connu, ils seront conduits immédiatement devant le maire ou le juge de
paix, lequel s'assurera de leur individualité. (Ch. 14,
F. 163; I. Cr. 16.)

**26.** Tous les délits prévus par la présente loi seront poursuivis d'office par le ministère public, sans
préjudice du droit conféré aux parties lésées par
l'article 182 du Code d'instruction criminelle (a).

Néanmoins, dans le cas de chasse sur le terrain
d'autrui sans le consentement du propriétaire, la

poursuite d'office ne pourra être exercée par le ministère public, sans une plainte de la partie intéressée, qu'autant que le délit aura été commis dans un terrain clos, suivant les termes de l'article 2, et attenant à une habitation, ou sur des terres non encore dépouillées de leurs fruits. (Ch. 11, 2°, 13.)

(*a*) 1° CODE D'INSTRUCTION CRIMINELLE. — Art. 182. Le tribunal sera saisi, en matière correctionnelle, de la connaissance des délits de sa compétence, soit par le renvoi qui lui en sera fait d'après les articles 130 et 160 ci-dessus, soit par la citation donnée directement au prévenu et aux personnes civilement responsables du délit par la partie civile, et, à l'égard des *délits forestiers*, par le conservateur, inspecteur ou sous-inspecteur forestier, ou par les gardes généraux, et, dans tous les cas, par le procureur impérial. (F. 159.)

2° AVIS DU CONSEIL D'ÉTAT DU 26 NOVEMBRE 1860. (Extrait.)

LES SECTIONS RÉUNIES de législation, justice et affaires étrangères et des finances du Conseil d'Etat..., — Considérant que les délits de chasse commis dans les bois soumis au régime forestier, sont classés, par l'arrêté du 28 vendémiaire an V, comme *délits forestiers* [1] ; que la loi du 3 mai 1844 sur la police de la chasse ne leur a pas enlevé ce caractère ; que, par conséquent, l'Administration forestière qui exerce le droit de les poursuivre devant les tribunaux a toute attribution pour transiger sur les poursuites ; — Sont d'avis : 1° que le droit de transaction attribué à l'Administration forestière par la loi du 18 juin 1859 s'applique, à l'exclusion des délits de pêche, à tous les délits et contraventions en matière forestière et de *chasse*, dont la poursuite appartient à cette Administration; etc. —(Cet avis a été approuvé par le ministre des finances, le 22 décembre 1860.)

3° AVIS DU CONSEIL D'ETAT DU 4 JANVIER 1806. — Le Conseil d'Etat... Est d'avis que les contraventions et délits pour faits de chasse intéressant les règles de la police générale et de la

---

[1] L'arrêté du 28 vendémiaire an V, porte :
Art. 1er. La chasse dans les forêts nationales est interdite à tous les particuliers sans distinction. — Art. 2. Les gardes seront tenus de dresser contre les contrevenants les procès-verbaux dans la forme prescrite pour les *autres délits forestiers*, etc.

conservation des forêts, la répression n'en peut appartenir aux tribunaux militaires, même à l'égard des militaires...

**27.** Ceux qui auront commis conjointement les délits de chasse seront condamnés solidairement aux amendes, dommages-intérêts et frais. (C. P. 55.)

**28.** Le père, la mère, le tuteur, les maîtres et commettants, sont civilement responsables des délits de chasse commis par leurs enfants mineurs non mariés, pupilles demeurant avec eux, domestiques ou préposés, sauf tout recours de droit.

Cette responsabilité sera réglée conformément à l'article 1384 du Code civil, et ne s'appliquera qu'aux dommages-intérêts et frais, sans pouvoir toutefois donner lieu à la contrainte par corps. (F. 206.)

**29.** Toute action relative aux délits prévus par la présente loi sera prescrite par le laps de trois mois, à compter du jour du délit. (F. 185 ; P. F. 62.)

### SECTION IV. — *Dispositions générales.*

**30.** Les dispositions de la présente loi relatives à l'exercice du droit de chasse ne sont pas applicables aux propriétés de la couronne. Ceux qui commettraient des délits de chasse dans ces propriétés seront poursuivis et punis conformément aux sections II et III.

**31.** Le décret du 4 mai 1812 et la loi du 30 avril 1790 sont abrogés.

Sont et demeurent également abrogés les lois, arrêtés, décrets et ordonnances intervenus sur les matières réglées par la présente loi, en tout ce qui est contraire à ses dispositions.

# CODE DE LA LOUVETERIE.

———

## ARRÊTÉ DU 19 PLUVIOSE AN V
### (7 février 1797)
#### concernant la chasse des animaux nuisibles.

LE DIRECTOIRE EXÉCUTIF, sur le rapport du ministre des finances; — Considérant que son arrêté du 28 vendémiaire dernier, portant défenses de chasser dans les forêts nationales, ne doit mettre aucun obstacle à l'exécution des règlements qui concernent la destruction des loups et autres animaux voraces ;

Que l'ordonnance de janvier 1583, article 19, enjoint aux agents forestiers de rassembler un homme par feu de leur arrondissement, avec armes et chiens propres à la chasse aux loups, trois fois l'année, aux temps les plus commodes ;

Que celles de 1600 et de 1601, ainsi que les arrêts du ci-devant Conseil, des 26 février 1697 et 14 janvier 1698, leur enjoignent de contraindre les sergents louvetiers à chasser aux loups, renards et autres animaux nuisibles, et de veiller à ce que cette chasse soit faite de trois mois en trois mois, ou plus souvent, suivant qu'il en sera besoin, par ceux qui avaient le droit exclusif de chasse dans leurs terres,

ARRÊTE ce qui suit :

Art. 1. L'arrêté du 28 vendémiaire dernier, relatif à la prohibition de chasser dans les forêts nationales, continuera d'être exécuté [1].

**2.** Néanmoins, il sera fait dans les forêts nationales et dans les campagnes, tous les trois mois, et plus souvent s'il est nécessaire, des chasses et battues générales ou particulières aux loups, renards, blaireaux et autres animaux nuisibles.

**3.** Les chasses et battues seront ordonnées par les administrations centrales des départements (a), de concert avec les agents forestiers de leur arrondissement, sur la demande de ces derniers et sur celle des administrations municipales de canton [2]. (Règl. 20 août 1814, § 11.)

(a) Décret du 13 avril 1861. — Art. 6. Les sous-préfets statueront désormais, soit directement, soit par délégation des préfets, sur les affaires qui, jusqu'à ce jour, exigeaient la décision préfectorale et dont la nomenclature suit:... 12° Autorisation des battues pour la destruction des animaux nuisibles dans les bois des communes et des établissements de bienfaisance.

**4.** Les battues ordonnées seront exécutées sous la direction et la surveillance des agents forestiers, qui régleront, de concert avec les administrations municipales de canton, les jours où elles se feront, et le nombre d'hommes qui y seront appelés. (Règl. 20 août 1814, § 11; Ord. 20 juin 1845, art. 4.)

**5.** Les corps administratifs sont autorisés à per-

[1] Il a été dérogé à cette disposition par l'article 5 du règlement sur la chasse du 1er germinal an XIII, qui autorisait le grand veneur à délivrer des permissions de chasse dans les forêts de l'Etat. Actuellement le droit de chasse est afferme dans ces forêts en vertu de la loi de finances du 24 avril 1833 et de l'ordonnance du 20 juin 1845. (Voir ci-dessus, p. 222.)

[2] Voir une décision ministérielle du 12 septembre 1850, rapportée à la suite du paragraphe 11 du règlement du 20 août 1814.

mettre aux particuliers de leur arrondissement qui ont des équipages et autres moyens pour ces chasses, de s'y livrer sous l'inspection et la surveillance des agents forestiers [1]. ( Règl. 1er germ. an XIII et 20 août 1814, § 2.)

**6.** Il sera dressé procès-verbal de chaque battue, du nombre et de l'espèce des animaux qui auront été détruits : un extrait en sera envoyé au ministre des finances.

**7.** Il lui sera également envoyé un état des animaux détruits par les chasses particulières, mentionnées en l'article 5, et même par les piéges tendus dans les campagnes par les habitants ; à l'effet d'être pourvu, s'il y a lieu, sur son rapport, au payement des récompenses promises par l'article 20, section IV, du Code rural, et le décret du 11 ventôse an III. (L. 10 messidor an V.)

**8.** Le ministre des finances est chargé de l'exécution du présent arrêté, qui sera envoyé aux administrations centrales des départements.

## LOI DU 10 MESSIDOR AN V
### (28 juin 1797)
**relative à la destruction des loups.**

Art. **1.** Les fonds accordés provisoirement aux administrations départementales pour la destruction des loups, par ordre du ministre de l'intérieur, seront alloués à ce ministre, sauf par lui de justifier de l'emploi.

[1] Cet article a été virtuellement abrogé par les règlements des 1er germinal an XIII et 20 août 1814, relatifs à l'organisation de la louveterie.

**2.** La loi du 11 ventôse an III est abrogée ; et à l'avenir, par forme d'indemnité et d'encouragement, il sera accordé à tout citoyen une prime de cinquante livres par chaque tête de louve pleine, quarante livres par chaque tête de loup, et vingt livres par chaque tête de louveteau (a).

**3.** Lorsqu'il sera constaté qu'un loup, enragé ou non, s'est jeté sur des hommes ou enfants, celui qui le tuera aura une prime de 150 livres (a).

(a) Par décision du ministre de l'intérieur du 9 juillet 1818, les primes ont été réduites ainsi qu'il suit : 18 francs par louve pleine ; 15 francs par louve non pleine ; 12 francs par loup et 6 francs par louveteau. — Ces primes peuvent, suivant les circonstances, être augmentées par le ministre, sur la proposition du préfet.

**4.** Celui qui aura tué un de ces animaux et voudra toucher l'une des primes énoncées dans les deux articles précédents, sera tenu de se présenter à l'agent municipal de la commune la plus voisine de son domicile, et d'y faire constater la mort de l'animal, son âge et son sexe : si c'est une louve, il sera dit si elle est pleine ou non.

**5.** La tête de l'animal (b) et le procès-verbal dressé par l'agent municipal seront envoyés à l'administration départementale, qui délivrera un mandat sur le receveur du département, sur les fonds qui seront, à cet effet, mis entre ses mains, par ordre du ministre de l'intérieur (c).

(b) Le contrôle peut varier, suivant les usages et les distances ; mais, dans tous les cas, la patte droite antérieure de l'animal tué doit en faire partie. Il est pris des mesures pour que les mêmes contrôles ne puissent pas servir plusieurs fois (Instructions du ministre de l'intérieur des 25 septembre 1807 et 9 juillet 1818).

(*c*) Les primes d'encouragement fixées par le gouvernement sont payées dans la quinzaine qui suit la déclaration de la destruction de l'animal ( Instruction de l'Administration des domaines du 7 septembre 1818).

**6.** Le Directoire exécutif est autorisé à laisser subsister et même à former, s'il y a lieu, des établissements pour la destruction des loups. (Arr. 19 pluviôse an V.)

## RÈGLEMENT DU 20 AOUT 1814

### portant organisation de la louveterie [1].

**1.** La louveterie est dans les attributions du grand veneur. (Ord. 15 août 1814, art. 2) (*a*).

(*a*) 1º ORDONNANCE DU 15 AOUT 1814 [2]. — Art. 1er. La surveillance et la police des chasses dans les forêts de l'Etat sont dans les attributions du grand veneur.

Art. 2. La louveterie fait partie des mêmes attributions.

2º ORDONNANCE DU 14 SEPTEMBRE 1830.

Art. 1er. Provisoirement, et jusqu'à ce que des mesures définitives aient été adoptées, la surveillance et la police de la chasse dans les forêts de l'Etat sont confiées à l'Administration des forêts, laquelle remplira à cet égard les fonctions attribuées au grand veneur.

(Cette disposition a été confirmée par l'article 6 de l'ordonnance du 24 juillet 1832 et par l'article 5 de l'ordonnance du 20 juin 1845 )

**2.** Le grand veneur donne des commissions honorifiques de lieutenant de louveterie (*a*), dont il détermine les fonctions et le nombre par conser-

---

[1] Ce règlement, qui est la reproduction presque littérale de celui du 1er germinal an XIII (22 mars 1805), a été inséré au *Bulletin des lois*, à la suite de l'ordonnance royale du 24 juillet 1832.

[2] Cette ordonnance est la reproduction du décret du 8 fructidor an XII (26 août 1804).

vation forestière et par département, dans la proportion des bois qui s'y trouvent et des loups qui les fréquentent.

(*a*) 1º DÉCRET DU 25 MARS 1852. — Art. 5. Ils (les préfets) nommeront directement, sans l'intervention du gouvernement et sur la présentation des divers chefs de service, aux fonctions et emplois suivants :... 17º Les lieutenants de louveterie.

2º ARRÊTÉ DU MINISTRE DES FINANCES DU 3 MAI 1852.

Art. 1ᵉʳ. La nomination des lieutenants de louveterie a lieu sur l'avis du conservateur des forêts.

Art. 2. Le nombre des emplois de lieutenants de louveterie est fixé par le préfet sur la proposition du conservateur. Toutefois, ce nombre ne pourra excéder celui des arrondissements de sous-préfecture, à moins de circonstances exceptionnelles, qui seront soumises à l'appréciation du directeur général des forêts.

Art. 7. Les nominations des lieutenants de louveterie... sont portées immédiatement par les préfets à la connaissance du ministre des finances.

**3.** Ces commissions sont renouvelées tous les ans.

**4.** Les dispositions qui peuvent être faites par suite des différents arrêtés concernant les animaux nuisibles, appartiennent à ses attributions.

**5.** Les lieutenants de louveterie reçoivent les instructions et les ordres du grand veneur, pour tout ce qui concerne la chasse des loups. (Ord. 14 sept. 1830.)

**6.** Ils sont tenus d'entretenir à leurs frais un équipage de chasse composé au moins d'un piqueur, deux valets de limiers, un valet de chiens, dix chiens courants et quatre limiers.

**7.** Ils seront tenus de se procurer les piéges nécessaires pour la destruction des loups, renards et autres animaux nuisibles, dans la proportion des besoins.

**8.** Dans les endroits que fréquentent les loups, le travail principal de leur équipage doit être de les détourner, d'entourer les enceintes avec les gardes forestiers et de les faire tirer au lancé ; on découple, si cela est jugé nécessaire (car on ne peut jamais penser à détruire les loups en les forçant). Au surplus, ils doivent présenter toutes leurs idées pour parvenir à la destruction de ces animaux.

**9.** Dans le temps où la chasse à courre n'est plus permise, ils doivent particulièrement s'occuper à faire tendre des piéges avec les précautions d'usage, faire détourner les loups, et, après avoir entouré les enceintes de gardes, les attaquer à traits de limier sans se servir de l'équipage, qu'il est défendu de découpler ; enfin, faire rechercher avec grand soin les portées de louves.

**10.** Ils ferout connaître ceux qui auront découvert des portées de louveteaux. Il sera accordé par chaque louveteau une gratification, qui sera double si l'on parvient à tuer la louve [1].

**11.** Quand les lieutenants de louveterie ou les conservateurs des forêts jugeront qu'il sera utile de faire des battues, ils en feront la demande au préfet, qui pourra lui-même provoquer cette mesure (a). Ces chasses seront alors ordonnées par le préfet, commandées et dirigées par les lieutenants de louveterie. qui, de concert avec lui et le conservateur, fixeront le jour, détermineront les lieux et

---

[1] Voir le tarif des primes rapporté à la suite de l'article 3 de la loi du 10 messidor an **V**, p. 238.

le nombre d'hommes (*b*). Le préfet en préviendra le ministre de l'intérieur et le grand veneur. (Arr. 19 pluv. an V, art. 2, 3, 4.)

(*a*) 1° DÉCISION DU MINISTRE DES FINANCES DU 12 SEPTEMBRE 1850. — Les préfets peuvent ordonner d'office des battues aux loups, même dans les bois soumis au régime forestier, sauf à en donner avis aux agents de l'Administration des forêts et aux officiers de louveterie, qui doivent diriger ces chasses, et régler, de concert avec les maires, les mesures à prendre pour assurer l'exécution des arrêtés des préfets en cette matière. (Arr. 19 pluv. an V, art. 3.)

(*b*) 2° ORDONNANCE DU 20 JUIN 1845.

Art. 4. Les fermiers de la chasse, ainsi que leurs associés, seront tenus de concourir aux chasses et battues qui seront ordonnées par les préfets pour la destruction des animaux nuisibles.

**12.** Tous les habitants sont invités à tuer les loups sur leurs propriétés ; ils en enverront les certificats aux lieutenants de louveterie de la conservation forestière, lesquels les feront passer au grand veneur, qui fera un rapport au ministre de l'intérieur, à l'effet de faire accorder des récompenses. (Ord. 14 sept. 1830 ; Déc. min. 9 juill. 1818.)

**13.** Les lieutenants de louveterie feront connaître journellement les loups tués dans leur arrondissement, et, tous les ans, enverront un état général des prises.

**14.** Tous les trois mois, ils feront parvenir au grand veneur un état des loups présumés fréquenter les forêts soumises à leur surveillance. (Ord. 14 sept. 1830.)

**15.** Les préfets sont invités à envoyer les mêmes états, d'après les renseignements particuliers qu'ils pourraient avoir.

**16.** Attendu que la chasse du loup, qui doit oc-

cuper principalement les lieutenants de louveterie,
ne fournit pas toujours l'occasion de tenir les chiens
en haleine, ils ont le droit de chasser à courre, deux
fois par mois, dans les forêts de l'État faisant partie
de leur arrondissement , le chevreuil-brocard , le
sanglier ou le lièvre, suivant les localités (*a*). Sont
exceptés les forêts ou les bois du domaine de l'État
de leur arrondissement, dont la chasse est particulièrement donnée par le roi aux princes ou à toute
autre personne. (L. 21 avril 1832.)

(*a*) 1º ORDONNANCE DU 24 JUILLET 1832. — Art. 6. Notre ordonnance du 14 septembre 1830 sur la surveillance de la police des chasses dans les forêts de l'État, continuera à recevoir son exécution.

Néanmoins le droit de chasse à courre, attribué dans ces
forêts aux lieutenants de louveterie. sera restreint à la chasse
du sanglier. Ces officiers conserveront, du reste, tous les
autres droits et attributions attachés à leur commission.

2º ORDONNANCE DU 20 JUIN 1845.

Art 5..... Le droit de chasse à courre attribué aux lieutenants de louveterie sera restreint à la chasse du sanglier et
ne pourra être exercé que pendant le temps où la chasse est
permise.

**17.** Il leur est expressément défendu de tirer sur
le chevreuil et le lièvre ; le sanglier est excepté de
cette disposition dans le cas seulement où *il tien-
drait aux chiens.*

**18.** Ils seront tenus de faire connaître chaque
mois le nombre d'animaux qu'ils auront forcés.

**19.** Les commissions de lieutenants de louveterie
seront renouvelées tous les ans ; elles seront retirées
dans le cas où les lieutenants n'auraient pas justifié
de la destruction des loups.

**20.** Tous les ans, au 1er mai, il sera fait, sur le

nombre des loups tués dans l'année, un rapport général qui sera mis sous les yeux du roi.

**21.** L'uniforme est déterminé comme il suit :

Habit bleu, droit, à la française, avec collet et parements de velours bleu pareil, galonné sur le devant et au collet ; poches à la française et en pointe, également galonnées ; parements en pointe, avec deux chevrons pour les lieutenants. — Le galon sera en or et argent ; — Boutons de métal jaune, sur lequel sera empreint un loup ; — Veste et culotte chamois ; — Chapeau retapé à la française avec ganse or et argent ; — Couteau de chasse en argent, avec un ceinturon en buffle jaune galonné comme l'habit ; — Bottes à l'écuyère ; — Eperons plaqués en argent.

**22.** *Uniforme des piqueurs.*

L'habit sera le même que celui des officiers, excepté que le bouton sera en métal blanc, et que le galon sera un tiers d'or sur deux tiers d'argent.

**23.** *Harnachement du cheval.*

Bride à la française, avec bossette, sur laquelle sera un loup ; — Bridon de cuir noir ; — Selle à la française en volaque blanc ou en velours cramoisi ; — Housse cramoisie, garnie en galons or et argent ; — Croupière noire unie, et la boucle plaquée ; — Étriers noirs vernis ; — Martingale noire unie ; — Sangles à la française.

**24.** Cet uniforme est permis, mais non obligatoire.

APPROUVÉ : *Signé* LOUIS.

Pour copie conforme :

*Le ministre secrétaire d'Etat de la maison du Roi,*

*Signé* : BLACAS.

# CODE

# DE LA PÊCHE FLUVIALE.

—

## LOI DU 15 AVRIL 1829,

**relative à la pêche fluviale[1].**

—

### TITRE Ier.

#### DU DROIT DE PÊCHE.

**Art. 1.** Le droit de pêche sera exercé au profit de l'Etat,

1° Dans tous les fleuves, rivières, canaux et contre-fossés navigables ou flottables avec bateaux, trains ou radeaux, et dont l'entretien est à la charge de l'Etat ou de ses ayants cause ; (C. N. 538.)

2° Dans les bras, noues, boires et fossés qui tirent leurs eaux des fleuves et rivières navigables ou flottables dans lesquels on peut en tout temps passer ou pénétrer librement en bateau de pêcheur, et dont l'entretien est également à la charge de l'Etat.

Sont toutefois exceptés les canaux et fossés existants, ou qui seraient creusés dans des propriétés particulières, et entretenus aux frais des propriétaires.

**2.** Dans toutes les rivières et canaux autres que

---

[1] Loi promulguée le 21 avril 1829, B. 286, n° 10958.

ceux qui sont désignés dans l'article précédent, les propriétaires riverains auront, chacun de son côté, le droit de pêche jusqu'au milieu du cours de l'eau, sans préjudice des droits contraires établis par possessions ou titres (*a*).

(*a*) Avis du Conseil d'Etat, approuvé par l'Empereur le 19 octobre 1811.

Le Conseil d'Etat, qui, d'après le renvoi ordonné par Sa Majesté, a entendu le rapport de la section de l'intérieur sur celui du ministre de ce département, tendant à faire approuver l'acquisition à titre d'échange, par la commune de Condé-sur-Iton (Eure), d'une maison pour servir de presbytère, à la charge par la commune de céder, en contre-échange : 1º des biens communaux ; 2º le droit de pêche sur la rivière d'Iton, le long du terrain communal appelé *les prés Morins*, etc.;

Considérant que le droit de pêche appartenant à la commune sur la rivière d'Iton résulte pour elle de la propriété des terrains communaux, et en est une dépendance indivisible ; — Qu'elle ne peut aliéner à perpétuité ce droit exclusif de pêche, en conservant la propriété du terrain d'où ce droit découle ;

Est d'avis, 1º qu'il n'y a pas lieu à autoriser ledit échange; 2º et que le présent avis soit inséré au *Bulletin des lois*.

**3**. Des ordonnances royales, insérées au *Bulletin des lois*, détermineront, après une enquête *de commodo et incommodo*, quelles sont les parties des fleuves et rivières et quels sont les canaux désignés dans les deux premiers paragraphes de l'article 1er où le droit de pêche sera exercé au profit de l'Etat (*b*).

De semblables ordonnances fixeront les limites entre la pêche fluviale et la pêche maritime dans les fleuves et rivières affluant à la mer. Ces limites seront les mêmes que celles de l'inscription maritime ; mais la pêche qui se fera au-dessus du point où les eaux cesseront d'être salées, sera soumise aux règles de police et de conservation établies pour la pêche fluviale (*c*). (P. F. 36 ; Décr. 27 nov. 1859.)

Dans le cas où des cours d'eau seraient rendus ou déclarés navigables ou flottables, les propriétaires qui seront privés du droit de pêche, auront droit à une indemnité préalable, qui sera réglée selon les formes prescrites par les articles 16, 17 et 18 de la loi du 8 mars 1810[1], compensation faite des avantages qu'ils pourraient retirer de la disposition prescrite par le Gouvernement. (P. F. 2.)

(*b*) **Une ordonnance du 10 juillet 1835** a déterminé les parties des fleuves et rivières et des canaux navigables ou flottables en trains sur lesquels la pêche doit être exercée au profit de l'État, conformément aux dispositions des articles 1 et 3 de la présente loi. La cinquième colonne du tableau annexé à cette ordonnance indique le point jusqu'où s'étend l'action de l'inscription maritime. — Diverses modifications ont été apportées à l'ordonnance du 10 juillet 1835 par des ordonnances et décrets insérés au *Bulletin des lois.*

(*c*) 1° DÉCRET DU 21 FÉVRIER 1852.
**Art. 1er.** Des décrets du président de la République, insérés au *Bulletin des lois*, et rendus sur la proposition du ministre de la marine, détermineront, dans les fleuves et rivières affluant directement ou indirectement à la mer, les limites de l'inscription maritime et les points de cessation de la salure des eaux. (P. F. 3.)

2° DÉCRET DU 4 JUILLET 1853.
**Art. 46.** La pêche est maritime, c'est-à-dire libre, sans fermage ni licence, tant sur les côtes du premier arrondissement que dans les fleuves, rivières et canaux désignés au tableau suivant, jusqu'aux limites de l'inscription maritime.

Toutefois, les dispositions du présent décret ne sont applicables dans ces fleuves, rivières et canaux que jusqu'au point de cessation de la salure des eaux.

Entre ce point et les limites de l'inscription maritime, la

---

[1] La loi actuellement applicable est celle du 3 mai 1841 sur l'expropriation pour cause d'utilité publique.

pêche, quoique libre et exempte de licence, est soumise aux règles de police édictées par la loi du 15 avril 1829 sur la pêche fluviale. (P. F. 3.)

(Trois autres décrets, en date du 4 juillet 1853, ont appliqué les dispositions de l'article qui précède aux fleuves, rivières et canaux situés dans les 2e, 3e et 4e arrondissements maritimes. Ces divers décrets modifient, sur un grand nombre de points, les indications portées dans la cinquième colonne du tableau annexé à l'ordonnance du 10 juillet 1835.)

**4.** Les contestations entre l'Administration et les adjudicataires relatives à l'interprétation et à l'exécution des conditions des baux et adjudications, et toutes celles qui s'élèveraient entre l'Administration ou ses ayants cause et des tiers intéressés à raison de leurs droits ou de leurs propriétés, seront portées devant les tribunaux.

**5.** Tout individu qui se livrera à la pêche sur les fleuves et rivières navigables ou flottables, canaux, ruisseaux ou cours d'eau quelconques, sans la permission de celui à qui le droit de pêche appartient, sera condamné à une amende de vingt francs au moins, et de cent francs au plus, indépendamment des dommages-intérêts. (P. F. 36, 69 à 72.)

Il y aura lieu, en outre, à la restitution du prix du poisson qui aura été pêché en délit, et la confiscation des filets et engins de pêche pourra être prononcée. (P. F. 41, 73.)

Néanmoins il est permis à tout individu de pêcher à la ligne flottante tenue à la main, dans les fleuves, rivières et canaux désignés dans les deux premiers paragraphes de l'article 1er de la présente loi, le temps du frai excepté. (P. F. 26, § 1er.)

## TITRE II.

**DE L'ADMINISTRATION ET DE LA RÉGIE DE LA PÊCHE.**

**6.** Nul ne peut exercer l'emploi de garde-pêche, s'il n'est âgé de vingt-cinq ans accomplis. (*C. for.*, 3.)

**7.** Les préposés chargés de la surveillance de la pêche ne pourront entrer en fonctions qu'après avoir prêté serment devant le tribunal de première instance de leur résidence, et avoir fait enregistrer leur commission et l'acte de prestation de leur serment au greffe des tribunaux dans le ressort desquels ils devront exercer leurs fonctions.

Dans le cas d'un changement de résidence qui les placerait dans un autre ressort en la même qualité, il n'y aura pas lieu à une nouvelle prestation de serment. (*C. for.*, 5.)

**8.** Les gardes-pêche pourront être déclarés responsables des délits commis dans leurs cantonnements, et passibles des amendes et indemnités encourues par les délinquants, lorsqu'ils n'auront pas dûment constaté les délits. (F. 6.)

**9.** L'empreinte des fers dont les gardes-pêche font usage pour la marque des filets, sera déposée au greffe des tribunaux de première instance. (F. 7.)

## TITRE III.

**DES ADJUDICATIONS DES CANTONNEMENTS DE PÊCHE.**

**10.** Loi du 6 juin 1840. « La pêche au profit de l'Etat sera exploitée, soit par voie d'adjudication publique, soit par concession de licences à prix d'argent (*a*).

« Le mode de concessions par licences ne sera employé que lorsque l'adjudication aura été tentée sans succès.

« Toutes les fois que l'adjudication d'un cantonnement de pêche n'aura pu avoir lieu, il sera fait mention, dans le procès-verbal de la séance, des mesures qui auront été prises pour donner toute la publicité possible à la mise en adjudication, et des circonstances qui se seront opposées à la location[1].»

(*a*) 1º DÉCRET DU 23 DÉCEMBRE 1810. — Art. 1er. La mise en ferme de la pêche dans les canaux, et les produits des francs-bords et des plantations qui appartiennent à l'Etat, seront exercés par l'administration des ponts et chaussées.

Art. 2. Les fonds en provenant seront versés au Trésor public par l'intermédiaire des droits réunis, et feront partie des fonds généraux.

2º DÉCRET DU 29 AVRIL 1862.

(Voir. à la suite de l'article 36, la disposition de ce décret qui confie à l'administration des ponts et chaussées *l'exploitation* de la pêche dans les cours d'eau navigables et flottables non compris dans les limites de l'inscription maritime.)

3º DÉCRET DU 25 MARS 1863.

Art 1er. A partir du 1er juillet 1863, les fermages de la pêche et de la chasse sur les cours d'eau, les produits de la récolte des francs-bords et les redevances pour prises d'eau et permissions d'usine, seront recouvrés par l'administration des contributions indirectes dans les fleuves et rivières navigables et flottables comme dans les canaux et rivières canalisées.

[1] *Ancien article* 10. — La pêche au profit de l'Etat sera exploitée, soit par voie d'adjudication publique aux enchères et à l'extinction des feux, conformément aux dispositions du présent titre, soit par concession de licences à prix d'argent.

Le mode de concession par licence ne pourra être employé qu'à défaut d'offres suffisantes.

En conséquence, il sera fait mention, dans les procès-verbaux d'adjudication, des mesures qui auront été prises pour leur donner toute la publicité possible et des offres qui auront été faites.

**Art. 2.** Un arrêté de notre ministre des finances réglera les mesures à prendre pour l'exécution du présent décret.

**11.** L'adjudication publique devra être annoncée au moins quinze jours à l'avance par des affiches apposées dans le chef-lieu du département, dans les communes riveraines du cantonnement et dans les communes environnantes. (F. 17.)

**12.** Toute location faite autrement que par adjudication publique sera considérée comme clandestine et déclarée nulle. Les fonctionnaires et agents qui l'auraient ordonnée ou effectuée, seront condamnés solidairement à une amende *égale au double* du fermage annuel du cantonnement de pêche. (*C. for.,* 18.)

Sont exceptées les concessions par voie de licence.

**13.** Sera de même annulée toute adjudication qui n'aura point été précédée des publications et affiches prescrites par l'article 11, ou qui aura été effectuée dans d'autres lieux, à autres jour et heure que ceux qui auront été indiqués par les affiches ou les procès-verbaux de remise en location.

Les fonctionnaires ou agents qui auraient contrevenu à ces dispositions, seront condamnés solidairement à une amende égale à la valeur annuelle du cantonnement de pêche ; et une amende pareille sera prononcée contre les adjudicataires, en cas de complicité. (*C. for.,* 19.)

**14.** Loi du 6 juin 1840. « Toutes les contestations qui pourront s'élever pendant les opérations d'adjudication, soit sur la validité desdites opérations, soit sur la solvabilité de ceux qui auront fait des offres et de leurs cautions, seront décidées immédiatement par le fonctionnaire qui présidera la séance d'adjudication[1]. » (F. 20.)

**15.** Ne pourront prendre part aux adjudications, ni par eux-mêmes, ni par personnes interposées, directement ou indirectement, soit comme parties principales, soit comme associés ou cautions,

1° Les agents et gardes forestiers et les gardes-pêche, dans toute l'étendue du royaume; les fonctionnaires chargés de présider ou de concourir aux adjudications et les receveurs du produit de la pêche, dans toute l'étendue du territoire où ils exercent leurs fonctions;

En cas de contravention, ils seront punis d'une amende qui ne pourra excéder le quart ni être moindre du douzième du montant de l'adjudication; et ils seront, en outre, passibles de l'emprisonnement et de l'interdiction qui sont prononcés par l'article 175 du Code pénal;

2° Les parents et alliés en ligne directe, les frères et beaux-frères, oncles et neveux des agents et gardes forestiers et gardes-pêche, dans toute l'étendue du territoire pour lequel ces agents ou ces gardes sont commissionnés;

En cas de contravention, ils seront punis d'une amende égale à celle qui est prononcée par le paragraphe précédent;

3° Les conseillers de préfecture, les juges, officiers du ministère public et greffiers des tribunaux

---

[1] *Ancien article* 14. — Toutes les contestations qui pourront s'élever, pendant les opérations d'adjudication, sur la validité des enchères ou sur la solvabilité des enchérisseurs et des cautions, seront décidées immédiatement par le fonctionnaire qui présidera la séance d'adjudication.

de première instance  dans tout l'arrondissement de leur ressort ;

En cas de contravention, ils seront passibles de tous dommages-intérèts, s'il y a lieu.

Toute adjudication qui serait faite en contravention aux dispositions du présent article sera déclarée nulle. (*C. for.*, 21.)

**16.** Loi du 6 juin 1840. « Toute association secrète, toute manœuvre entre les pêcheurs ou autres tendant à nuire aux adjudications, à les troubler ou à obtenir les cantonnements de pêche à plus bas prix, donnera lieu à l'application des peines portées par l'article 412 du Code pénal, indépendamment de tous dommages-intérèts ; et si l'adjudication a été faite au profit de l'association secrète ou des auteurs desdites manœuvres, elle sera déclarée nulle[1]. » (F. 22.)

**17.** Aucune déclaration de command ne sera admise, si elle n'est faite immédiatement après l'adjudication et séance tenante. (*C. for.*, 23.)

**18.** Faute par l'adjudicataire de fournir les cautions exigées par le cahier des charges dans le délai prescrit, il sera déchu de l'adjudication par un arrèté du préfet, et il sera procédé dans les formes ci-dessus prescrites à une nouvelle adjudication du cantonnement de pêche, à sa folle enchère.

L'adjudicataire déchu sera tenu, par corps, de la

---

[1] *Ancien article* 16. — Toute association secrète ou manœuvre entre les pêcheurs ou autres, tendant à nuire aux enchères, à les troubler ou à obtenir les cantonnements de pêche à plus bas prix, donnera lieu à l'application des peines portées par l'article 412 du Code pénal, indépendamment de tous dommages-intérêts ; et si l'adjudication a été faite au profit de l'association secrète ou des auteurs desdites manœuvres, elle sera déclarée nulle. (*C. for.*, 22.)

différence entre son prix et celui de la nouvelle adjudication, sans pouvoir réclamer l'excédant, s'il y en a. (*C. for.*, 24.)

**19**. Loi du 6 juin 1840. « Toute adjudication sera définitive du moment où elle sera prononcée, sans que, dans aucun cas, il puisse y avoir lieu à surenchère[1]. » (F. 25.)

**20**. Loi du 6 juin 1840. « Les divers modes d'adjudication seront déterminés par une ordonnance royale (*a*).

« Les adjudications auront toujours lieu avec publicité et concurrence[2]. » (F. 26.)

(*a*) Ordonnance du 28 octobre 1840.— Art. 1er. A l'avenir les adjudications du droit de pêche à exercer, au profit de l'Etat, dans les fleuves, rivières et cours d'eau navigables et

[1] *Ancien article* 19. — Toute personne capable et reconnue solvable sera admise, jusqu'à l'heure de midi du lendemain de l'adjudication, à faire une offre de surenchère, qui ne pourra être moindre du cinquième du montant de l'adjudication.

Dès qu'une pareille offre aura été faite, l'adjudicataire et les surenchérisseurs pourront faire de semblables déclarations de simple surenchère jusqu'à l'heure de midi du surlendemain de l'adjudication, heure à laquelle le plus offrant restera définitivement adjudicataire.

Toutes déclarations de surenchère devront être faites au secrétariat qui sera indiqué par le cahier des charges, et dans les délais ci-dessus fixés : le tout sous peine de nullité.

Le secrétaire commis à l'effet de recevoir ces déclarations sera tenu de les consigner immédiatement sur un registre à ce destiné, d'y faire mention expresse du jour et de l'heure précise où il les aura reçues, et d'en donner communication à l'adjudicataire et aux surenchérisseurs, dès qu'il en sera requis ; le tout sous peine de trois cents francs d'amende, sans préjudice de plus fortes peines en cas de collusion.

En conséquence, il n'y aura lieu à aucune signification des déclarations de surenchère, soit par l'Administration, soit par les adjudicataires et surenchérisseurs. (*C. for.*, 25.)

[2] *Ancien article* 20. — Toutes contestations au sujet de la validité des surenchères seront portées devant les Conseils de préfecture. (*C. for.*, 26.)

flottables, pourront se faire par adjudications au rabais ou par adjudications aux enchères et à l'extinction des feux.

Art. 2. Lorsque l'adjudication publique aura été tentée sans succès, l'exercice du droit de pêche pourra être concédé par licence à prix d'argent, sur l'autorisation du directeur général des forêts.

**21**. Loi du 6 juin 1840. « Les adjudicataires seront tenus d'élire domicile dans le lieu où l'adjudication aura été faite ; à défaut de quoi, tous actes postérieurs leur seront valablement signifiés au secrétariat de la sous-préfecture[1]. » (F. 27.)

**22**. Tout procès-verbal d'adjudication emporte exécution parée et contrainte par corps contre les adjudicataires, leurs associés et cautions, tant pour le payement du prix principal de l'adjudication que pour accessoires et frais.

Les cautions sont en outre contraignables solidairement et par les mêmes voies au payement des dommages, restitutions et amendes qu'aurait encouru l'adjudicataire. (*C. for.*, 28.)

## TITRE IV.

### CONSERVATION ET POLICE DE LA PÊCHE.

**23**. Nul ne pourra exercer le droit de pêche dans les fleuves et rivières navigables ou flottables, les canaux, ruisseaux ou cours d'eau quelconques qu'en se conformant aux dispositions suivantes.

**24**. Il est interdit de placer dans les rivières na-

---

[1] *Ancien article* 21. — Les adjudicataires et surenchérisseurs sont tenus, au moment de l'adjudication ou de leurs déclarations de surenchère, d'élire domicile dans le lieu où l'adjudication aura été faite ; faute par eux de le faire, tous actes postérieurs leur seront valablement signifiés au secrétariat de la sous-préfecture. (*C. for.*, 27.)

vigables ou flottables, canaux et ruisseaux, aucun barrage, appareil ou établissement quelconque de pêcherie ayant pour objet d'empêcher entièrement le passage du poisson.

Les délinquants seront condamnés à une amende de cinquante francs à cinq cents francs, et, en outre, aux dommages-intérêts ; et les appareils ou établissements de pêche seront saisis et détruits. (P. F. 69 s.)

**25.** Quiconque aura jeté dans les eaux des drogues ou appâts qui sont de nature à enivrer le poisson ou à le détruire, sera puni d'une amende de trente francs à trois cents francs, et d'un emprisonnement d'un mois à trois mois. (P. F. 69 s. ; Ch. 12, 5°.)

**26.** Des ordonnances royales (a) détermineront,

1° Les temps, saisons et heures pendant lesquels la pêche sera interdite dans les rivières et cours d'eau quelconques ; (P. F. 27.)

2° Les procédés et modes de pêche qui, étant de nature à nuire au repeuplement des rivières, devront être prohibés ; (P. F. 28.)

3° Les filets, engins et instruments de pêche qui seront défendus comme étant aussi de nature à nuire au repeuplement des rivières ; (P. F. 28.)

4° Les dimensions de ceux dont l'usage sera permis dans les divers départements pour la pêche des différentes espèces de poissons ; (P. F. 29.)

5° Les dimensions au-dessous desquelles les poissons de certaines espèces qui seront désignées ne pourront être pêchés et devront être rejetés en rivière ; (P. F. 30.)

6° Les espèces de poissons avec lesquelles il sera

défendu d'appâter les hameçons, nasses, filets ou
autres engins. (P. F. 31.)

(*a*) 1º Ordonnance du 15 novembre 1830. — Art. 1ᵉʳ. Sont
prohibés, sous les peines portées par l'article 28 de la loi du
15 avril 1829,

1º Les filets traînants ;

2º Les filets dont les mailles carrées, sans accrues, et non
tendues, ni tirées en losange, auraient moins de 30 millimètres [14 lignes] de chaque côté, après que le filet aura sé-
journé dans l'eau ;

3º Les bires, nasses ou autres engins dont les verges en
osier seraient écartées entre elles de moins de 30 millimètres.

Art. 2. Sont néanmoins autorisés pour la pêche des goujons,
ablettes, loches, vérons, vandoises, et autres poissons de petite
espèce, les filets dont les mailles auront 15 millimètres de
largeur, et les nasses d'osier ou autres engins dont les baguettes ou verges seront écartées de 15 millimètres. Les pêcheurs auront aussi la faculté de se servir de toute espèce de
nasses en jonc à jour, quel que soit l'écartement de leurs
verges. (*Modifié*, Ord 28 févr. 1842.)

Art. 3. Quiconque se servira, pour une autre pêche que celle
qui est indiquée dans l'article précédent, des filets spécialement affectés à cet usage, sera puni des peines portées par
l'article 28 de la loi du 15 avril 1829.

Art. 4. Aucune restriction, ni pour le temps de la pêche, ni
pour l'emploi des filets ou engins, ne sera imposée aux pêcheurs du Rhin. (*Modifié*. Ord. 22 déc. 1840.)

Art. 5. Dans chaque département, le préfet déterminera,
sur l'avis du Conseil général et après avoir consulté les
agents forestiers, les temps, saisons et heures pendant lesquels la pêche sera interdite dans les rivières et cours d'eau.

Art. 6. Il fera également un règlement dans lequel il déterminera et divisera les filets et engins qui, d'après les règles
ci-dessus, devront être interdits.

Art. 7. Sur l'avis du Conseil général, et après avoir consulté
les agents forestiers, il pourra prohiber les procédés et modes
de pêche qui lui sembleront de nature à nuire au repeuplement des rivières.

Art. 8. Les règlements des préfets devront être homologués
par ordonnances royales.

**Art. 9.** Notre ministre secrétaire d'Etat des finances est chargé de l'exécution de la présente ordonnance.

2° ORDONNANCE DU 28 FÉVRIER 1842.

**Art. 1er.** L'article 2 de notre ordonnance du 15 novembre 1830 est modifié en ce qui concerne la pêche des ablettes seulement, dans ce sens que la largeur des mailles de filets et l'écartement des baguettes ou verges des nasses d'osier ou autres engins employés à cette pêche pourront être réduits à *huit* millimètres

**Art. 2.** Les préfets, dans chaque département, détermineront dans quels lieux et à quelles conditions ce mode spécial de pêche pourra être pratiqué.

3° ORDONNANCE DU 22 DÉCEMBRE 1840.

Cette ordonnance homologue deux arrêtés, en date des 10 septembre et 3 décembre 1840, par lesquels les préfets des départements du Haut-Rhin et du Bas-Rhin ont proposé, par dérogation à l'article 4 de l'ordonnance du 15 novembre 1830, d'interdire dans le Rhin :

1° La pêche du saumoneau, pendant les mois de mars, avril et mai de chaque année ;

2° La pêche et la destruction de la femelle du saumon, pendant les mois de novembre et de décembre ;

3° L'usage des filets à mailles d'une largeur inférieure à 25 millimètres.


**27.** Quiconque se livrera à la pêche pendant les temps, saisons et heures prohibés par les ordonnances, sera puni d'une amende de trente à deux cents francs. (P. F. 26, § 1er, 69 s.)

**28.** Une amende de trente à cent francs sera prononcée contre ceux qui feront usage, en quelque temps et en quelque fleuve, rivière, canal ou ruisseau que ce soit, de l'un des procédés ou modes de pêche ou de l'un des instruments ou engins de pêche prohibés par les ordonnances. ( P. F. 26, §§ 2 et 3, 69 s.)

Si le délit a eu lieu pendant le temps du frai,

l'amende sera de soixante à deux cents francs. (P. F. 26, § 1er, 69 s.)

**29**. Les mêmes peines sont prononcées contre ceux qui se serviront, pour une autre pêche, de filets permis seulement pour celle du poisson de petite espèce. (P. F. 26, § 4, 69 s.)

Ceux qui seront trouvés porteurs ou munis, hors de leur domicile, d'engins ou instruments de pêche prohibés, pourront être condamnés à une amende qui n'excédera pas vingt francs, et à la confiscation des engins ou instruments de pêche, à moins que ces engins ou instruments ne soient destinés à la pêche dans des étangs ou réservoirs. (P. F. 39, 41; Ch. 12, nᵒ 3.)

**30**. Quiconque pêchera, colportera ou débitera des poissons qui n'auront point les dimensions déterminées par les ordonnances, sera puni d'une amende de vingt à cinquante francs, et de la confiscation desdits poissons. (P. F. 26, § 5, 69 s.)

Sont néanmoins exceptées de cette disposition les ventes de poisson provenant des étangs ou réservoirs.

Sont considérés comme des étangs ou réservoirs les fossés et canaux appartenant à des particuliers, dès que leurs eaux cessent naturellement de communiquer avec les rivières. (C. P. 388.)

**31**. La même peine sera prononcée contre les pêcheurs qui appâteront leurs hameçons, nasses, filets ou autres engins, avec des poissons des espèces prohibées qui seront désignées par les ordonnances. (P. F. 26, § 6, 69 s.)

**32**. Les fermiers de la pêche et porteurs de licences, leurs associés, compagnons et gens à gages, ne pourront faire usage d'aucun filet ou engin quelconque, qu'après qu'il aura été plombé ou marqué par les agents de l'administration de la police de la pêche.

La même obligation s'étendra à tous autres pêcheurs compris dans les limites de l'inscription maritime, pour les engins et filets dont ils feront usage dans les cours d'eau désignés par les paragraphes 1 et 2 de l'article 1er de la présente loi.

Les délinquants seront punis d'une amende de vingt francs pour chaque filet ou engin non plombé ou marqué. (P. F. 9, 39.)

**33**. Les contre-maîtres, les employés du balisage et les mariniers qui fréquentent les fleuves, rivières et canaux navigables ou flottables, ne pourront avoir dans leurs bateaux ou équipages aucun filet ou engin de pêche, même non prohibé, sous peine d'une amende de cinquante francs, et de la confiscation des filets.

A cet effet, ils seront tenus de souffrir la visite, sur leurs bateaux et équipages, des agents chargés de la police de la pêche, aux lieux où ils aborderont.

La même amende sera prononcée contre ceux qui s'opposeront à cette visite. (P. F. 39, 69 s.)

**34** Les fermiers de la pêche et les porteurs de licences, et tous pêcheurs en général, dans les rivières et canaux désignés par les deux premiers paragraphes de l'article 1er de la présente loi, seront tenus d'amener leurs bateaux, et de faire l'ouverture de leurs loges et hangars, bannetons, huches et autres réservoirs ou boutiques à poisson, sur leurs cantonnements, à toute réquisition des agents et préposés de l'administration de la pêche, à l'effet de constater les contraventions qui pourraient être par eux commises aux dispositions de la présente loi.

Ceux qui s'opposeront à la visite ou refuseront l'ouverture de leurs boutiques à poisson, seront, pour ce seul fait, punis d'une amende de cinquante francs. (P. F. 33, 69 s.)

**35.** Les fermiers et porteurs de licences ne pourront user, sur les fleuves, rivières et canaux navigables, que du chemin de halage ; sur les rivières et cours d'eau flottables, que du marchepied. Ils traiteront de gré à gré avec les propriétaires riverains pour l'usage des terrains dont ils auront besoin pour retirer et assener leurs filets (a).

(a) ORDONNANCE DE 1669. — Titre XXVIII.
Art. 7. Les propriétaires des héritages aboutissants aux rivières navigables, laisseront le long des bords vingt-quatre pieds au moins de place en largeur pour chemin royal et trait des chevaux, sans qu'ils puissent planter arbres ni tenir clôture ou haye plus près que trente pieds du côté que les bateaux se tirent, et dix pieds de l'autre bord, à peine de cinq cents livres d'amende, confiscation des arbres, et d'être les contrevenants contraints à réparer et remettre les chemins en état à leurs frais.

## TITRE V.

### DES POURSUITES EN RÉPARATION DE DÉLITS.

SECTION I<sup>re</sup>. — *Des poursuites exercées au nom de l'Administration.*

**36.** Le Gouvernement exerce la surveillance et la police de la pêche dans l'intérêt général.

En conséquence, les agents spéciaux par lui institués à cet effet, ainsi que les gardes champêtres,

15.

éclusiers des canaux et autres officiers de police judiciaire, sont tenus de constater les délits qui sont spécifiés au titre IV de la présente loi, en quelques lieux qu'ils soient commis; et lesdits agents spéciaux exerceront, conjointement avec les officiers du ministère public, toutes les poursuites et actions en réparation de ces délits (a).

Les mêmes agents et gardes de l'Administration, les gardes champêtres, les éclusiers, les officiers de police judiciaire, pourront constater également le délit spécifié en l'article 5, et ils transmettront leurs procès-verbaux au procureur du roi. (F. 159 ; Ch. 26.)

(a) 1º DÉCRET DU 29 AVRIL 1862. — Art. 1er. La surveillance, la police et l'exploitation de la pêche dans les fleuves, rivières et canaux navigables et flottables, non compris dans les limites de la pêche maritime, ainsi que la surveillance et la police dans les canaux, rivières, ruisseaux et cours d'eau quelconques non navigables ni flottables, sont placées dans les attributions de notre ministre secrétaire d'État de l'agriculture, du commerce et des travaux publics, et confiées à l'Administration des ponts et chaussées. (P. F. 36.)

Art. 5. Ces dispositions recevront leur exécution à partir du 1er juillet 1862.

2º DÉCRET DU 27 NOVEMBRE 1859.

Art. 1er. Dans la partie des fleuves, rivières et canaux comprise entre les limites de l'inscription maritime et le point où cesse la salure des eaux, les infractions à la loi du 15 avril 1829 sur la pêche fluviale, ou aux règlements rendus en exécution de cette loi, seront recherchées et constatées, concurremment avec les officiers de police judiciaire et autres agents institués à cet effet, par les syndics des gens de mer, gardes maritimes et gendarmes de la marine.

Ces agents transmettront leurs procès-verbaux au procureur impérial.

**37.** Les gardes-pêche nommés par l'Administra-

tion sont assimilés aux gardes forestiers royaux. (F.
160; O. 24 s.)

**38**. Ils recherchent et constatent par procès-verbaux les délits dans l'arrondissement du tribunal près duquel ils sont assermentés. (F. 160 ; P. F. 65, 68.)

**39**. Ils sont autorisés à saisir les filets et autres instruments de pêche prohibés, ainsi que le poisson pêché en délit. (*C. for.*, 161 ; P. F. 29, 41, 68.)

**40**. Les gardes-pêche ne pourront, sous aucun prétexte, s'introduire dans les maisons et enclos y attenant pour la recherche des filets prohibés. (F.161; P. F. 68.)

**41**. Les filets et engins de pêche qui auront été saisis comme prohibés ne pourront, dans aucun cas, être remis sous caution : ils seront déposés au greffe, et y demeureront jusqu'après le jugement pour être ensuite détruits.

Les filets non prohibés, dont la confiscation aurait été prononcée en exécution de l'article 5, seront vendus au profit du Trésor.

En cas de refus, de la part des délinquants, de remettre immédiatement le filet déclaré prohibé après la sommation du garde-pêche, ils seront condamnés à une amende de cinquante francs. (P. F. 68; Ch. 16.)

**42**. Quant au poisson saisi pour cause de délit, il sera vendu sans délai dans la commune la plus voisine du lieu de la saisie, à son de trompe et aux enchères publiques, en vertu d'ordonnance du juge de paix ou de ses suppléants, si la vente a lieu dans un chef-lieu de canton, ou, dans le cas contraire, d'après l'autorisation du maire de la commune ; ces ordonnances ou autorisations seront délivrées sur la requête des agents ou gardes qui auront opéré la saisie, et sur la présentation du procès-verbal régulièrement dressé et affirmé par eux. (Ch. 4.)

Dans tous les cas, la vente aura lieu en présence du receveur des domaines, et, à défaut, du maire ou adjoint de la commune, ou du commissaire de police. (F. 169; P. F. 68.)

**43.** Les gardes-pêche ont le droit de requérir directement la force publique pour la répression des délits en matière de pêche, ainsi que pour la saisie des filets prohibés et du poisson pêché en délit. (F. 164; P. F. 39, 68.)

**44.** Ils écriront eux-mêmes leurs procès-verbaux; ils les signeront et les affirmeront, au plus tard le lendemain de la clôture desdits procès-verbaux, par-devant le juge de paix du canton ou l'un de ses suppléants, ou par-devant le maire ou l'adjoint, soit de la commune de leur résidence, soit de celle où le délit a été commis ou constaté; le tout sous peine de nullité. (Ch. 24.)

Toutefois, si, par suite d'un empêchement quelconque, le procès-verbal est seulement signé par le garde-pêche, mais non écrit en entier de sa main, l'officier public qui en recevra l'affirmation devra lui en donner préalablement lecture, et faire ensuite mention de cette formalité; le tout sous peine de nullité du procès-verbal. (*C. for.*, 165; P. F. 53, 68.)

**45.** Les procès-verbaux dressés par les agents forestiers, les gardes généraux et les gardes à cheval, soit isolément, soit avec le concours des gardes-pêche royaux et des gardes champêtres, ne seront point soumis à l'affirmation. (*C. for.*, 166; P. F. 68.)

**46.** Dans le cas où le procès-verbal portera saisie, il en sera fait une expédition qui sera déposée dans les vingt-quatre heures au greffe de la justice de paix, pour qu'il puisse en être donné communication à ceux qui réclameraient les objets saisis. (F. 167.)

Le délai ne courra que du moment de l'affirmation pour les procès-verbaux qui sont soumis à cette formalité. (P. F. 39, 68.)

**47.** Les procès-verbaux seront, sous peine de nullité, enregistrés dans les quatre jours qui suivront celui de l'affirmation, ou celui de la clôture du procès-verbal, s'il n'est pas sujet à l'affirmation. (P. F. 44, 45, 68.)

L'enregistrement s'en fera en débet. (*C. for.*, 170.)

**48.** Toutes les poursuites exercées en réparation de délits pour fait de pêche, seront portées devant les tribunaux correctionnels. (F. 171.)

**49.** L'acte de citation doit, à peine de nullité, contenir la copie du procès-verbal et de l'acte d'affirmation. (*C. for.*, 172 ; P. F. 68.)

**50.** Les gardes de l'Administration chargés de la surveillance de la pêche pourront, dans les actions et poursuites exercées en son nom, faire toutes citations et significations d'exploits, sans pouvoir procéder aux saisies-exécutions.

Leurs rétributions pour les actes de ce genre seront taxées comme pour les actes faits par les huissiers des juges de paix. (*C. for.*, 173.)

**51.** Les agents de cette Administration ont le droit d'exposer l'affaire devant le tribunal, et sont entendus à l'appui de leurs conclusions. (*C. for.*, 174.)

**52**. Les délits en matière de pêche seront prouvés, soit par procès-verbaux, soit par témoins à défaut de procès-verbaux ou en cas d'insuffisance de ces actes. (F. 175 ; P. F. 68 ; Ch. 21.)

**53**. Les procès-verbaux revêtus de toutes les formalités prescrites par les articles 44 et 47 ci-dessus, et qui sont dressés et signés par deux agents ou gardes-pêche, font preuve, jusqu'à inscription de faux, des faits matériels relatifs aux délits qu'ils constatent, quelles que soient les condamnations auxquelles ces délits peuvent donner lieu.

Il ne sera, en conséquence, admis aucune preuve outre ou contre le contenu de ces procès-verbaux, à moins qu'il n'existe une cause légale de récusation contre l'un des signataires. (P. F. 66 ; F. 176, 188 ; Ch. 22 s.)

**54**. Les procès-verbaux revêtus de toutes les formalités prescrites, mais qui ne seront dressés et signés que par un seul agent ou garde-pêche, feront de même preuve suffisante jusqu'à inscription de faux, mais seulement lorsque le délit n'entraînera pas une condamnation de plus de cinquante francs, tant pour amende que pour dommages-intérêts. (F. 177.)

**55**. Les procès-verbaux qui, d'après les dispositions qui précèdent, ne font point foi et preuve suffisante jusqu'à inscription de faux, peuvent être corroborés et combattus par toutes les preuves légales, conformément à l'article 154 du Code d'instruction criminelle. (*C. for.*, 178 ; P. F. 66 ; Ch. 21 à 23 )

**56**. Le prévenu qui voudra s'inscrire en faux contre le procès-verbal, sera tenu d'en faire par écrit et en personne, ou par un fondé de pouvoir spécial par acte notarié, la déclaration au greffe du tribunal, avant l'audience indiquée par la citation.

Cette déclaration sera reçue par le greffier du tribunal; elle sera signée par le prévenu ou son fondé de pouvoir; et dans le cas où il ne saurait ou ne pourrait signer, il en sera fait mention expresse.

Au jour indiqué pour l'audience, le tribunal donnera acte de la déclaration, et fixera un délai de huit jours au moins et de quinze jours au plus, pendant lequel le prévenu sera tenu de faire au greffe le dépôt des moyens de faux, et des noms, qualités et demeures des témoins qu'il voudra faire entendre.

A l'expiration de ce délai, et sans qu'il soit besoin d'une citation nouvelle, le tribunal admettra les moyens de faux, s'ils sont de nature à détruire l'effet du procès-verbal, et il sera procédé sur le faux, conformément aux lois.

Dans le cas contraire, et faute par le prévenu d'avoir rempli toutes les formalités ci-dessus prescrites, le tribunal déclarera qu'il n'y a pas lieu à admettre les moyens de faux, et ordonnera qu'il soit passé outre au jugement. (F. 179.)

**57**. Le prévenu contre lequel aura été rendu un jugement par défaut, sera encore admissible à faire sa déclaration d'inscription de faux pendant le délai qui lui est accordé par la loi pour se présenter à l'audience sur l'opposition par lui formée. (*C. for.*, 180.)

**58**. Lorsqu'un procès-verbal sera rédigé contre plusieurs prévenus, et qu'un ou quelques-uns d'entre eux seulement s'inscriront en faux, le procès-verbal continuera de faire foi à l'égard des autres, à moins que le fait sur lequel portera l'inscription de faux ne soit indivisible et commun aux autres prévenus. (*C. for.*, 181.)

**59**. Si, dans une instance en réparation de délit, le prévenu excipe d'un droit de propriété ou tout autre droit réel, le tribunal saisi de la plainte statuera sur l'incident.

L'exception préjudicielle ne sera admise qu'autant qu'elle sera fondée, soit sur un titre apparent, soit sur des faits de possession équivalents, articulés avec précision, et si le titre produit ou les faits articulés sont de nature, dans le cas où ils seraient reconnus par l'autorité compétente, à ôter au fait qui sert de base aux poursuites tout caractère de délit.

Dans le cas de renvoi à fins civiles, le jugement fixera un bref délai dans lequel la partie qui aura élevé la question préjudicielle devra saisir les juges compétents de la connaissance du litige et justifier de ses diligences; sinon il sera passé outre. Toutefois, en cas de condamnation, il sera sursis à l'exécution du jugement sous le rapport de l'emprisonnement, s'il était prononcé, et le montant des amendes, restitutions et dommages-intérêts, sera versé à la Caisse des dépôts et consignations, pour être remis à qui il sera ordonné par le tribunal qui statuera sur le fond du droit. (F. 182; P. F. 68.)

**60**. Les agents de l'Administration chargés de la surveillance de la pêche peuvent, en son nom, interjeter appel des jugements et se pourvoir contre les arrêts et jugements en dernier ressort; mais ils ne peuvent se désister de leurs appels sans son autorisation spéciale. (*C. for.*, 183.)

**61.** Le droit attribué à l'Administration et à ses agents de se pourvoir contre les jugements et arrêts, par appel ou par recours en cassation, est indépendant de la même faculté qui est accordée par la loi au ministère public, lequel peut toujours en user, même lorsque l'Administration ou ses agents auraient acquiescé aux jugements et arrêts. (*C. for.*, 184.)

**62.** Les actions en réparation de délits en matière de pêche se prescrivent par un mois à compter du jour où les délits ont été constatés, lorsque les prévenus sont désignés dans les procès-verbaux. Dans le cas contraire, le délai de prescription est de trois mois, à compter du même jour. (F. 185 ; P. F. 68 ; Ch. 29.)

**63.** Les dispositions de l'article précédent ne sont pas applicables aux délits et malversations commis par les agents, préposés ou gardes de l'Administration dans l'exercice de leurs fonctions ; les délais de prescription à l'égard de ces préposés et de leurs complices seront les mêmes que ceux déterminés par le Code d'instruction criminelle. (F. 186 )

**64.** Les dispositions du Code d'instruction criminelle sur les poursuites des délits, sur défauts, oppositions, jugements, appels et recours en cassation, sont et demeurent applicables à la poursuite des délits spécifiés par la présente loi, sauf les modifications qui résultent du présent titre. (F. 187 ; P. F. 68 ; I. Cr. 130, 137, 146, 150, 153, 172, 179, 184, 186, 190, 199, 216, 413.)

SECTION II. — *Des poursuites exercées au nom et dans l'intérêt des fermiers de la pêche et des particuliers.*

**65.** Les délits qui portent préjudice aux fermiers de la pêche, aux porteurs de licences et aux propriétaires riverains, seront constatés par leurs gardes, lesquels sont assimilés aux gardes-bois des particuliers. (P. F. 38 ; F. 188.)

**66.** Les procès-verbaux dressés par ces gardes feront foi jusqu'à preuve contraire. (*C. for.*, 188 ; P. F. 53 s ; Ch. 22 )

**67.** Les poursuites et actions seront exercées au nom et à la diligence des parties intéressées. (F. 190 ; Ch. 26 ; I. Cr. 182.)

**68.** Les dispositions contenues aux articles 38, 39, 40, 41, 42, 43, 44, 45, 46, 47, § 1er, 49, 52, 59, 62 et 64 de la présente loi, sont applicables aux poursuites exercées au nom et dans l'intérêt des particuliers et des fermiers de la pêche, pour les délits commis à leur préjudice. (F. 189.)

## TITRE VI.

### DES PEINES ET CONDAMNATIONS.

**69.** Dans le cas de récidive, la peine sera toujours doublée. (P. F. 5, 24, 25, 27 à 34, 79, § 4.)

Il y a récidive lorsque, dans les douze mois précédents, il a été rendu contre le délinquant un premier jugement pour délit en matière de pêche. (F. 201 ; Ch. 14, 15.)

**70.** Les peines seront également doublées, lorsque les délits auront été commis la nuit. (F. 201 ; Ch. 12, § 2.)

**71.** Dans tous les cas où il y aura lieu à adjuger des dommages-intérêts, ils ne pourront être inférieurs à l'amende simple prononcée par le jugement. (*C. for.*, 202.)

**72.** Dans tous les cas prévus par la présente loi, si le préjudice causé n'excède pas vingt-cinq francs, et si les circonstances paraissent atténuantes, les tribunaux sont autorisés à réduire l'emprisonnement même au-dessous de six jours, et l'amende même au-dessous de seize francs : ils pourront aussi prononcer séparément l'une ou l'autre de ces peines, sans qu'en aucun cas elle puisse être au-dessous des peines de simple police. (F. 203 ; Ch. 20 ; C. P. 463.)

**73.** Les restitutions et dommages-intérêts appartiennent aux fermiers, porteurs de licences et propriétaires riverains, si le délit est commis à leur préjudice ; mais, lorsque le délit a été commis par eux-mêmes au détriment de l'intérêt général, ces dommages-intérêts appartiennent à l'État.

Appartiennent également à l'État toutes les amendes et confiscations. (*C. for.*, 204 ; Ch. 19.)

**74.** Les maris, pères, mères, tuteurs, fermiers et porteurs de licences, ainsi que tous propriétaires, maîtres et commettants, seront civilement responsables des délits en matière de pêche commis par leurs femmes, enfants mineurs, pupilles, bateliers et compagnons, et tous autres subordonnés, sauf tout recours de droit.

Cette responsabilité sera réglée conformément à l'article 1384 du Code civil[1]. (F. 206 ; Ch. 28.)

---

[1] **Voir, p. 79, le texte de l'article 1384.**

## TITRE VII.

### DE L'EXÉCUTION DES JUGEMENTS.

SECTION Iʳᵉ. — *De l'exécution des jugements rendus à la requête de l'Administration ou du ministère public.*

**75.** Les jugements rendus à la requête de l'administration chargée de la police de la pêche, ou sur la poursuite du ministère public, seront signifiés par simple extrait qui contiendra le nom des parties et le dispositif du jugement.

Cette signification fera courir les délais de l'opposition et de l'appel des jugements par défaut. (*C. for.*, 209.)

**76.** Le recouvrement de toutes les amendes pour délits de pêche est confié aux receveurs de l'enregistrement et des domaines.

Ces receveurs sont également chargés du recouvrement des restitutions, frais et dommages-intérêts résultant des jugements rendus en matière de pêche. (F. 210; P F. 81.)

**77.** Les jugements portant condamnation à des amendes, restitutions, dommages-intérêts et frais, sont exécutoires par la voie de la contrainte par corps; et l'exécution pourra en être poursuivie cinq jours après un simple commandement fait aux condamnés.

En conséquence, et sur la demande du receveur de l'enregistrement et des domaines, le procureur du roi adressera les réquisitions nécessaires aux agents de la force publique chargés de l'exécution des mandements de justice. (*C. for.*, 211.)

**78.** Les individus contre lesquels la contrainte

par corps aura été prononcée pour raison des amendes et autres condamnations et réparations pécuniaires, subiront l'effet de cette contrainte jusqu'à ce qu'ils aient payé le montant desdites condamnations, ou fourni une caution admise par le receveur des domaines, ou, en cas de contestation de sa part, déclarée bonne et valable par le tribunal de l'arrondissement. (*C. for.*, 212.)

**79.** Néanmoins les condamnés qui justifieront de leur insolvabilité, suivant le mode prescrit par l'article 420 du Code d'instruction criminelle, seront mis en liberté après avoir subi quinze jours de détention, lorsque l'amende et les autres condamnations pécuniaires n'excéderont pas quinze francs.

La détention ne cessera qu'au bout d'un mois, lorsque les condamnations s'élèveront ensemble de quinze à cinquante francs.

Elle ne durera que deux mois, quelle que soit la quotité desdites condamnations.

En cas de récidive, la durée de la détention sera double de ce qu'elle eût été sans cette circonstance. (*C. for.*, 213 ; P. F. 69.)

**80.** Dans tous les cas, la détention employée comme moyen de contrainte est indépendante de la peine d'emprisonnement prononcée contre les condamnés pour tous les cas où la loi l'inflige. (*C. for.*, 214.)

Sᴇᴄᴛɪᴏɴ II. — *De l'exécution des jugements rendus dans l'intérêt des fermiers de la pêche et des particuliers.*

**81.** Les jugements contenant des condamnations en faveur des fermiers de la pêche, des porteurs de licences et des particuliers, pour réparation des délits commis à leur préjudice, seront, à leur diligence, signifiés et exécutés suivant les mêmes formes et voies de contrainte que les jugements rendus à la requête de l'Administration chargée de la surveillance de la pêche.

Le recouvrement des amendes prononcées par les mêmes jugements sera opéré par les receveurs de l'enregistrement et des domaines. (P F. 76; F. 215.)

**82.** La mise en liberté des condamnés détenus par voie de contrainte par corps, à la requête et dans l'intérêt des particuliers, ne pourra être accordée, en vertu des articles 78 et 79, qu'autant que la validité des cautions ou la solvabilité des condamnés aura été, en cas de contestation de la part desdits propriétaires, jugée contradictoirement entre eux. (F. 217.)

## TITRE VIII.

### DISPOSITIONS GÉNÉRALES.

**83.** Sont et demeurent abrogés toutes lois, ordonnances, édits et déclarations, arrêts du conseil, arrêtés et décrets, et tous règlements intervenus, à quelque époque que ce soit, sur les matières réglées par la présente loi, en tout ce qui concerne la pêche.

Mais les droits acquis antérieurement à la présente loi seront jugés, en cas de contestation, d'après les lois existant avant sa promulgation. (P. F. 2 à 4.)

### DISPOSITIONS TRANSITOIRES.

**84.** Les prohibitions portées par les articles 6, 8 et 10, et la prohibition de pêcher à autres heures que depuis le lever du soleil jusqu'à son coucher, portée par l'article 5 du titre XXXI de l'ordonnance de 1669, continueront à être exécutées jusqu'à la promulgation des ordonnances royales qui, aux termes de l'article 26 de la présente loi, détermineront les temps où la pêche sera interdite dans tous les cours d'eau, ainsi que les filets et instruments de pêche dont l'usage sera prohibé.

Toutefois les contraventions aux articles ci-dessus énoncés de l'ordonnance de 1669 seront punies conformément aux dispositions de la présente loi, ainsi que tous les délits qui y sont prévus, à dater de sa publication. (P. F. 27, 28.)

FIN.

# TABLE DES MATIÈRES.

## CODE FORESTIER.


|  |  | Pages. |
|---|---|---|
| **TITRE I.** | — Du régime forestier | 1 |
| **TITRE II.** | — De l'administration forestière | 2 |
| **TITRE III.** | — Des bois et forêts qui font partie du domaine de l'Etat | 4 |
| *Sect. I.* | — De la délimitation et du bornage | 4 |
| *Sect. II.* | — De l'aménagement | 6 |
| *Sect. III.* | — Des adjudications des coupes | 7 |
| *Sect. IV.* | — Des exploitations | 11 |
| *Sect. V.* | — Des réarpentages et récolements | 17 |
| *Sect. VI.* | — Des adjudications de glandée, panage et paisson | 18 |
| *Sect. VII.* | — Des affectations à titre particulier dans les bois de l'Etat | 20 |
| *Sect. VIII.* | — Des droits d'usage dans les bois de l'Etat | 21 |
| **TITRE IV.** | — Des bois et forêts qui font partie du domaine de la Couronne | 28 |
| **TITRE V.** | — Des bois et forêts qui sont possédés à titre d'apanage ou de majorats reversibles à l'Etat | 30 |
| **TITRE VI.** | — Des bois des communes et des établissements publics | 30 |
| **TITRE VII.** | — Des bois et forêts indivis qui sont soumis au régime forestier | 42 |
| **TITRE VIII.** | — Des bois des particuliers | 43 |
| **TITRE IX.** | — Affectations spéciales des bois à des services publics | 44 |
| *Sect. I.* | — Des bois destinés au service de la marine | 44 |
| *Sect. II.* | — Des bois destinés au service des ponts et chaussées pour les travaux du Rhin | 49 |
| **TITRE X.** | — Police et conservation des bois et forêts | 51 |
| *Sect. I.* | — Dispositions applicables à tous les bois et forêts en général | 51 |
| *Sect. II.* | — Dispositions spéciales applicables seulement aux bois et forêts soumis au régime forestier | 54 |
| **TITRE XI.** | — Des poursuites en réparation de délits et contraventions | 57 |
| *Sect. I.* | — De la poursuite des délits et contraventions commis dans les bois soumis au régime forestier | 57 |
| *Sect. II.* | — De la poursuite des délits et contraventions commis dans les bois non soumis au régime forestier | 71 |

Pages.


TITRE XII.　— Des peines et condamnations pour tous les bois et forêts en général................　72

TITRE XIII.　— De l'exécution des jugements...............　81

Sect. I.　— De l'exécution des jugements concernant les délits et contraventions commis dans les bois soumis au régime forestier...........　81

Sect. II.　— De l'exécution des jugements concernant les délits et contraventions commis dans les bois non soumis au régime forestier......　84

TITRE XIV.　— Disposition générale.......................　85

TITRE XV.　-- Défrichement des bois des particuliers......　86

## ORDONNANCE RÉGLEMENTAIRE.

TITRE I.　— De l'administration forestière..............,....　91

Sect. I.　— De la direction générale des forêts..........　92

Sect. II.　— Du service forestier dans les départements.　97

1º — Des agents forestiers........................　100

2º — Des arpenteurs.............................　105

3º — Des gardes à cheval et des gardes à pied....　106

4º — Dispositions communes aux agents et préposés..........................................　111

Sect. III.　— Des écoles forestières.......................　114

1º — Ecole royale..............................　115

2º — Ecoles secondaires........................　124

TITRE II.　— Des bois et forêts qui font partie du domaine de l'Etat..................................　125

Sect. I.　— De la délimitation et du bornage.............　125

Sect. II.　- Des aménagements.......................　128

Sect. III.　— Des assiettes, arpentages, balivages, martelages et adjudication des coupes...........　129

Sect. IV.　— Des exploitations.........................　137

Sect. V.　— Des réarpentages et récolements...........　139

Sect. VI.　— Des adjudications de glandée, panage et paisson, et des ventes de chablis, de bois de délit, et autres menus marchés......  ...........　139

Sect. VII.　— Des concessions à charge de repeuplement...　141

Sect. VIII.— Des affectations à titre particulier dans les forêts de l'Etat.............................　142

Sect. IX.　— Des droits d'usage dans les bois de l'Etat.　143

TITRE III.　— Des bois et forêts qui font partie du domaine de la Couronne............................　151

TITRE IV.　— Des bois et forêts qui sont possédés par les princes à titre d'apanage, et par des particuliers à titre de majorats réversibles à l'Etat.　152

TITRE V.　— Des bois des communes et des établissements publics.................................　153

TITRE VI.　— Des bois indivis qui sont soumis au régime forestier................................　161

Pages

**Titre VII.** — Des bois des particuliers................... 162
**Titre VIII.** — Des affectations spéciales de bois à des services publics............................ 163
*Sect. I.* — Des bois destinés au service de la marine..... 163
*Sect. II.* — Des bois destinés au service des ponts et chaussées pour le fascinage du Rhin........ 169
**Titre IX.** — Police et conservation des bois et forêts qui sont régis par l'Administration forestière.. 173
**Titre X.** — Des poursuites exercées au nom de l'Administration forestière........................ 179
**Titre XI.** — De l'exécution des jugements rendus à la requête de l'Administration forestière ou du ministère public......................... 182
**Titre XII.** — Dispositions sur le défrichement des bois.... 184
— — Tableau de la division de la France en 34 conservations forestières.................... 187

## CODE DU REBOISEMENT.

Loi du 28 juillet 1860 sur le reboisement des montagnes...... 191
Loi du 8 juin 1864 sur le gazonnement des montagnes........ 196
Décret du 10 novembre 1864 pour l'exécution de ces deux lois. 199

## CODE DES DUNES.

Arrêté du 13 messidor an IX relatif à la plantation des dunes de Gascogne................................................. 215
Décret du 14 décembre 1810 relatif à la plantation des dunes. 216
Ordonnance du 5 février 1817 relative à l'ensemencement des dunes de la Gironde et des Landes...................... 218
Décret du 29 avril 1862 qui place le service des dunes dans les attributions du ministre des finances................. 220

## CODE DE LA CHASSE.

*Loi du 3 mai 1844*............................................ 221
**Section I.** — De l'exercice du droit de chasse............. 221
**Section II.** — Des peines.................................. 227
**Section III.** — De la poursuite et du jugement............. 231
**Section IV.** — Dispositions générales...................... 234

## CODE DE LA LOUVETERIE.

Arrêté du 19 pluviôse an V, concernant la chasse des animaux nuisibles................................................ 235
Loi du 10 messidor an V, relative à la destruction des loups... 237
Règlement du 20 août 1814, portant organisation de la louveterie............................................... 239

# CODE DE LA PÊCHE FLUVIALE.


|  |  | Pages |
|---|---|---|
| *Loi du 15 avril* 1829 | | 245 |
| TITRE I. | — Du droit de pêche | 245 |
| TITRE II. | — De l'administration et de la règle de la pêche. | 249 |
| TITRE III. | — Des adjudications des cantonnements de pêche | 249 |
| TITRE IV. | — Conservation et police de la pêche | 255 |
| TITRE V. | — Des poursuites en réparation de délits | 261 |
| *Sect. I.* | — Des poursuites exercées au nom de l'Administration | 261 |
| *Sect. II.* | — Des poursuites exercées au nom et dans l'intérêt des fermiers de la pêche et des particuliers | 270 |
| TITRE VI. | — Des peines et condamnations | 270 |
| TITRE VII. | — De l'exécution des jugements | 272 |
| *Sect. I.* | — De l'exécution des jugements rendus à la requête de l'Administration ou du ministère public | 272 |
| *Sect. II.* | — De l'exécution des jugements rendus dans l'intérêt des fermiers de la pêche et des particuliers | 273 |
| TITRE VIII. | — Dispositions générales | 274 |
|  | — Dispositions transitoires | 274 |

# TABLE CHRONOLOGIQUE

DES LOIS ET RÈGLEMENTS INSÉRÉS DANS CE VOLUME.


1669. — Août. — Ordonnance (Eaux et forêts), 4, 261.
1793. — 10 juin. — Loi (Biens communaux), 32.
An V. — 28 vend. — Arrêté du gouvernement (Chasse), 233.
— 19 pluv. — Arrêté du gouv. (Animaux nuisibles), 235.
— 10 messidor. — Loi (Destruction des loups), 237.
An VI. — 28 germinal. — Loi (Gendarmerie), 63.
An VII. — 3 frimaire. — Loi (Impôts), 90.
— 22 frimaire. — Loi (Enregistrement), 3.
An VIII — 22 frimaire. — Constitution (Garantie administ.), 113.
— 28 pluviôse. — Loi (Conseil de préfecture), 177.
An IX. — 27 ventôse. — Loi (Enregistrement), 3.
— 13 messidor. — Arrêté (Dunes), 215.
An XIII — 1er germinal. — Règlement (Chasse), 236.
— 1er germinal. — Règlement (Louveterie), 237-239.
— 25 prairial. — Décret (Chasse), 222.
1806. — 4 janvier. — Avis du Conseil d'Etat (Chasse), 233.
1807. — 4-20 avril. — Avis du Conseil d'Etat (Bois commun.), 32.
— 16 septembre. — Loi (Marais), 52.
1808. — 12-26 avril. — Avis du Conseil d'Etat (Bois commun.), 33.
1810. — 21 avril. — Loi (Mines). 52
— 10 décembre. — Décret (Dunes), 216.
— 23 décembre. — Décret (Pêche), 250.
1811. — 19 octobre. — Avis du Conseil d'Etat (Pêche), 246.
1814. — 15 août. — Ordonnance (Chasse et louveterie), 239.
— 20 août. — Règlement (Louveterie), 239.
1816. — 28 avril. — Loi (Tabacs), 106.
1818. — 15 mai. — Loi (Enregistrement), 17.
— 9 juillet. — Décision ministér. (Animaux nuisibles), 238.
— 7 septembre. — Instruction (Primes), 239.
1819. — 11 décembre. — Décision ministér. (Cas d'urgence), 151.
1820. — 29 octobre. — Ordonnance (Gendarmerie), 63.
1827. — 6 juin. — Loi (Frais d'administration), 40.
1829. — 15 avril. — Loi (Pêche), 245.
1830. — 23 juin. Ordonnance (Adjudication), 140.
— 29 juin. — Décis. min. (Timbre et enregistrement), 112.
— 14 août. — Ordonnance (Sceaux), 112.
— 14 septembre. — Ordonnance (Chasse et louveterie), 239.
— 15 novembre. — Ordonnance (Pêche), 257.
— 24 décembre. — Ordonnance (Délivrances de bois), 171.

**1831.** — 5 janvier. — Ordonnance (Organisation admin.), 92.
— 27 janvier. — Arrêté minist. (Organisation admin.), 92.
— 10 mars. — Ordonnance (Organisation adm.), 94, 101, 129.
— 10 mars. — Décision ministérielle (Marteau), 112.
— 31 mai. — Ordonnance (Gardes forestiers), 107.
— 27 août. — Ordonnance (Organisation militaire), 100.

**1832.** — 21 avril. — Loi (Chasse), 221.
— 24 juillet. — Ordonnance (Chasse), 221, 243.
— 15 novembre. — Ordonnance (Organisation admin.), 99.

**1833.** — 27 février. — Ordonnance (Martelage), 48.
— 24 avril. — Loi (Chasse), 221.
— 22 juin. — Loi (Conseils généraux), 2.

**1834.** — 5 mai. — Ordonnance (Ecole forestière), 117.
— 15 octobre. — Ordonnance (Adjudications), 134.

**1835.** — 10 juillet. — Ordonnance (Pêche), 247.

**1836.** — 21 mai. — Loi (Extractions), 174.
— 26 novembre. — Ordonnance (Adjudications), 136.

**1837.** — 4 mai. — Loi (Adjudications), 8, s.
— 20 mai. — Ordonnance (Adjudications), 134.
— 18 juillet. — Loi (Administration communale), 38, 154.
— 4 août. — Décision ministérielle (Organ. administ.), 93.
— 15 décembre. — Ordonnance (Organisat. administ.), 122.

**1838.** — 25 mai. — Loi (Justices de paix), 4.
— 16 juillet. — Décision ministérielle (Organ. admin.), 93.
— 15 septembre. — Ordonnance (Adjudications), 134.
— 31 octobre. — Ordonnance (Ecole forestière), 116.
— 14 décembre. — Ordonnance (Martelage), 167.

**1840.** — 12 février. — Ordonnance (Ingénieurs forestiers), 105.
— 6 juin. — Loi (Pêche, Adjudications), 249.
— 10 juin. — Ordonnance (Adjudications), 134.
— 16 juillet. — Loi (Forêts de la Corse), 7.
— 8 août. — Arrêté ministériel (Uniforme), 109.
— 24 août. — Ordonnance (Adjudications), 134.
— 12 octobre. — Ordonnance (Ecole forestière), 121.
— 28 octobre. — Ordonnance (Pêche, Adjudication), 254.
— 21 décembre. — Ordonnance (Ecole forest.), 117, 119, 121.
— 22 décembre. — Ordonnance (Pêche), 258.

**1841.** — 25 juin. — Loi (Frais d'administration), 38.
— 3 octobre. — Ordonnance (Adjudications), 141.
— 19 octobre. — Ordonnance (Exécution de jugements), 183.
— 15 décembre. — Ordonnance (Ecole forestière), 123.

**1842.** — 28 février. — Ordonnance (Pêche), 258.

**1843.** — 9 février. — Décision ministérielle (Adjudications), 134.

**1844.** — 2 février. — Ordonnance (Adjudications), 135.
— 5 mars. — Décision ministérielle (Adjudications), 134.
— 3 mai. — Loi (Chasse), 221.
— 14 juillet. — Ordonnance (Adjudications), 135.
— 25 juillet. — Ordonnance (Organisation admin.), 98.
— 27 juillet. — Décision ministérielle (Organ. admin.), 97.

**1844.** — 4 décembre. — Ordonnance (Org. adm.), 95, 138, 140, 173.
— 17 décembre — Ordonnance (Organ. adm.), 99, 116, 121.
**1845.** — 23 mars. — Ordonnance (Délimitations), 155.
— 5 mai. — Ordonnance (Chasse), 226.
— 20 juin. — Ordonnance (Chasse), 221, 242.
— 20 juin. — Décision ministérielle (Chasse), 226.
— 19 juillet. — Loi (Frais d'administration), 39.
— 8 août. — Ordonnance (Extractions), 174.
— 2 décembre. — Ordonnance (Aménagements), 156.
**1846.** — 5 février. — Ordonnance (Frais d'administration), 39.
**1847.** — 13 janvier. — Ordonnance (Adjudications), 135.
**1850.** — 31 mai. — Décret (Organisation administrative), 96, 138.
— 12 septembre. — Décision ministerielle (Chasse), 242.
**1851.** — 30 mai. — Loi (Police du roulage), 107.
— 13 juin. — Loi (Garde nationale), 64, 107.
**1852.** — 2 février. — Décret (Elections), 2.
— 21 février. — Décret (Pêche), 247.
— 25 mars. — Décret (Décentral.), 34, 55, 135, 157, 178, 240.
— 28 mars. — Decret (Police), 107.
— 3 mai. — Arrêté ministériel (Organ. admin.), 34, 240.
— 4 juin. — Décret (Gardes forestiers), 107.
— 4 août. — Décret (Chasse), 226.
— 13 septembre. — Décision minist. (Ecole forestière), 119.
— 1er novembre. — Décret (Ecole forestière), 118.
— 11 novembre. — Avis du Conseil d'Etat (Bois comm.), 31.
— 17 novembre. — Décret (Uniforme), 103.
— 12 décembre. — Sénatus-consulte (Forêts de la Cour.), 28.
**1853.** — 4 juin. — Loi (Jury), 2.
— 4 juillet. — Décret (Pêche), 247.
**1854.** — 12 avril. — Décret (Cantonnements), 143.
— 3 juin. — Arrêté ministériel (Uniforme), 110.
**1855.** — 5 mai. — Loi Organisation municipale), 2.
**1856.** — 2 février. — Décision ministérielle (Bois communaux), 33.
— 23 avril. — Sénatus-consulte (Forêts de la Couronne), 28.
— 14 juillet. — Loi (Frais d'administration), 39.
— 31 juillet. — Décret (Ecole forestière), 114.
— 17 septembre. — Arrêté ministériel (Ecole forest.), 114.
**1857.** — 19 mai. — Décret (Cantonnements), 146.
— 24 novembre. — Arrêté direct (Ecole forestière), 116.
**1858.** — 16 octobre. — Décret (Martelage), 167.
**1859.** — 18 juin. — Loi, 19, 51, 71 s., 86.
— 22 novembre. — Décret (Défrichements), 184.
— 27 novembre. — Décret (Pêche), 262.
— 21 décembre. — Décret (Transactions), 58.
**1860.** — 24 janvier. — Décret (Organisation administ.), 92, 99.
— 28 juillet — Loi (Reboisement), 191.
— 26 novembre. — Avis du Cons. d'Etat (Transact.), 61, 233.
— 30 décembre. — Décret (Forêts de la Couronne), 29.
**1861.** — 2 janvier. — Décret (Ecole forestière), 119.
— 7 janvier. — Décision ministérielle (Organ. admin.), 98.

1861. — 27 février. — Arrêté ministériel (Préposés), 108.
— 13 avril. — Décret (Chasse), 223, 236.
— 31 juillet. — Décret (Défrichements , 88.
— 6 août. — Avis du Conseil d'État (Gardes commun.), 33.
— 25 août. — Décret (Aménagement), 156.
— 28 août. — Arrêté ministériel (Aménagement). 157.
— 11 novembre. — Décision minist. (Ecole forestière), 118.
1862. — 29 avril. — Décret (Dunes, Pêche). 220, 250, 262.
— 6 juin. — Décision ministérielle (Ecole forestière), 115.
1863. — 7 janvier. — Décision ministérielle (Délimitations), 153.
— 25 mars. — Décret (Pêche), 250.
1864. — 24 février. — Règlement ministériel (Ecole forestière), 120.
— 8 juin. — Loi (Gazonnement), 196.
— 11 juillet. — Décret (Organisation administrative), 97.
— 10 novembre. — Décret (Reboisements), 199.

**FIN DE LA TABLE.**

www.ingramcontent.com/pod-product-compliance
Lightning Source LLC
LaVergne TN
LVHW010945180726
843502LV00004B/1081